教育部人文社会科学研究青年基金项目《数字乡村战略下老年产品"适配-赋能"设计研究》
（编号21YJCZH218）

数字技术
赋能
乡村振兴

乡村老年人产品设计

张宁 著

化学工业出版社

·北京·

内容简介

本书以数字乡村建设背景下的老年人为研究对象,针对老年用户的感知、认知、执行能力及其与数字产品的交互需求进行"适配-赋能"设计。全书首先解析了乡村老年人"自底向上"的价值需求与养老服务关联机制,其次提出了针对老年用户数字鸿沟的设计模型与交互设计方法,并开发了数字技术赋能乡村老年产品的原型案例,最后探索了数字鸿沟场景下乡村智慧养老服务模式的升级与平台搭建。

本书学术性、知识性和实用性并重。书中所开发的设计程序与方法、介绍的设计理论和取得的结论适合高等院校产品设计、工业设计及其他相关艺术设计专业师生参考。同时,本书也可以作为各地卫生健康部门、民政部门、养老机构、养老服务企业或养老服务平台运营商等的参考资料。

图书在版编目(CIP)数据

数字技术赋能乡村振兴:乡村老年人产品设计 / 张宁著. -- 北京:化学工业出版社,2024.7. -- ISBN 978-7-122-46140-7

Ⅰ.F320.3-39

中国国家版本馆CIP数据核字第2024VD1272号

责任编辑:孙梅戈
文字编辑:冯国庆
责任校对:赵懿桐
装帧设计:刘丽华

出版发行:化学工业出版社
　　　　(北京市东城区青年湖南街13号　邮政编码100011)
印　　装:北京天宇星印刷厂
710mm×1000mm　1/16　印张14　字数259千字
2024年10月北京第1版第1次印刷

购书咨询:010-64518888　　　　售后服务:010-64518899
网　　址:http://www.cip.com.cn
凡购买本书,如有缺损质量问题,本社销售中心负责调换。

定　　价:98.00元　　　　　　　　　　　　　版权所有　违者必究

序
FOREWORD

人类已经迈入信息化、数字化的新时代，科技的发展正在以前所未有的速度改变我们的生活。这一变革力量不仅触及城市的每一个角落，更深远地影响着广袤的乡村大地。随着科学技术的不断发展与普及，涌现出更多为老龄群体设计智能产品的机会与挑战。在这个过程中，技术的发展应通过不断的思辨来保证设计伦理的时代特性，这也是设计师和研究者应承担的责任。《数字技术赋能乡村振兴：乡村老年人产品设计》正是在这个大背景下应运而生的。作者以独特的视角和深入的研究，揭示了数字技术如何赋能数字乡村建设，特别是如何服务于乡村老年人这个特殊群体。

本书以乡村振兴为战略导向，深度剖析了数字技术在弥合数字鸿沟中的角色与作用。它不仅是一部探讨科技应用的著作，更是一部关注社会公平、人性关怀的力作。作者敏锐挖掘各国针对"银发群体"开发的数字化产品，而后提出现有老年数字产品存在的三大鸿沟问题。分别是：①产品需求与老年人实际能力之间的鸿沟——操作沟；②科技与老年人心理接受度之间的鸿沟——接受沟；③冗余过载的信息提供与老年人信息接收比例之间的鸿沟——传播沟。受到乡村地区传统观念和信息噪声的影响，作者洞察到，在快速发展的数字化进程中，乡村老年人更难接触到多元化的信息和观点，从而加剧了信息分化的风险。因此，作者致力于研究和设计适合乡村老年人使用的产品和服务，探究如何弥合三大鸿沟，让每一位乡村居民享受数字红利，更好地拥抱数字生活。

书中阐述了如何借助数字设计理论方法，包括"适配赋能"设计、宁静技术、慢技术、扎根理论、技术探针等，力求在便捷性、易用性和人性化之间找到老年产品的最佳平衡点。这不仅是对"以人为本"理念的践行，也是对乡村振兴多元发展路径的积极探索。科技创新的价值不仅在于推动经济发展，更在于增进社会福祉，促进人类的全面发展。在我们追求高速度、高效率的同时，不应忽视那些可能被科技浪潮暂时遗忘的群体。

这部著作是对数字技术赋能乡村振兴的一次深度思考和实践探索。它以独特的产品设计视角，展现了科技与人文、城市与乡村、年轻人与老年人之间的深度融合与和谐共生。这本书将启发更多的研究者和实践者投身于和美乡村建设事业中，让每一位乡村老年人都能在数字化浪潮中享受到生活的便利和乐趣。让我们以数字技术为笔，绘就乡村建设的美好画卷，让科技的光芒照亮每一个乡村，温暖每一位老年人的心灵。

教育部"长江学者"特聘教授（2022）

浙江大学

前言
PREFACE

在这个日新月异的数字时代,科技的浪潮正深刻地改变着人们的生活方式与社会结构。然而,在广袤的乡村大地上,尽管数字技术的光芒逐渐渗透,但其带来的红利并未能均衡地惠及每一位村民,尤其是那些承载着乡村记忆与智慧的老年群体。《数字技术赋能乡村振兴:乡村老年人产品设计》一书的诞生,正是基于这样一份深切的关怀与责任,旨在探索如何利用数字技术的力量,为乡村老年人的生活注入新的活力与可能。

本书以数字乡村建设下的老年人为研究对象,将老年用户认知能力与数字产品交互需求进行"适配－赋能"设计,对数字乡村老年服务平台的设计问题展开实证研究工作。本书分为智能产品"适配"理论＋"赋能"路径案例＋产业服务升级,主要内容包含(1)解析乡村老年人"自底向上"价值需求与养老服务关联机制;(2)提出针对老年用户数字鸿沟的设计模型与交互设计方法;(3)开发数字技术赋能乡村老年产品原型案例;(4)探索数字鸿沟场景下乡村智慧养老服务模式升级与平台搭建。从宏观层面构建社会和谐的坚实基础,同时在微观层面体现和运用老龄化配套体系的创意内涵,提升老年人享受智慧康养服务的获得感。

本书的完成,离不开在这项研究中辛勤耕耘、无私奉献的各位老师和学生们。感谢我的博士导师——南京理工大学李亚军教授,是您为我指明研究方向;感谢段齐骏教授,书中很多概念都是在与您的一次次交流碰撞中产生的;感谢荷兰埃因霍温科技大学(TU/e)胡军教授,在荷兰跟您学习到的知识为本书的完成起到至关重要的作用。同时,在此特地感谢耿霞、石丽秀、胡圣达、冯世璋、余非凡等同学,无数个日夜的调研、访谈、设计与迭代,凝聚成了这本成果。衷心感谢曾参与过一线调研的 300 多位爷爷奶奶,是他们的开放心态与真诚反馈,为研究提供了宝贵的第一手资料,让产品设计更加贴近实际、贴近生活。从他们身上我看到了太多的乐观、积极和阳光,没有他们的热心帮助,此项研究将寸步难行。

本书虽力求全面而深入地探讨数字技术赋能乡村老年人生活的路径与策略,但仍存在诸多不足与局限。一方面,由于地域、文化、经济条件等因素的差异,乡村老年人的实际需求与偏好呈现出多样性，本书难以涵盖所有情况；另一方面，数字技术的快速发展使得产品与服务日新月异，本书所提出的设计方案与策略需持续跟踪评估，不断优化升级。我们也将继续深化研究，努力构建更加人性化、智能化的乡村养老服务体系。

最后，衷心希望《数字技术赋能乡村振兴：乡村老年人产品设计》一书能够为社会各界提供有益的参考与启示，共同推动乡村老年人数字生活的美好未来。

张宁

2024 年 7 月

目录 CONTENTS

第1章 乡村养老模式与老年人现实困境

- **1.1 乡村老龄化发展** ... 003
  - 1.1.1 乡村老龄化发展原因 ... 003
  - 1.1.2 乡村老龄化发展趋势 ... 004
- **1.2 养老模式发展** ... 006
  - 1.2.1 我国养老发展的五个阶段 ... 006
  - 1.2.2 乡村养老模式 ... 009
- **1.3 乡村老年人的现实困境** ... 013
  - 1.3.1 身体困境 ... 014
  - 1.3.2 生活困境 ... 017
- **本章小结** ... 020
- **参考文献** ... 021

第2章 乡村智慧养老数字鸿沟

- 2.1 我国智慧产品适老化转型 ... 023
- 2.2 智慧养老产品分类与技术应用 ... 025
  - 2.2.1 智慧养老产品分类 ... 026
  - 2.2.2 智慧养老产品技术应用 ... 028
- 2.3 乡村智慧养老产品服务面临的挑战 ... 029
  - 2.3.1 乡村智慧养老产品服务挑战 ... 030
  - 2.3.2 乡村智慧养老产品设计要素 ... 031
- 2.4 乡村智慧养老产品设计三大鸿沟 ... 032
  - 2.4.1 操作沟 ... 033
  - 2.4.2 接受沟 ... 036
  - 2.4.3 传播沟 ... 038

第 3 章
智慧养老产品设计策略

本章小结	039
参考文献	040

3.1	**老年人产品广义设计原则**	**042**
3.1.1	包容性设计策略	042
3.1.2	通用设计理论	044
3.1.3	设计为人人	044
3.2	**适配-赋能设计方法**	**046**
3.2.1	信息加工能力与产品设计	046
3.2.2	用户实际和产品需求能力匹配	046
3.2.3	ADCE 能力-需求匹配模型	048
3.3	**普适计算背景下的交互设计思维**	**056**
3.3.1	宁静技术	057
3.3.2	慢技术	060
3.4	**信息传播视角下的交互设计思维**	**064**
3.4.1	扎根理论	065
3.4.2	技术探针	065
本章小结		**068**
参考文献		**069**

第 4 章
操作沟——产品需求与老年实际能力之间的鸿沟

4.1	**能力 – 需求理论**	**072**
	4.1.1　感知能力	073
	4.1.2　认知能力	074
	4.1.3　执行能力	075
4.2	**用户能力数据的采集方法**	**076**
	4.2.1　感/认知能力数据的采集方法	077
	4.2.2　执行能力数据的采集方法	077
4.3	**产品感知能力 – 需求研究**	**078**
	4.3.1　界面视觉搜索能力评估	079
	4.3.2　描述项统计结果	083
	4.3.3　老年人感知实际能力梯度构建	086
4.4	**产品认知能力 – 需求研究**	**087**
	4.4.1　心智模型	088
	4.4.2　实验一　信息复杂度能力测试	091
	4.4.3　实验二　语义认知能力测试	099
4.5	**产品执行能力 – 需求研究**	**105**
	4.5.1　俯身作业能力舒适度	107
	4.5.2　试验一　老年人与青年俯身能力差异	109
	4.5.3　试验二　俯身实际能力评估	114
	本章小结	**123**
	参考文献	**124**

第 5 章
接受沟——科技感与老年人心理接受度之间的鸿沟

5.1	相关理论基础	128
5.1.1	技术接受模型	129
5.1.2	晶质智力成长	129
5.1.3	日常例程设计	130
5.1.4	家庭成员设计师	133
5.2	融合宁静 / 慢技术的交互设计方法探索	135
5.2.1	宁静 - 慢设计桥模型搭建	135
5.2.2	融合宁静 / 慢技术的交互设计方法	136
5.3	设计实践案例	138
5.3.1	用户图形界面优化设计	138
5.3.2	数字产品宁静 - 慢设计实践	145
5.3.3	拓展案例——家庭智能托盘设计	152
本章小结		**153**
参考文献		**153**

第 6 章
传播沟——"信息供给"与"接收比例较低"之间的鸿沟

6.1	相关研究基础	156
6.1.1	圆周生活理论	156
6.1.2	三种信息交流过程模式	158
6.1.3	差序格局之下的主体间信任传递关系	160
6.1.4	当代年轻人的尽孝方式转变	161
6.2	融合扎根理论与技术探针的设计方法探索	164
6.3	乡村老年人"一图一文"设计案例	165

6.3.1	研究对象	165
6.3.2	数据收集与分析	165
6.3.3	乡村老年人群需求模型构建	171
6.3.4	"一图一文"装置设计	174
6.3.5	参与者与数据收集方法	175
6.3.6	数据分析	177
6.3.7	"一图一文"设计启示	178
本章小结		**179**
参考文献		**180**

第 7 章
乡村智慧养老服务产业升级——从"重技术"到"推场景"

7.1	**乡村养老服务现状**	**182**
7.2	**乡村智慧养老**	**183**
7.2.1	智慧养老概念	183
7.2.2	智慧养老产业地图	184
7.2.3	现有乡村智慧养老服务模式案例	185
7.2.4	乡村智慧养老的发展阶段与政策推动	188
7.3	**"重技术"到"推场景"服务协同**	**188**
7.3.1	乡村智慧养老服务模式组成	189
7.3.2	智慧养老服务模式升级	190
7.4	**构建乡村智慧养老综合服务平台**	**196**
7.4.1	分场景子系统平台架构和核心功能	197
7.4.2	各类平台系统与 APP 展示	198
本章小结		**209**

后记　　　　　　　　　　210

附录1　智慧养老产品分类展示
附录2　感知基本特征问卷
附录3　执行基本特征问卷
附录4　用户智能产品背景经验测量
附录5　主轴编码和选择性编码所形成的范畴

扫码查看本书附录

Chapter 1

第 1 章
乡村养老模式与老年人现实困境

1.1　乡村老龄化发展
1.1.1　乡村老龄化发展原因
1.1.2　乡村老龄化发展趋势
1.2　养老模式发展
1.2.1　我国养老发展的五个阶段
1.2.2　乡村养老模式
1.3　乡村老年人的现实困境
1.3.1　身体困境
1.3.2　生活困境

人口老龄化被视为当前全球人口结构变动的主流趋势，同时也是各个国家在经济和社会发展过程中必须面对的重要问题。与发达国家相比，发展中国家的老龄化进程开始得较晚，因此在应对老龄化问题的经验以及实践方面显得相对不足。我国的人口老龄化展示出速度之快、规模之大以及在经济尚未充分发展之前就出现老龄化的特点。2021年，中共中央与国务院共同颁布《关于加强新时代老龄工作的意见》，这更加突出了应对人口老龄化的必要性与关键性。"十四五"规划和2035年远景目标纲要更是首次把解决人口老龄化问题纳入国家的战略视野，我们必须迅速适应并主动应对这一迅猛增长的人口老龄化趋势。根据世界卫生组织（WHO）的相关标准，如果一个国家65岁以上的老年人口比例超过了7%，那么它将被定义为老龄化社会。《2023年世界社会报告》称，世界人口已在2022年11月15日达到80亿，如果说在1980年，65岁以上群体的数量仅为2.6亿，那么到2021年，这一数字已翻番，达7.61亿；到2050年这一群体将增加到16亿。目前，人口老龄化问题已经成为一个世界范围内的难题，研究者对21世纪中叶全球的人口做了预测，显示人口的年龄结构呈现出倒立的金字塔形，这种现象是人口增长的结构产生根本性变化的原因。如图1.1所示。纵观全球，直到2026年，这个比例仍将持续增长。

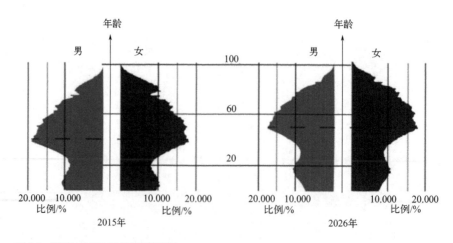

图1.1　2015~2026年全球老龄化图

我国人口老龄化趋势如图1.2所示。根据调查显示，从2014年开始，我国的老龄化问题进入加速阶段，预测显示，到2030年我国65岁以上的老年人比例将达到 16.01%；到 2050 年，该年龄段的老年人数量将到达峰值 4.37 亿，比例可达 21.83%，大约是少年儿童的 2 倍。届时，我国的劳动人口与老年人数量比例将会达到 5∶1，正式进入深度老龄化阶段。

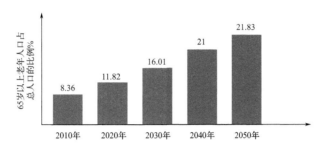

图 1.2 我国人口老龄化趋势示意

1.1 乡村老龄化发展

1.1.1 乡村老龄化发展原因

2021 年，我国的人均国内生产总值折算为 12551 美元，已经超过全球的平均水平。根据世界银行在 2020 年制定的标准，当一个国家的人均国民总收入达到 12696 美元时，该国将被划入高收入国家的行列。要想让我国经济保持中高速增长并且让居民收入达到中高水平，产业转型升级并走向中高端就至关重要。随着我国经济从高速增长阶段转向高质量发展阶段，产业结构的调整和城镇化的步伐加快，这两个因素推动了城市和重点地区的经济以及产业的快速发展。随着工业化和城镇化进程的推进，第二产业和第三产业在我国经济中的比重逐步增加，而第一产业的比重则呈现下降趋势。产业结构的调整引发第一、二、三产业发展的失衡，造成了乡村经济相对滞后，农业劳动力的就业机会逐渐减少，乡村人口的规模不断下降，如图 1.3 所示。

随着城市化进程的推进，乡村劳动力不断涌向城市，加快了城乡之间的二元差异。由于城市地区拥有更加丰富的经济和社会资源，乡村劳动力

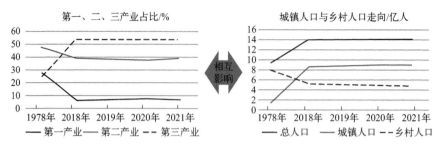

图1.3 产业结构调整影响乡村人口走向示意

为了寻求更好的就业机会和生活条件,更趋向于向城市方向流动,这种现象加速了乡村老龄化的进程。此外,城市的"虹吸效应"对乡村老龄化发展的影响越发明显。城市地区对资源和服务集中吸纳,而乡村地区的基础设施和公共服务则相对薄弱,这种状况使得乡村缺乏吸引年轻人留下来的条件。"虹吸效应"也使得乡村出现"空心化",农业更加边缘,乡村居民老龄化现象更加严重,对乡村的发展产生一定压力。如图1.4所示,改革开放以来,我国的常住人口城镇化率从60.2%提升到了65.2%,城镇人口从1978年的1.7245亿人增长至2022年的9.2071亿人,增加了7.4826亿人。这些数据展现了我国城镇化发展的迅速步伐,同时也暗示了乡村人口的持续减少。我国乡村的老龄化现象,实际上是产业结构调整和城镇化进程推进的双重结果。

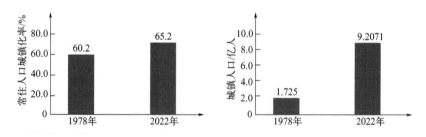

图1.4 1978~2022年城镇人口数量发展

1.1.2 乡村老龄化发展趋势

由于城镇化进程的进一步加快,城乡结构的变化,我国乡村老龄化趋势的严峻程度也在增加。第七次全国人口普查(2020年)的结果显示,乡村老年人口的比例显著增长,主要数据为:全国总人口14.1178亿人,其中 60 岁以上人口 2.6402 亿人，占总人口的 18.70%；65 岁及以上人口为 1.9064 亿人，占总人口的 13.50%。同时，数据显示，2020 年，我国乡村 60 岁及以上的人口占乡村总人口的比重为 23.8%，这比城镇水平高出 8.0 个百分点；65 岁及以上的人口占乡村总人口的比重为 17.7%，比城镇高出 6.6 个百分点。与城镇相比，我国乡村人口老龄化的程度更深、速度更快。有研究预测，从 2021～2035 年，我国乡村人口老龄化将进入快速发展阶段，预计到 2035 年，乡村 60 岁及以上人口占乡村总人口的比重将超过 30%。

尽管 2020 年全国乡村的常住人口总量为 50879 万人，比 2010 年减少了 23.1%，但乡村老年人口却明显增长，65 岁及以上人口共 9033 万人，比 2010 年增加了 35.5%，已经超过了国际通行的老龄社会判断标准。换句话说，乡村人口老龄化的现象正在加剧，这也将进一步扩大城乡二元结构的差距。2010～2019 年，全国乡村 65 岁及以上人口占比的年均增长率约为 0.51%，同期城镇地区的年均增长率为 0.38%，这说明乡村的人口老龄化速度更快。具体而言，如图 1.5 所示，从城乡之间人口老龄化程度的比较来看，2010 年时，乡村 65 岁及以上的人口占乡村总人口的比例只比城镇高出 2.3 个百分点，但是 2020 年时，乡村比城镇高出 6.6 个百分点。这说明城乡之间的人口老龄化差距仍然较大，并有持续扩大的趋势。与城市相比，乡村的基础设施建设相对较弱，养老、医疗和就业体制的发展也相对落后。因此，如果不能及时适应人口结构的变化，乡村人口老龄化进程的加速可能给乡村的经济和社会发展带来挑战。

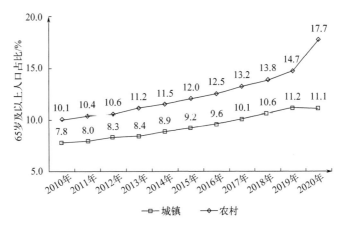

图 1.5　2010～2020 年城镇与乡村人口老龄化程度比较

1.2 养老模式发展

1.2.1 我国养老发展的五个阶段

我国拥有深厚的养老文化传统，养老观念主要基于传统孝道文化。在中华人民共和国成立之前，家庭养老占主导地位，更多得到宗族养老的支持，国家干预的比重较小。养老保障主要局限于基本生活需求的满足，层次较低，几乎未涉及老年人的精神和情感需求。随着中华人民共和国的建立，养老意识与产业逐步建立起来。国家开始关注老年人的特殊需求，为他们提供专门的设施、产品和服务，包括满足他们在日常生活、娱乐、医疗和教育等多个方面的需求。在这个时期，我国养老发展大体可分为"五保供养"阶段、福利院阶段、社会养老阶段、商业养老阶段和智慧养老阶段五个阶段。

第一阶段是"五保供养"阶段。在改革开放之前，国家处于计划经济时期，没有以盈利为目标的养老产业，建立了被称为"五保供养"的制度，主要为不能自给自足的老年人和残疾人提供生活上的照顾，满足他们食品、衣物、取暖、医疗和安葬等基本生活需求。在这个阶段，受益于养老服务的主体并不是广义上的老年人群体，更多的是孤寡人群和其他处于特殊困境中的人们。在当时，社会和家庭通常对这种特殊救助持保留或否定的态度。

第二阶段是福利院阶段。随着我国社会从计划经济转变为社会主义市场经济，社区服务和基层社会治理体系也在不断变革，推动养老福利机构逐步发展。在这个阶段，广义上的养老服务开始出现，养老服务对象从特殊困境人群拓宽到所有老年人。而服务内容也从单一的生活保障向居住、护理、康复和娱乐等多方面发展。然而，总体来看，这个阶段的养老服务仍然主要以社会福利的形式存在，并且主要由政府承担或引导。

第三阶段是社会养老阶段。随着 21 世纪的到来，我国进入了人口老龄化社会，养老需求迅速增长。受计划生育政策等多个因素的影响，家庭规模不断缩小，"4-2-1"家庭结构越来越多。在这个阶段，国家更加重视养老工作和政策设计，养老服务开始进入社区，成为全社会共同的责任。养老服务也开始走向产业化，服务内容、技术标准、管理体系以及从业人员的规范都在逐步推进。这一时期被视为养老产业全面发展的起点，同时，养老观念也在社会中得到了普遍的接受。

第四阶段是商业养老阶段。随着2008年北京奥运会的成功举办以及互联网技术的不断发展，推动了我国经济的飞速发展和消费的升级。这个阶段，国家加大了对养老产业的重视，养老产业快速发展。养老服务开始逐渐朝向多层次、多元化、专业化的方向发展，服务老年人群的产品和服务更趋多样化和个性化。从国家层面，通过立法、规范和标准的设定，加强对产业健康、有序、良性发展的引导，而养老观念和养老需求同样表现出消费升级的态势。

第五阶段是智慧养老阶段。随着移动互联网、人工智能、大数据等技术的大量使用，"互联网+""智能+""大数据+"等战略开始广泛应用于养老产业。在这个发展阶段，养老产业的智慧化成为一种必然的趋势，国家也相继出台了一系列养老政策，见表1.1。这一阶段的养老服务是传统养老服务与现代信息技术相融合的产物，也是养老产业享受先进信息技术红利的结果。在这种背景下，养老服务的发展空间和创新模式将大大拓宽。

表1.1 近年来关于养老的主要政策文件

时间	文件名称	解读	发布单位
2015年11月	《关于推进医疗卫生与养老服务相结合的指导意见》	加快推进医疗卫生与养老服务相结合	国家卫生和计划生育委员会、民政部、国家发展改革委员会等9部门
2017年2月	《智慧健康养老产业发展行动计划（2017-2020年）》	推动健康养老服务智慧化升级，提升健康养老服务质量效率水平	工业和信息化部、民政部、国家卫生和计划生育委员会
2017年3月	《"十三五"国家老龄事业发展和养老体系建设规划》	明确"十三五"时期促进老龄事业发展和养老体系建设的指导思想、基本原则、发展目标和主要任务	国务院
2017年3月	《关于应用全国养老机构业务管理系统加强养老机构发展监测的通知》	正式启用全国养老机构业务管理系统	民政部
2017年8月	《养老服务标准化体系建设指南》	确定养老服务标准体系因素，并制成养老服务标准体系构成因素图	民政部、国家标准委员会
2017年12月	《2017年智慧健康养老应用试点示范名单》	包括智慧健康养老示范企业53家，智慧健康养老示范街道（乡镇）82个，智慧健康养老示范基地19家	工业和信息化部、民政部、国家卫生和计划生育委员会
2018年4月	《国务院办公厅关于促进"互联网+医疗健康"发展的意见》	推进实施健康中国战略，提升医疗卫生现代化管理水平	国务院办公厅
2018年12月	《关于公布第二批智慧健康养老应用试点示范名单的通告》	包括智慧健康养老示范企业26家，智慧健康养老示范街道（乡镇）48个，智慧健康养老示范基地10家	工业和信息化部、民政部、国家卫生健康委员会

续表

时间	文件名称	解读	发布单位
2019年4月	《国务院办公厅关于推进养老服务发展的意见》	深化"放管服"改革、拓宽养老服务投融资渠道、扩大养老服务就业创业、扩大养老服务消费等	国务院办公厅
2019年6月	《关于开展第三批智慧健康养老应用试点示范的通知》	启动第三批智慧健康养老示范试点评选工作	工业和信息化部办公厅、民政部办公厅、国家卫生健康委员会办公厅
2019年7月	《国务院关于实施健康中国行动的意见》	实施老年健康促进行动	国务院
2019年8月	《普惠养老城企联动专项行动实施方案(2019年修订版)》	继续推动增加普惠养老服务有效供给	国家发展改革委、民政部、国家卫生健康委员会
2019年9月	《关于进一步扩大养老服务供给促进养老服务消费的实施意见》	扩大养老服务供给,促进养老服务消费	民政部
2020年7月	《关于开展第四批智慧健康养老应用试点示范的通知》	启动第四批智慧健康养老示范试点评选工作	工业和信息化部办公厅、民政部办公厅、国家卫生健康委员会办公厅
2020年11月	《关于建立健全养老服务综合监管制度促进养老服务高质量发展的意见》	建立健全养老服务综合监管制度,引导和激励养老服务机构诚信守法经营、积极转型升级、持续优化服务	国务院办公厅
2021年10月	《智慧健康养老产业发展行动计划(2021—2025年)》	提升健康及养老服务资源利用效率,推动健康及养老服务质量升级,促进信息技术融合应用	工业和信息化部、民政部、国家卫生健康委员会
2021年11月	《关于"十四五"期间利用开发性金融支持养老服务体系建设的通知》	"十四五"期间利用开发性金融专项贷款支持养老服务体系建设	民政部、国家开发银行
2021年12月	《关于印发"十四五"国家老龄事业发展和养老服务体系规划的通知》	推动老龄事业和产业协同发展,构建和完善兜底性、普惠型、多样化的养老服务体系	国务院
2022年4月	《关于开展2022年居家和社区基本养老服务提升行动项目申报工作的通知》	贯彻落实积极应对人口老龄化国家战略,健全居家社区机构相协调、医养康养相结合的养老服务体系	民政部办公厅、财政部办公厅
2022年11月	《关于组织开展2022年智慧健康养老产品及服务推广目录申报工作的通知》	促进典型智慧健康养老产品和服务推广应用,推动智慧健康养老产业发展	工业和信息化部办公厅、民政部办公厅、国家卫生健康委员会办公厅
2023年6月	《智慧健康养老产品及服务推广目录(2022年版)》	智慧健康养老产品及服务推广	工业和信息化部、民政部、国家卫生健康委员会
2023年9月	《关于开展2023年智慧健康养老应用试点示范遴选及2017—2019年(前三批)试点示范复核工作的通知》	持续专注智能终端产品的创新应用和品牌培育,提升健康养老服务的信息化、智能化水平	工业和信息化部办公厅、民政部办公厅、国家卫生健康委员会办公厅

1.2.2 乡村养老模式

当前，在我国乡村养老服务实践中，地方政府养老服务面临供给主体、供给精准、供给效能等突出难题，很多地区的养老服务建设存在市场、社会组织参与程度较低，养老服务供给碎片化现象。特别是受限于人力、物力等资源，传统的养老服务供给模式存在同质化、单一化的特点，对于老年人多元、多层次的需求很难满足，供需失衡矛盾凸显。同时，乡村养老服务建设过于依赖县级层面，乡镇和村级的养老服务资源和能力被进一步弱化，养老服务整体供给效能低下。随着"打工经济"的兴起和城镇化进程加快，中青年群体的外流致使老年人成为流动时代乡村社会的留守群体，由此塑造了我国人口老龄化"城乡倒置"的分布格局，使我国乡村养老呈现出老龄化的进程明显超前于社会经济的发展。面对此种情况，国家发布了《乡村振兴战略规划（2018～2022）》，其中明确提出"要推进乡村幸福院等互助型养老服务"，显示出国家对该问题的关注。整体而言，我国乡村养老模式逐渐演变为传统居家养老为主，机构社会养老为辅，乡村互助养老补充的新型三大养老模式（图1.6）。

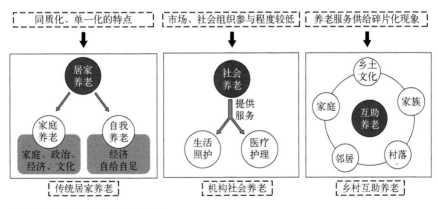

图1.6 我国乡村三大养老模式示意

（1）传统居家养老

我国的传统养老模式深受"孝"的道德价值观影响，主要以家庭养老为主。在当前我国社会化养老服务还未完全形成的背景下，家庭成为乡村老年人的基本养老保障，并且是各项扶贫政策的重要实施点。乡村家庭养老模式是由政治法规、经济条件以及文化因素综合造就的几千年优良传统。直到中华人民共和国成立为止，我国尚未建立乡村社会养老制度，家庭养老始终是乡村地区唯一的养老模式。一方面原因是社会养老制度的运行水平较低,导致老年人不得不如此为之。另一方面原因是在家庭养老中老年人受到的护理照料是无法替代的,而且带来的经济压力也比较小。学者林源研究指出,20世纪90年代以来,我国乡村老年人的养老模式仍以家庭养老为主,原因如下。

① 家庭养老具有社会文化基础,我国历史上,尤其是乡村地区,一直存在着强烈的家庭观念和亲情文化,家庭成员间互相照顾、关心和支持的传统观念根深蒂固。这种观念和文化的延续,使得家庭养老方式在乡村地区得到广泛认同和接受,且一直被乡村居民视为最主要和最可靠的养老方式。

② 乡村家庭养老具有经济基础,尤其是相对较为贫困的地区,由于经济发展水平相对较低,社会养老保障体系尚未完善,乡村居民普遍缺乏充足的养老金和福利待遇。因此,家庭成员之间互相依靠和支持的家庭养老方式成为乡村居民经济上可行的选择。

③ 家庭养老具有心理基础。乡村老年人普遍认为,与子女、配偶和亲属一起生活,能够维系家庭的凝聚力和亲情纽带,使他们感到安心和满足。老年人在家庭环境中,可以更好地得到亲人的关爱和照顾,满足他们的心理需求,并提升幸福感和对生活的满意度。目前,居家养老模式除了家庭养老模式外,还可以通过老年人居家自我养老来实现。2020年,学者段娜研究发现,我国老年人自我供养能力有所提升,出现了养老的"第三条道路",对于家庭供养的依赖程度有所降低。然而,老年人的主要经济来源在城乡、性别和地区等方面显示出不断扩大的不平等趋势。学者穆光宗指出,城市中居家养老+社区服务的组合模式正在逐渐增多;在乡村地区,自我养老模式的比例正在上升。学者陈芳对江苏北部某县进行研究,分析了欠发达地区乡村养老模式的特征,指出乡村老年人自我养老模式的占比超越家庭养老模式,以往依赖家庭成员养老的模式正在逐渐转变为乡村老年人自给自足的自我养老模式。

近年来,我国乡村社会发生了一些变化,家庭养老随之出现了一些问题,各种困境和挑战浮现出来,主要有以下表现。一方面,人口老龄化的问题带给家庭很大的负担,并且现在家庭的规模逐渐变小,使得乡村在家庭养老方面有很大的压力。此外,随着年轻一代涌向城市寻找更好的生活和工作,老年人的照顾问题就显得尤为严重,一些基本的生活照料问题难以得到解决。另一方面,国家和社会对乡村家庭养老的支持力度较小,养老保险的补助金额比较少,难以支撑老年人的花销。另外,乡村耕地的租赁价格逐年变低，使得乡村老年人外界资源保障严重不足，进而加重乡村家庭养老负担。总之，乡村家庭养老问题是一个社会性的问题，对家庭、社会、国家层面都有影响，需要通过多方努力来解决。

（2）机构社会养老

随着家庭规模的缩小、家庭结构的变化以及城镇化进程加快，乡村家庭养老模式占比正在逐渐减少，这意味着乡村社会养老需求在持续增大。由于时代变迁，家庭养老模式的局限性逐渐凸显出来，同时又由于社会养老的困难，机构社会养老模式顺势而生并填补了这一空白。其中，社区养老模式继承了家庭养老的优势，同时具有社会性，其特点在于覆盖面广、成本低和更具人性化。学者舒奋指出，随着城乡一体化建设进程和养老体系的发展，乡村养老模式由家庭养老转向机构社会养老将是必经之路。学者何倩倩通过田野调查发现，一些养老机构通过"本地化"运营策略，降低了养老服务的成本，较好地对接乡村居民的养老需求与支付能力，有效解决了养老机构进入乡村的供需错位问题。同时机构还通过提供"低成本，基础性"的养老服务以应对家庭养老功能的削弱。在多元养老的发展趋势中，机构社会养老作为一种市场化养老模式，在乡村社会养老服务体系中占据重要地位，其优势在于能够为不同类型的老年人提供专业化服务，使老年人可以得到生活照护和医疗护理。政府、家庭、社区和机构养老的合作是为了针对不同的养老服务对象，建立国家养老、社会化养老和市场化养老等模式。

然而，现阶段乡村机构社会养老也存在很多问题：一方面数量上有所不足、人群覆盖率低；另一方面服务内容较为单一，基础设施仍比较落后，这导致养老机构无法满足老年人的多样化需求。出现这种状况主要有以下几个方面的原因，如：养老机构的商业模式单一、社会资本介入较为困难、服务模式僵化。另外，老年人的照护与医疗之间容易出现割裂，复杂的程序和制度使老年人不能便捷地得到优质服务。与乡村居家养老服务相比，机构社会养老服务发展的难度更大。这不仅受到老年人自身的教育水平、社会养老保险制度、居住地、家庭规模与收入等因素的影响，而且更多受到老年人的养老意愿影响。老年人认为机构社会养老常常脱离乡村社会、人情疏淡，缺乏"家"的感觉。中国人民大学曾经在 2014 年做了关于中国老年社会追踪调查的研究，表明居住在城市中的老年人较为喜欢独立的生活方式或者入住养老院，但是乡村老年人则更加依赖于家庭成员并且对养老院有一定的抵触心理。这些问题都成为阻碍乡村机构社会养老发展的重大挑战。因此，想要完善我国乡村的机构社会养老模式，需要进一步提升服务水平，加大普及养老观念。

（3）乡村互助养老

在我国目前的养老体系中，社会化养老，特别是机构社会养老，被视为减轻流动人口养老问题和家庭负担的关键途径。但是，受到传统孝道观念的影响，选择养老机构的乡村老年人比例极少。学者李亚雄指出，乡村社会结构和文化的变迁导致家庭养老制度面临支持资源逐渐萎缩和流失的问题，家庭养老开始陷入困境。总体来看，乡村老年人在养老过程中的主要困难包括经济有限、缺乏日常生活照顾和精神慰藉。这些困境源于家庭养老能力下滑、乡村养老体系不完善、乡村公共服务不足和传统养老观念衰退等因素。因此，有学者提出，建立在乡土互助文化之上的"家庭、家族、邻舍以及村落成员间的互助养老"活动，以及由此形成的互助养老生活共同体，可能是解决乡村养老问题的一种新方法。例如，学者刘超对闽南地区的研究发现，那里自民国以来形成了宗族型、姻亲型、邻里型以及社区型四种养老互助形式，把村民通过血缘、婚姻和地理位置关系组入一个养老互助的网络，这对推动乡村互助养老的持续发展起到了积极作用。学者杨静慧也提出，互助养老模式通过村落老年人之间的日常互助，满足了老年人群体的养老需求，它在经济、社会和心理三个层面产生了综合效益，一定程度上补偿了居家养老的能力不足和社会机构养老的不完善，是解决乡村空巢家庭养老问题的一种全新方案。

在我国，乡村互助养老模式的出现有效地弥补了生活照顾和精神慰藉的缺失，克服了制度养老保障难以解决的问题。根据乡村互助养老的运营模式，可以将其划分为多种类型，如图 1.7 所示。主要包括：①家庭自我养老与互助养老结合模式，主要为老年家庭成员之间的互助养老；②集体建院互助养老模式，主要为集体自建养老院开展全方位自助；③熟人帮助养老模式，源自老年人对熟人的信任感，注重满足精神与情感需求；④老年人互助养老模式，通过彼此互助换取积分，来获得他人帮助。乡村互助养老的本质是老年人之间的相互帮助，或者说在一定程度上是老年人的自助养老，对提升整个社区的养老水平和邻里关系起到极大的促进作用。这种低成本、高质量的养老方式，既遵循乡村传统的互助文化，又可以有效应对乡村人口老龄化和家庭养老能力下降等问题。

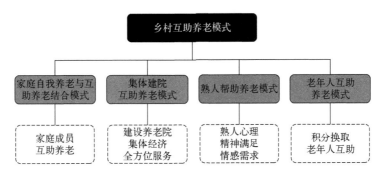

图 1.7　乡村互助养老模式示意

1.3 乡村老年人的现实困境

如前所述，随着社会的发展、城镇化进程的推进以及社会结构的变革，乡村家庭模式也在发生改变，老年人因各种原因成了独居的主力。此外，我国乡村老年人普遍面临经济困难、医疗保障缺失和精神慰藉不足等问题，社会需要应对大批乡村空巢老人的养老需求。由于乡村频繁出现中青年人口外出的情况，不同老年人的居家养老方式面临着差异性，其中一些老年人无法得到家庭其他成员的及时照料。乡村老年人独居或老两口共居的空巢化问题变得越发严重。据全国老龄工作委员会的数据统计，截至 2015 年年底，我国乡村的空巢和留守老年人已经达到约 5000 万人。2021 年第四次中国城乡老年人生活状况抽样调查显示，我国空巢老人的数量已经超过了 1 亿人。过去十年中，我国乡村空巢老人的现象日渐严重，几乎一半的乡村家庭中，老年人并没有与中青年家庭成员共同生活。全国乡村固定观察点的数据显示，2019 年，在至少有一名老年人的乡村家庭中，有 12.9% 的乡村家庭有一位老年人独居，而有 34.3% 的乡村家庭则是有多名老年人共同生活，如表 1.2 所示。相较于 2010 年，这些比例分别提高了 5.7 个百分点和 11.9 个百分点。在城乡之间的发展差距仍然存在的背景下，乡村老年人由于中青年家庭成员的长期外出，可能无法得到及时的照料。因此，乡村老年人面临身体、精神、内部、外部等多重现实困境。

身体上，由于老年人能力退化导致各方面问题，体现为老年人日常生活活动（activities of daily living，ADL）和复杂日常任务（complex daily tasks，CDT）能力下降，包括机体感知、认知和执行能力老化问题；

生活上，受到空巢、权威的弱化等影响，初代老年人面临更多的自养压力，二代老年人也需要承担更多的工作压力；精神上，普遍的经济落后、亲情缺失、社会保障不完善等问题，必然导致乡村老年人的精神危机。

表1.2　2010年和2019年我国老年人居住情况

不同地区	一位老年人独居/%		多位老年人同住/%		老年人与中青年人同住/%	
	2010年	2019年	2010年	2019年	2010年	2019年
东部地区	7.7	12.0	23.6	35.6	68.7	52.5
中部地区	9.5	15.9	26.9	35.1	63.5	49.0
西部地区	4.8	11.1	14.7	26.1	80.4	62.8
东北地区	5.2	11.0	26.5	47.8	68.3	41.2
全国平均	7.2	12.9	22.4	34.3	70.4	52.8

1.3.1　身体困境

随着年龄的增长，老年人机体各组织器官功能发生衰退，导致生理机能调节功能不足，心理状态也随之产生异常。"机能（机体能力）老化"尺度一直是国内外学术界的焦点论题，常作为评估产品需求及可用性的基础。英国残疾随访调查机构将人体视觉、听觉、智力、沟通、灵敏度、伸展力和执行力7种能力作为产品设计的评价尺度用于评估其可用性。2001年国际标准化组织与国际电器标准团体针对老年人身体机能退化与设计之间的关系，颁布ISO/IEC Guide 71作为各国老年人设计需求的参考，该标准包括感知机能、认知机能和执行机能，如图1.8所示。此后，各国学者分别针对老年人该三项能力与设计的关联进行大量研究，涉及医学、社会心理学、

	观看符号和标识 视敏度，颜色感知度，无法适应焦距的变化，视角减少和景深感知变弱等		听力损失 特别是高频率的声音，影响音量、音调和声源位置等		触觉，触觉信息 灵敏度丧失，对温度变化需要更多的时间做出反应	
感知机能						
认知机能	注意力 信息处理的速度和准确度，多任务处理能力、关注多个行为的能力变差		短期记忆 有意行为的速度，完成一个从初始状态到完成状态的任务，用户会在这一过程中迷失		花费更多的时间 学习新事物，做出决策，反应	
执行机能	弯曲动作受限手指，手腕，臀部，背部		平衡和肌肉紧张性 起立，坐下需极大的努力		灵巧性 杠杆，按钮，插头等处理事务，拾起，操纵和释放	

图1.8　老年人机能退化示意

老年康复学、残疾学、生物医学和人机工程学等多个学科领域。

老龄化进程加快带来老年人独立生活、社会劳动力不足等一系列问题。早在 1963 年就有学者提出"日常活动"（activities of daily living，ADL）指标用于评估老年人日常活动的能力。1990 年一项针对深度残障老年人 ADL 指标的研究表明，该老年人群体中 45% 无法做饭，12% 无法洗衣，28% 无法洗澡，28% 无法出行。2010 年，学者 Seidel 等针对正常老年人群体开展研究，结果得出，欧美国家 21% 的 65 岁以上与 55% 的 85 岁以上老年人在 ADL 中经常遇到障碍。我国学者林红等研究得出，北京市老年人 ADL 能力有损害的比例为 19.4%，完全无法自理的比例高达 6.2%，其中三个因素被认定为影响独立生活能力的关键，分别为维修家电、户外活动和科技影响。表 1.3 是各类典型老年人日常生活任务的复杂性、重要性和频率。

表 1.3 各类典型老年人日常生活任务的复杂性、重要性和频率

任务	复杂性 平均值（标准差）	重要性 平均值（标准差）	每周使用频率 平均值（标准差）
开车	4.2（1.3）	1.9（1.4）	0.1（0.1）
房屋维修	4.0（1.4）	2.3（1.5）	0.1（0.1）
手洗衣服	3.5（1.4）	3.3（1.5）	4.0（3.3）
照看孩子	3.5（1.6）	3.4（1.6）	1.4（2.5）
使用自动柜员机	3.3（1.6）	2.0（1.4）	0.3（1.1）
扫地	3.1（1.6）	3.9（1.3）	3.6（2.8）
清理卫生间	3.0（1.3）	4.1（1.0）	5.3（4.4）
整理起居室	3.0（1.3）	3.8（1.1）	3.9（3.8）
服药	2.9（1.5）	3.8（1.5）	3.7（3.9）
换床单	2.9（1.3）	3.9（1.1）	3.0（3.0）
准备蔬菜	2.8（1.2）	3.9（1.3）	9.4（5.4）
洗碗	2.7（1.3）	3.6（1.3）	11.0（5.1）
购物	2.6（1.3）	3.6（1.3）	5.3（4.3）
使用手机	2.6（1.5）	2.3（1.4）	3.2（8.4）
做饭/蒸鱼	2.5（1.1）	3.0（1.2）	0.4（5.5）
做预算	2.5（1.4）	4.0（1.4）	1.2（3.2）
晾衣服	2.5（1.2）	3.9（1.1）	5.3（3.0）
使用公共交通	2.5（1.2）	3.9（1.1）	5.5（6.4）
使用洗衣机	2.3（1.3）	3.6（1.4）	3.1（3.1）
使用八达通卡	2.2（1.4）	3.1（1.7）	2.0（3.9）
使用电话	1.7（1.0）	3.3（1.4）	8.5（7.9）

随着科技的发展，老年人日常活动任务的难度也在不断加大。学者 Wan 提出"复杂日常任务"（complicated daily tasks，CDT）概念，是指与独立生活密切相关的功能性任务。CDT 不仅包含 ADL 任务，同时能力要求比 ADL 更高、更为复杂，这些任务对个人在社区内的独立生活同样重要。学者 Lindberg 和 Fugl-Meyer 指出，CDT 具有广泛的覆盖范围，从家庭烹饪清洁到社区使用自动取款机、乘坐交通工具等。任务复杂性越高，对个人能力的需求越高。例如"购物"任务，包括：①决定买什么；②决定路线；③选择交通方式；④选择产品；⑤决策价格；⑥选择付款方式；⑦包装；⑧携带；⑨回家。整个任务序列较长（共 9 步），对老年人各方面能力需求较高。从某种程度上讲，科技发展越快，老年人面对的生活任务越困难。例如，原本简单的现金付款方式，若替换为刷卡或移动支付，则复杂程度更高。

（1）身体感知机能老化

年龄增加会造成感知能力老化，包括神经系统衰退和机体细胞退化。与年轻人相比，老年人对物体形状、尺寸、深度和移动性等视觉现象的感受均有变化。老年人皮肤敏感触觉点显著减少、腺体萎缩，造成皮肤温度感觉痛觉迟钝。年龄增加还会引起味蕾萎缩与减少，进而造成味觉功能减退。上述因素中，对生活影响最大的是视觉与听觉老化。

① 视觉包括形觉、色觉和光觉。生理方面，老年人角膜直径呈变小及扁平（曲率半径增大）趋势，视觉神经退化或视网膜的锥体细胞减少，会使屈光力发生改变、瞳孔变小，导致老年人对光反应灵敏度下降、视觉感知信息不完整；病理方面，与年龄相关的黄斑变性、青光眼、白内障、糖尿病视网膜等病变均会引起视功能的降低。视力障碍会使阅读、行动、洗漱等日常基础行为难度加大，使屏幕信息定位等产品交互视觉任务更加困难。

② 听力障碍又称听觉受损，是指感测声音能力降低。老年人对声音频率的有效接受范围为 1000～2000Hz，听阈升高。主要原因为人体内耳毛细胞与神经细胞退化，引起传导性听力损失和感音神经性听力损失，导致听觉感知信息不完整、高频率听力损失。第四次卫生服务调查显示，我国老年人 29.3% 听力下降，7.3% 很难听清楚，22.0% 需要他人提高讲话音量才能听到。

（2）身体认知机能老化

伴随年龄增加，老年人的认知能力明显减退。研究表明，75～79 岁的老年人认知损害发病率为13.8%，80～84岁为14.2%，85岁以上则上升为20%。主要表现为记忆障碍、思维固执、注意力难以集中等，对整个认知过程会产生显著影响。认知机能中，最显著的为记忆能力与心智模型的老化。

① 记忆功能减退，使人无法识记、保持和再现，处于无法识别存储与提取信息的状态。神经生物学的研究表明，额叶区域是控制思维和信息处理过程的重要区域，而大脑额叶受年龄变化的影响较其他脑区更为明显。因此，老年人注意力容易分散，忽略关键刺激物，进而影响记忆过程。

② 心智模型旋转能力下降。与年轻人相比，老年人脑蛋白质含量减少25%～33%，导致神经的传导和受体结合的能力衰退。受脑功能衰退的影响，66～77岁老年人的心理旋转能力（人在头脑中运用表象对物体进行二维或三维旋转的想象过程）仅是16～27岁年轻人的4%。因此，老年人和正常人心智模型差距较大，对于产品交互的认知挑战性更大。

（3）身体执行机能老化

执行机能的老化表现为全身本体感觉减退，平衡感降低，易跌倒。最主要的原因为肌肉与骨骼老化。

① 肌肉。普通人从50岁左右开始肌肉组织逐渐减少，60岁以后大大加速。老年人肌肉纤维变细，运动频率下降，强度变弱甚至萎缩，肌肉紧张和收缩导致行动不便、姿势难以控制。美国国家职业安全与健康研究院的调查显示，老年人慢性下背疼痛的发生率特别高，60岁接近高龄者比例高达80%，因此，产品操作过程中的过度俯身等不良姿势，将导致老年用户身体疼痛甚至交互失败。

② 骨骼关节。大部分人35岁开始进入骨骼组织老化过程，由于新生骨骼细胞少于老化细胞，骨密度将会下降，导致骨质疏松症和肌肉骨骼失调综合征，关节间软骨组织变薄，滑液分泌减少，关节僵硬且经常疼痛。更为严重的是有些神经性疾病会涉及运动协调能力，造成双手颤抖、手指失去运动能力，导致老年患者很难与机器进行交互。骨骼关节的灵活性还会影响产品操作技能，例如携带、移动、扭转和操纵物体时必须使用腿、脚、手等主要部位配合，一旦出现问题则无法完成更复杂的操作，如同时推转或点击多个按键。

1.3.2 生活困境

在我国，乡村家庭关系发生了显著的变化。最主要的表现是，从过去的父权家庭逐渐转变为平行家庭。权威的弱化是当代社会中普遍存在的一个趋势，其中包括父权权威的衰退以及"文化反哺"现象对乡土伦理的脱离。这一趋势可以通过社会变革、观念转变和文化碰撞等多个因素进行解释。父权权威的弱化可以追溯到社会的进步和观念的转变。过去，父亲在家庭中被视为权力的象征，对家庭成员的决策指导有绝对权威；老年人在家庭中扮演着决策者和支配者的角色，而儿孙则居于从属地位。但是，随着社会经济的发展，年轻人对个人的权利有了更高追求，更加渴望得到尊重，希望以平等的地位来与人相处。同时，随着社会法治思维的普及，子女更加渴望在家庭中平等参与决策，不再被动接受父亲的权威。因此，这种父权权威衰退的转变导致了家庭权力关系改变，儿孙的地位得到提升，夫妻关系也变得更加平等。随着经济的发展，社会不再是以农耕为主，女性也可以在劳动中获得报酬，女性的家庭地位随之得到提高，家庭中夫妻关系逐渐演变为相互合作关系，而不再是由丈夫单方面做出决策，也给家庭关系带来一些变化。在传统观念之中，老年人常常将与自己没有血缘关系的儿媳视为"外人"，现在这种男女平等的家庭地位让很多老年人对儿媳的权利感到恐惧和担忧。

（1）初代老年人的自养压力大

随着社会的发展变迁，家庭逐渐出现少子化的现象，由此产生了一种新的养老模式，即老年人自我养老的模式。这种现象在人口流动以及家庭成员居住分离的背景下变得越来越普遍，目前我国的人均寿命不断延长，"四代家庭"现象日益增多。"四代家庭"指的是在同一个家庭中，同时存在着曾祖父母、祖父母、父母和孙子女四个代际的成员。学者胡晓映等研究表明，这种家庭结构的变化也带来了"结构性剩余"问题，初代老年人也就是曾祖父母或者祖父母这一代的老年人，被排除在家庭结构和整合之外，形成了一种边缘化的状态。主要表现为家庭内部资源流动呈现出一种"下位优先""恩往下流"的特征。从具体上来说，家庭内部资源的分配主要传递给三代和四代子女，而初代老年人处于资源分配的较为边缘的位置。这种资源流动模式导致了初代老年人在家庭中的地位下降和关注度减少，进一步加剧了初代老年人在家庭整合中被边缘化的现象。"祖父母-父母-孙子女"三代家庭的资源整合与初代老年人所应得到的养老资源分配不均，这就是乡村老年人形成自我养老模式的深层逻辑，如图 1.9 所示。

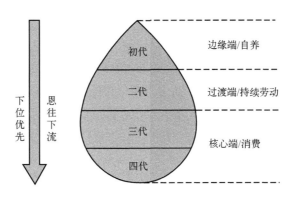

图1.9　家庭代际分层资源模型（胡晓映等）

因此，在这种情况下，很多初代老年人无法依靠子辈的支持来满足日常生活需要。老年人只有通过持续劳动获得经济收入，才能够维持自身的生活。有些情况下，某些地方的老年人认为，"能劳动还是应该劳动，一直闲下来会生病"。还有某些村落民众之间会对老年人做出评价，比如"既然有能力工作却不劳动，那就是懒惰"。由于子女给予的必要养老支持有限，除去基本生活开销和医疗开销外，其余收入已经所剩无几，因此更高级的需求如文化娱乐和社交活动等往往难以实现。随着家庭核心成员的离去或外出打工，家庭对老年人的照顾和关爱能力减弱，导致老年人更容易陷入贫困状态。

（2）二代老年人的持续劳动

"四代家庭"的家庭结构是"曾祖父母 - 祖父母 - 父母 - 孙子女"，处于中间的祖父母和父母这两代人是家庭的生产主力，具有积累属性，为家庭积累财富；处于两端的曾祖父母和孙子女这两代人是家庭的抚养或赡养对象，具有消费属性，消耗家庭财富。在新生的三代家庭中，"祖父母 - 父母 - 孙子女"在财富的积累和消费中形成结构闭环，祖父母和父母两代人的资源整合，服务于孙子女一代的消费，为其提供抚育和教育支出。因此，乡村四代家庭中的二代老年人在家庭和社会中扮演着承上启下的关键角色，其生活和责任的转变与家庭和社会发展密切相关。60岁之前，他们常常选择进城打工，这是为了追求更好的生活和经济收入，为家庭收入做积累。60岁之后，二代老年人通常还需要回到乡村从事农业劳动，这种转变主要是出于对家庭的责任感和对传统农耕文化的维护。农业劳动不仅可以提供生计保障，而且有助于维系家族的生活（比如方便抚育孙辈）和传统的延续。在乡村四代家庭中，二代老年人的生活和责任主要围绕着生存及子女延续展开。因此，二代老年人的生活比较辛苦，始终无法得到较好的休养。

(3) 三代父母陷入 "能力贫困"

乡村的经济发展水平不如城市，社会服务水平更低，失能老人的主体主要在乡村。我国老龄社会随着高龄老年人比重的增加而快速增长，与此同时，快速发展的城镇化，使得家庭在社会变迁中逐渐丧失照料失能老人的能力，三代父母照料者逐渐陷入 "能力贫困"，也致使失能老人陷入 "照料贫困"。三代父母需要同时面对紧张的工作、子女的花费，往往没有更多精力分配给家中的老人。同时，城乡二元结构的这种制度性转变，为乡村居民提供了更多的保护和支持。在这一制度形态下，土地和村庄成为老年人自我养老的重要保障。当子女发现乡村老家的父母和爷爷奶奶可以通过土地实现一定程度的自我养老时，往往也更加忽略了对老年人生活和精神的关怀。

(4) 初代和二代老年人较少获得数字红利

尽管网购、网约车、在线医疗、网络银行等数字产品已在年轻人群体中普及，但对于乡村老年人来说，使用这些数字产品仍存在困难。《中国互联网络发展状况统计报告》的数据显示，2020 年我国 60 岁及以上的人口有 25388 万人，而接触过网络的老年人仅有 6056 万人，乡村老年人经常上网的比例仅占 0.9%。信息化手段对乡村居民生活质量的提升作用还相对不足，造成了城乡数字化的不平等。尤其对于超过 50 岁的乡村老年人，特别是老龄留守人口，他们在手机的使用上能力不足，较少获得数字红利。再者，由于这些人受教育程度低（高中及以上文化程度者仅占 6.30%），他们在网络上获取必需信息的能力较弱，无法享受到当代电子设备数字化、信息化、网络化带给人们的娱乐、休闲、便捷和情感沟通优势，依然过着传统的 "日出而作、日落而息" 的农耕生活，精神得不到更多的放松与疏解。

本章小结

本章主要对我国乡村养老问题的背景进行了研究分析，探讨了我国乡村养老问题的发展、现状及原因。首先挖掘了乡村老龄化问题不断加深的社会原因以及历史发展背景，即随着我国的经济发展，产业结构发生了变化，同时城镇化进程的推进导致乡村人口的流失以及人口老龄化速度加快。针对这一系列的现象，国家也做出了相应的应对举措，但是目前效果还不明显。随后，就目前乡村老年人养老模式进行了分类，包括传统居家养老模式、机构社区养老模式以及乡村互助养老模式。接下来分析了乡村老年人面临的身体、精神以及内部、外部等多重现实养老困境，包括身体上的 "日常活动/复杂日常任务" 困境，老年人面对的身体感知、认知和执行能力老化问题；生活上的权威弱化困境，父权家庭转变为平行家庭。初代老年人面临更多的自养压力，二代老年人也需要承担更多的工作压力，老年人整体生活压力较大。同时，乡村老人经常上网的比例仅占0.9%，他们当中有很多人信息意识和信息能力非常薄弱，老年人群体较少获得数字红利。因此，需要高度重视乡村养老发展与老龄困境问题。

参考文献

[1] 林源.家庭养老是现阶段农村养老保障制度的主体［J］.改革与战略，2010，26（12）：4.

[2] 段娜.养老的"第三条道路"——关于老年人自我养老模式的探讨［J］.劳动保障世界，2020（27）：26.

[3] 穆光宗.中国传统养老方式的变革和展望［J］.中国人民大学学报，2000（5）：6.

[4] 陈芳，方长春.家庭养老功能的弱化与出路：欠发达地区农村养老模式研究［J］.人口与发展，2014（1）：8.

[5] 舒奋.从家庭养老到社会养老：新中国70年农村养老方式变迁［J］.浙江社会科学，2019（6）：11.

[6] 何倩倩.农村机构养老的落地困境、经营策略与发展路径——基于河南省平桥区的田野调查［J］.中国农村观察，2022（5）：15.

[7] 李亚雄，安连朋.脱嵌与嵌入：农村留守老人养老从家庭养老到互助养老的嬗变——以陕西省凤翔县Z村为个案［J］.理论月刊，2021（9）：104-112.

[8] 刘超."老人不老"：乡村自组织养老模式及其社会基础——基于湖北省G乡老年人协会的调查［J］.农村经济，2022（05）：98-106.

[9] 杨静慧.欠发达地区农村空巢家庭养老的困境与应对——兼论互助式养老的综合效益［J］.甘肃社会科学，2017（6）：5.

[10] Seidel D, Richardson K, Crilly N, et al. Design for independent living: activity demands and capabilities of older people［J］. Ageing & Society, 2010, 30（7）: 1239-1255.

[11] 林红，张拓红，杨辉，等.老年人日常生活活动能力的影响因素分析［J］.中国卫生事业管理，2002，18（8）：495-497.

[12] Wan K K Y, Chan C C H, Lam C S. Complicated Daily Tasks of Older Chinese People［J］. Hong Kong Journal of Occupational Therapy, 2002, 12（1）: 5-12.

[13] Lindberg M, Fugl-Meyer A R. The long-term consequences of subarachnoid haemorrhage: Prevalence of instrumental ADL disabilities［J］. Clinical rehabilitation, 1996, 10（1）: 69-74.

[14] 胡晓映，吕德文.整合性溢出：老年人自养秩序的一种解释——基于豫、鄂、湘三省的田野调查［J］.云南民族大学学报（哲学社会科学版），2022，39（3）：70-80.

[15] 杨团.农村失能老年人照料贫困问题的解决路径——以山西永济蒲韩乡村社区为例［J］.学习与实践，2016（4）：12.

[16] Jin Lu, Xiufeng Xu.Prevalence of depressive disorders and treatment in China: a cross-sectional epidemiological study, The Lancet Psychiatry, 2021, 8（11）: 981-990.

Chapter 2

第 2 章
乡村智慧养老数字鸿沟

2.1 我国智慧产品适老化转型
2.2 智慧养老产品分类与技术应用
2.2.1 智慧养老产品分类
2.2.2 智慧养老产品技术应用
2.3 乡村智慧养老产品服务面临的挑战
2.3.1 乡村智慧养老产品服务挑战
2.3.2 乡村智慧养老产品设计要素
2.4 乡村智慧养老产品设计三大鸿沟
2.4.1 操作沟
2.4.2 接受沟
2.4.3 传播沟

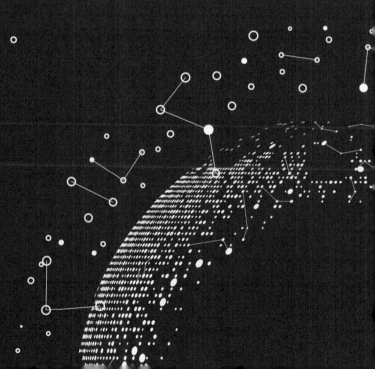

随着智慧化城市的发展，便捷、快速、智能成为时代标签，这些给人们带来福利的同时，造成了另外一种不平等——数字鸿沟下的信息贫困人群，主要为城市高龄人群和大部分乡村老年人群。他们不是互联网时代的"原始居民"，无奈跟随时代潮流勉强应用智能产品。如何帮助高龄人群摆脱信息贫困已成为信息时代发展的迫切任务。随着智慧健康养老的需求加快释放，智慧产品迭代更新层出不穷，大致可以分为生活辅助类、养老监护类、家庭服务类、健康管理类、乐龄交友类和综合平台类六大品类。与智慧养老产品密切相关的技术主要包括大数据、云计算、物联网、虚拟现实和人工智能（AI）等，并正在逐步从单一技术应用迈向多技术融合。然而，我国的养老产业发展相较于西方国家起步较晚，养老产品的开发和探索成熟度也不高。

2.1 我国智慧产品适老化转型

我国的适老化概念最早产生于 20 世纪 80 年代，是伴随老旧建筑人机空间的通用化改造出现的。而后，数字适老化在"老龄化问题""住宅适老化""设计为人人""数字鸿沟系数""互联网＋养老"等概念基础上产生。其发展脉络为 20 世纪 80 年代的老龄化问题→ 2003 年的住宅适老化→ 2005 年的数字鸿沟系数→ 2014 年的智慧养老→互联网＋养老→ 2018 年的数字适老化。

2003 年，中华人民共和国建设部（建标［2003］38 号）发布《关于加强无障碍设施建设和管理工作的通知》，指出要加快各个地区对原有城市建筑和道路的无障碍设施改造工作，用科学的方式制订改造计划。优先考虑老年人和残疾人的需求，将与他们生活、工作紧密相关的居住区、城市道路以及公共建筑作为主要改造对象，设定具体目标，执行责任制度，并进行逐步改进实施。

2005 年，面对日益扩大的数字差距，国家信息中心成立了"中国数字鸿沟研究"课题组，零点调查机构与北京市政府信息办合作提出了国内首个"数字鸿沟系数"。该课题组对北京市的数字鸿沟问题进行了量化，并公布了相关数据，标志着国内数字鸿沟问题研究的重要突破。

2014 年，国务院发布《关于加快发展养老服务业的若干意见》，全国上下全力推进行动落实政策实施，逐步健全养老市场运作机制。在资源配置中创建公平竞争和平等参与的市场环境，将智慧养老服务业发展作为主要工作焦点，为老年人群提供更多的便利、惠及民众的智慧养老服务和产品，以满足他们对多元化和多层次养老服务的需求。

2018年，国务院办公厅印发《关于切实解决老年人运用智能技术困难实施方案的通知》，进一步完善无障数字适老化建设标准体系。2020年，以国务院印发《切实解决智能技术难点实施方案》为标志，进一步推动解决"银发族"在智能技术运行中面临的问题，帮助他们更好地共享信息技术发展成果，计划推出有效措施缩小数字鸿沟。

随着我国大力推进数字技术适老化发展，相关部门陆续推出互联网适老化及无障碍改造政策，提升"互联网＋政务服务"应用，如表2.1所示。推出的老年智慧产品更具屏幕大、音量足、电池够用、字体清晰、操作方便等特点；同时，优化老年人出行服务APP，开发一键呼叫功能；在日常就医方面，优化老年人网上办理就诊等服务，完善老年人健康管理服务。但是，总体而言，养老服务发展仍然重点扶持城市区域，城乡发展依然不平衡，乡村养老服务水平远低于城市养老服务水平。随着智能化产品和高科技的广泛应用，虽然极大地改变了城市老年人的生活方式，但同时也给不少乡村老年人带来了挑战，比如网上医疗预约、移动支付等现代技术让许多乡村老年人感到不适应。

表2.1 我国数字产品适老化相关政策（部分列举）

时间	发布方	政策	相关内容
2016年10月	民政部等多部门联合	《无障碍环境建设"十三五"实施方案》	将老年人列为任务目标对象人群之一，任务目标包括解决残疾人、老年人无障碍日常出行、获取信息为重点，全面提升城乡无障碍建设水平
2016年12月	国务院	《"十三五"国家信息化规划》	提出要构建面向特殊人群的信息服务体系。针对孤寡老人等特殊人群的实际需求，整合利用网络设施、移动终端、信息内容、系统平台、公共服务等，积极发展网络公益。统筹构建国家特殊人群信息服务体系，提供精准、优质、高效的公共服务
2018年12月	第十三届全国人民代表大会常务委员第七次会议	《中华人民共和国老年人权益保障法》修正	提出国家保障老年人依法享有的权益，保障老年人合法权益是全社会的共同责任
2020年9月	工业和信息化部、中国残疾人联合会	《关于推进信息无障碍的指导意见》	明确聚焦老年人、残疾人、偏远地区居民、文化差异人群等信息无障碍重点受益群体，着重消除信息消费、终端设备、服务与应用三方面障碍，增强产品服务供给，补齐信息普惠短板，使各类社会群体都能平等地获取、使用信息

续表

时间	发布方	政策	相关内容
2020年11月	国务院	《关于切实解决老年人运用智能技术困难的实施方案》	提出到2022年年底,老年人享受智能化服务水平显著提升、便携性不断提高,线上线下服务更加高效协同,解决老年人面对的数字鸿沟的问题的长效机制基本建立 将便利老年人使用的智能化产品和服务应用,推进互联网应用适老化改造作为重点任务
2020年12月	工业和信息化部	《互联网应用适老化及无障碍改造专项行动方案》	提出2021年1月起,在全国范围内组织开展为期一年的互联网应用适老化及无障碍专项改造行动,对新闻媒体、社交、购物等主流网站和APP提出了适老化改造的要求 重点工作包括开展互联网网站和移动互联网应用(APP)适老化及无障碍改造、开展适老化及无障碍改造水平评测并纳入"企业信用评价"、授予信息无障碍标识以及公示工作等三方面七项具体内容
2021年4月	工业和信息化部	《关于进一步做好互联网应用适老化及无障碍改造专项行动实施工作的通知》	明确提出《互联网网站适老化通用设计规范》和《移动互联网应用(APP)适老化通用设计规范》 明确互联网应用适老化以及无障碍水平评测体系,由用户满意度评价、技术评价和自我评价三部分组成 指出相关互联网网站、APP在2021年9月30日前参照上述文件完成适老化及无障碍改造,可分别向中国互联网协会、中国信息通讯研究院申请评测。通过评测后,将被授予信息无障碍标识,为期两年

智慧养老产品分类与技术应用

随着国家经济的快速发展,养老福利保障机制不断完善,"银发族"收入水平持续提高,消费水平也不断上升,银发市场趋于扩大。根据中国老龄科学研究院的数据,2015年,我国城镇居民年平均收入为23930元,比2000年增加了15434元;乡村居民年均收入为7621元,比2000年增加了5389元,如图2.1所示。根据国家统计局的数据,截至2021年年底,我国城镇居民的年平均可支配收入为43834元,乡村居民的年平均可支配收入为17131元。老年人生活水平和收入的提高也促使设计目标与产业结构升级,努力满足老年人日益强烈的养老需求和健康需要,通过信息技术产业发展新动能,促进社会经济发展、增进人民福祉,充分发挥技术变革的优势,利用互联网等高新技术提升老年人可以享受到的社会服务水平。

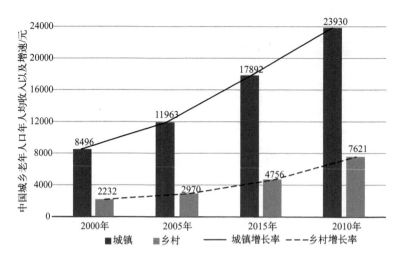

图 2.1 中国城乡老年人收入增长趋势

2.2.1 智慧养老产品分类

随着智慧健康养老的需求加快释放，智慧养老产品迭代更新层出不穷。智慧养老产品大致可以分为以下六大品类，具体展示见附录1。

（1）生活辅助类

生活辅助类产品涉及饮食、居住、洗浴、穿着、休闲、交通等方面，代表产品包括睿餐智能防抖勺、智能马桶盖、智能开关等产品。除了满足日常生活需求的基础产品外，还有各种辅助产品。例如，辅助饮食产品解决老年人手部无力、味觉和触感迟钝等问题；辅助起居产品解决老年人起居中家具使用不便的问题；辅助洗浴产品解决老年人洗浴时行动不便等问题；辅助穿着产品解决老年人身体不灵活、穿衣不便的问题；辅助休闲产品解决老年人视力、听力衰退等问题；辅助交通产品解决老年人出行不便等问题。

（2）养老监护类

老年人的身体以及大脑会随着年龄的增大变得越来越迟钝，养老监护类设备如智能穿戴设备、智能报警以及监控装置等十分必要。代表产品包括 Tempo 可穿戴设备、Xenxo S ring 智能穿戴戒指、Dido E10 PRO 智能手环等。智能穿戴设备目前发展迅猛，不仅佩戴越发便捷，而且可随时随地实现监护效果，比如可携带的智能手表、蓝牙防丢器、腕式血压计等。同时，居家监测设备如智能床垫、智能可视门铃、智能门锁、智能机器人等，可以实现紧急呼叫、体征监护等功能。另外，智能报警设备如燃气安全报警器、卫生间水浸智能报警器、厨房的烟雾报警器等可以保障老人生命健康安全；在线监控装置可以实现实时观察老人情况与在线通话。

（3）家庭服务类

在我国，多数老年人选择居家养老。由于老年人身体素质和反应能力相对较差，家庭服务类产品的主要功能是为老年人提供需要的服务。代表产品包括 ElliQ 人工智能机器人、Google Home、Apple HomeKit 等。对于智能机器人，无须进行烦琐的操作，通过语音即可控制，降低使用门槛，具备视频通话功能，从而拉近老人与亲朋好友之间的距离，同时具备提醒主人服药和散步等功能。智能家居系统可以通过一个智能盒子集中控制，相当于电子助理，老人可以借助电子助理对设备进行语音控制，实现生活上的便捷。

（4）健康管理类

围绕老人的身体健康，健康管理类智慧养老产品从前期的健康监测、智能监护、用药提醒、生病时的辅助就医，再到就诊后的监护治疗，全方位地守护老年人的身体健康。比如智能药盒 MedMinder、EasyPill 药丸管理器、Hero 智能配药机等产品，可以提醒用户在正确的时间吃到正确剂量的药，盒子内一般可容纳数多种不同类型的药丸，并且具有医疗警报等功能。可穿戴健康监测设备通过监测老人的心率、心电、体温、血氧等功能指标，为老人提供 24h 全方位监护。

（5）乐龄交友类

随着年龄的增长，老年人的社交圈子变小，会让老年人感到孤独和缺乏安全感。乐龄交友类产品利用学习或娱乐平台形式，帮助老年人拓展交友范围，增加精神层面的学习与互动。代表产品包括 GetSetup、Livpact、糖豆 APP 等，利用线上和线下社区分享生活、结交朋友；利用大数据，根据老年人的兴趣匹配合适的聊天对象，增加交友机会，寻找更多价值，提高老年人的幸福感和生活质量。

（6）综合平台类

综合平台类产品综合性地利用现代科技手段获取老年人的数据信息，为老年人提供疾病预防、营养健康、医疗指导等方面的指导。代表产品包括 Teladoc Health、启晨养老 APP、PACE（the program of all-inclusive care for the elderly）等。这类产品利用大数据、云计算等技术为老年人提供全方位的综合养老服务，不仅包含医疗健康服务，而且包含文旅、社交支持、心理救援、安全防护等功能。

2.2.2 智慧养老产品技术应用

随着5G、物联网（IOT）、智能网络、传感器、区块链等技术的发展逐渐成熟，以及高新材料的创新突破，现代社会数字化、网络化、智能化水平不断提升。智慧养老产品呈爆发式增长，线上医疗、远程教育、云端旅游等无接触数字化新业态、新模式蓬勃发展。在现有技术中，与智慧养老产品密切相关的技术主要包括大数据技术和云计算、物联网技术、虚拟现实（VR）技术、人工智能（AI）等，并正逐步从单一技术应用迈向多技术融合，如图2.2所示。

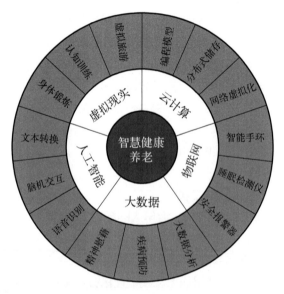

图2.2　智慧养老产品技术应用

（1）大数据技术和云计算

大数据技术通过海量收集和分析不同身体状态、年龄阶段、需求层次老年人的生理、心理、生活等多重数据，从大量数据中挖掘出有价值的信息和规律，提高决策的精度和效率，同时为老年人提供更加个性化的服务。

(2)物联网技术和传感器

依托各类传感器如压力、心率、红外传感器等实时监测老年人数据，并通过网络传输给家属、亲友、医生、社区工作者等，为老年人健康管理、疾病预警、心理感知、生活需求服务提供基础信号。物联网技术按照协议，将各种终端设备和网络连接在一起，经过信息传输与交互实现智能追踪、监控、定位等功能。如老年人外出意外迷路，可以通过安全报警器及时与亲属联系，通过定位功能及时找到老年人；老年人忘关煤气，可以通过安装燃气安全报警器及时监测，并对老年人及其家人和社区做出提醒；动作捕捉传感器可以监测老年人的各类生理数据，结合分析算法识别，在老年人出现异常时准确报警，这种监测设备还具备人体存在传感器和远程非接触式姿态监测功能，当识别到老年人跌倒等姿态异常时，自动向监护人发出警告，大大缩短救护时间。

(3)虚拟现实/增强现实/混合现实（VR/AR/MR）技术

因为这类技术具备提升现实情境的清晰直观性和感知冲击力，近年来在教育、医疗、游戏、广告等领域发展迅猛。同时也显示出在养老服务领域的巨大潜力。比如打造虚拟旅游世界，为老年人带来情感疗愈。戴上VR眼镜，可以进行身体平衡和肌肉康复训练。AR可以通过高度交互性增强老年人的购物和学习等体验。

(4)人工智能（AI）技术

AI为养老产业带来更多探索可能性，包括屏幕阅读器、文本到语音转换、AI字幕等应用。HCI技术发展创新了视觉、语音甚至脑机交互方式对老年人的情感陪伴与学习过程。同时生成式人工智能（AIGC）技术对老年人智能交互也产生了很大影响，比如，AI生成绘画、AI生成音乐等均可以对老年人产生很好的艺术疗愈效果。另外，简单方便的操作流程，大大减少老年人的学习成本，提高生理和情感满意度。

2.3 乡村智慧养老产品服务面临的挑战

随着社会经济的发展，我国的主要矛盾已经发生了转变，乡村老年人的需求也从温饱转换为想要获得更好的情感、心理服务。我国的乡村养老产业发展相较城镇养老起步更晚，智慧养老产品的开发和探索成熟度也不高。多数的乡村养老产品主要集中在健康、医疗等基础服务方面，产品成本较高。部分中低端乡村养老产品价格虽然较低，但是较少考虑产品的服务链、应用场景和乡村老年人特征，产品普及度非常低。因此，乡村智慧养老服务面临一系列挑战。

2.3.1 乡村智慧养老产品服务挑战

（1）挑战1：如何完善乡村养老产品服务链条

老年人群体差异化极大，需求复杂且涉及多个领域。由于远离城镇，乡村养老产品往往更为缺乏服务人员进行后续指导，导致一些智能老年产品沦为"摆设"。比如为了乡村老年人的身体健康而使用的可穿戴设备，尽管在一定程度上满足了用户的实际需求，但是在设备报警后，无法提供及时配套的医疗服务，使得产品的服务效果大打折扣。在这种情况下乡村养老服务闭环需要打通，比如除了家人、亲属、社区外，乡村养老服务中如何组建特色服务团队，以确保从不同角度保证产品的功能性、易用性和服务性。服务必须通过深入了解乡村老年用户的需求和偏好，及时响应他们在使用产品过程中遇到的问题，提高服务满意度。

（2）挑战2：如何将功能集成向典型乡村场景渗透

从城市开始普及的高新技术，往往无法及时、有效、简单地"搬运"到乡村地区，乡村老年人通常无法顺畅地享受到养老福利。因此，如何使城市智慧养老系统能够在乡村地区落地推广，并适应乡村的实际条件与需要，就成为一个需要解决的关键问题。应用场景是智慧养老产品定位与研发的重要参考依据，而家庭、社区作为当前大部分产品首选的立足点，成为关键领域。传统的模块化设计可以在一定程度上满足不同乡村老年人的个性化需求。例如，社区移动血氧仪和心率监测等产品集成，可以让老年人便捷地进行多项健康监测。然而，现有功能集成没有特别考虑典型的乡村服务场景渗透，包括乡村老年人的日常护理、家务服务、生活照料、健康医疗、文化娱乐、精神慰藉等。

（3）挑战3：如何解决供给两极分化矛盾

相对于城市老年人来说，乡村老年人往往受教育程度较低，科技素养不足，对智慧产品的熟悉程度较低。同时，生活环境相对简单，社会资源相对较少，可支配收入也较低。因此在乡村智慧养老产品的供给端，虽然目前智能设备品类相对较为丰富，但是两极分化严重。一方面，技术门槛较低的产品生产泛滥，功能大同小异，可用性不高；另一方面，技术门槛较高的产品或者服务平台技术难度大，造价较高，乡村老年人"不会用，用不起"。导致乡村智慧养老产品供给侧与需求侧没有形成平衡，未来可能进一步抑制高端产品的创新。

2.3.2 乡村智慧养老产品设计要素

学者 Rowe 与 Kahn（1997 年）提出成功老龄化模式的三个要素，分别为避免疾病、生活积极以及维持高层次认知。此模式概念也延续到世界卫生组织在 2002 年提出的活跃老化（active aging），即①健康——预防和减轻过度残疾、慢性病和过早死亡的负担；②参与——在整个生命过程中提供教育和学习机会；③安全——通过解决老年人的人身安全问题，确保老年人的保护、安全与尊严。三个基本支柱可以提高老年人的高生活品质。本书结合成功老龄化三要素与马斯洛需求层次理论，以数字鸿沟概念为基础，从"个体和产品生理操作的关系""个体和信息传播的关系""个体和产品接受的关系"三个层面，分别讨论目前乡村老龄化设计存在的三大鸿沟及与之对应的设计要素。分别是"个体和产品操作的鸿沟""个体和科技接受的鸿沟"以及"个体和信息边界的鸿沟"，如图 2.3 所示。

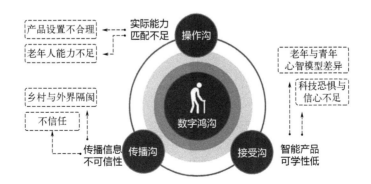

图 2.3　乡村智慧养老产品设计三大鸿沟

（1）个体和产品操作的鸿沟（操作沟）

乡村老年人在日常生活中对适老化产品有着特定的操作需求，而现有的产品往往存在产品"需求能力"大于老年能力,也就是说现有产品功能需求超过了老年人的实际操作能力。因此,在设计乡村智慧养老产品时,需要考虑乡村老年人的生理特点和能力水平,确保产品的设计易于操作,并能够满足他们的基本健康和生理安全需求。

(2) 个体和科技接受的鸿沟 (接受沟)

研究表明,乡村老年人与城市老年人、年轻人之间在科技使用上的差异也并非完全来自知识的差异,对科技产品使用的信心和对自身能力的低估也是很大问题。当数字产品解决了可用性问题之后,还必须让乡村老年人愿意使用,降低智能产品的操作心理门槛。然而现有智能产品往往需要复杂的交互过程,导致老年人科技接受度相对较低。因此,在设计乡村智慧养老产品时,需要注重提高智能产品操作的无负担性与自然感,同时尊重乡村老年人的日常生活习惯和操作惯性。提高智能产品的可用性可以更好地满足乡村老年人获得科技现代化带来的情感支持和社交需求。

(3) 个体和信息边界的鸿沟 (传播沟)

乡村老年人有获取信息、分享和社交的需求,然而目前乡村老年人存在较为严重的信息贫困现象。由于技术的快速发展,许多老年人不熟悉数字设备和网络应用,导致他们在信息获取和传播方面受到限制。因此,在设计乡村智慧养老产品时,需要考虑老年人的数字素养和信息获取渠道,同时提供简便易用的交互界面和功能,拓展乡村老年人的信息边界,以满足他们的学习交流、传播和自我价值的实现。

2.4 乡村智慧养老产品设计三大鸿沟

前期提出的乡村智慧养老三个层面的研究,可以帮助我们更好地理解目前老龄化设计存在的特定问题。本书将乡村智慧养老产品设计与乡村老年人个体之间存在的三大鸿沟归纳为操作沟、传播沟和接受沟。下面分别阐述三大鸿沟存在的原因及研究视角。

2.4.1 操作沟

操作的可用性和易用性是产品设计时必须考虑的,属于人机交互方面的要求,将影响产品的使用体验。由于年龄的增长使老年人的身体机能发生了变化,与年轻人相比,他们的学习能力变差,在与操作界面交互的过程中感知能力和熟练度也有所下降。很多产品为了美观和新奇的设计效果,比如对比度不够清晰的按键、操作步骤很多的功能触发、绕来绕去的功能解释、形态色彩相似的图标等,均使老年人对产品操作望而却步,认为产品不好用、不易用。因此,目前适老化智能产品与乡村老年用户的实际能力之间存在一个操作鸿沟。越来越多的设计师认为,深入了解老年用户感知、认知和执行能力的变化是有效产品设计的第一步。学者 Norris 于 1998 年提出与产品设计相关的用户能力特征,包括感知、认知和执行能力并将其进行分类详细展示,如表 2.2 所示。

表 2.2 与产品设计相关的用户能力特征

领域	考虑因素
感知能力	视觉、听觉、味觉、嗅觉、触感、平衡性、运动感觉
	视觉与听觉辅助
认知能力	信息处理能力与绩效(知觉、工作记忆力、注意力、长时记忆力)
	高级认知:推理、计划、问题解决
	知识(陈述性与程序性的)、产品的经验与心智模型
执行能力	静态(身体参数)与功能性人体测量学(运动范围)
	不同肢体动作的力量
	小肌肉动作技能(手眼一致性,敏捷性)
	大肌肉动作技能(肢体运动,移动)
	忍耐力和持久力
	运动辅助

基于 Norman 和 Gaver 关于能力的分类,结合用户与产品属性特征,将"能力"概念归纳为两种:一种是产品设计师认定的用户能力,也是用户在产品操作过程中必需的能力,称为需求能力(demand capacity),隶属于产品范畴;另外一种是用户完成特定任务时表现出的实际能力,它完全匹配用户的身体机能,称为实际能力(actual capabilities),隶属于用户范畴。

本书针对用户的能力是否被设计师正确感知，做出四种排列组合，如表 2.3 所示。用户不存在的能力包括 a. 被设计师高估的能力和 c. 被设计师正确排除的能力；用户存在的能力包含 b. 被设计师正确感知的能力和 d. 被设计师低估的、无法感知的隐藏能力。同时，a 和 b 同属于设计师感知到的能力；c 和 d 同属于设计师未感知到的能力。此时，出现的矛盾是：①一部分用户并不存在的虚假能力，被设计师错误地感知到，造成用户能力夸大；②一部分用户隐藏的实际能力，无法被设计师成功识别到，设计师错误地认为用户没有这方面的能力，造成对用户能力的低估。因此，设计师所感知的用户能力和用户真实存在的能力可能存在着差异。

表2.3 设计师感知能力和用户存在能力分类

设计师对用户能力的感知	用户能力的实际情况	
	用户不存在的能力	用户存在的能力
设计师感知到的用户能力	a.被设计师高估的能力	b.被设计师正确感知的能力
设计师未感知到的用户能力	c.被设计师正确排除掉的能力	d.被设计师低估的、无法感知的隐藏能力

本书引入 Norman 的桥接鸿沟理论表示此种关系，如图 2.4 所示。关注实际能力与需求能力之间的鸿沟，评估需求目标转化为实际能力的难度，主要通过"目标层设立"和"执行层转化"两个过程完成桥接。①目标层设立：设置设计师想要实现的目标能力，此目标需要充分考虑用户的实际能力。②执行层转化：目标转化为实际能力时，需要再次评估用户是否可以成功完成目标。本书中，桥接接口为用户与产品的能力需求接口，双向完成需求能力（设计师是否了解用户的实际能力）和实际能力（用户是否可以完成设计师的期待目标）的桥接。

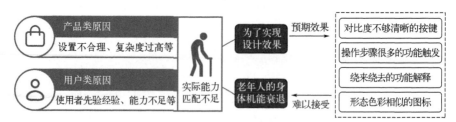

图 2.4 能力桥接鸿沟

（1）实际能力匹配不足

如图 2.5 所示，当产品对用户的需求能力大于用户的实际能力（$D_c > A_c$）时，会造成用户实际能力匹配不足，使感知、认知和执行各层次子任务难度上升，最终导致产品操作绩效下降、用户操作负荷上升、挫折感上升，最终满意度较低。甚至在功能需求和用户能力鸿沟极大的情况下，造成产品操作任务的失败。造成实际能力匹配不足的原因，包括：①产品类原因，包括任务设置不合理、产品复杂度过高、心智模型与用户不相符等，当前很多高科技企业将复杂功能无节制地加入产品中便会造成此类情况；②用户类原因，包括使用者先验经验不足、生理/认知能力不足等。

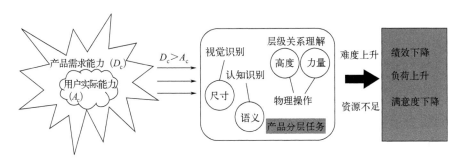

图 2.5　实际能力匹配不足

（2）实际能力匹配余裕

如图 2.6 所示，当产品对用户的需求能力小于用户的实际能力（$A_c > D_c$）时，会造成用户实际能力匹配余裕，造成感知、认知和执行各层次子任务难度下降，此时产品操作绩效上升、用户操作负荷下降。但是，匹配余裕的持续过程会造成边际效应递减，产品不断降低能力需求以匹配用户实际能力，当降低到一定程度后，继续降低需求能力给用户带来的操作准确性和舒适度的上升越来越有限；在长期产品使用中，用户实际能力匹配余裕也给交互过程带来下列可能的问题。

① 限制产品功能。过度降低产品对用户的能力需求容易造成老年产品比普通标准产品功能折扣或受限。

② 过高的生产成本。对于产品生产者来说，如果能力匹配余裕需要通过提高技术难度和经济成本等来满足，可能造成虚拟或物理资源浪费，物理界面增大面积但浪费的资源未必带来多少效益，易造成生产过度，系统的经济性降低。

③ 交互过程不具挑战性。操作难度过低时，用户仅需重复极少甚至一种简单活动，易造成操作乐趣减少、敏感度降低，操作的不确定性增强。例如很多用户认为自动挡汽车的驾驶乐趣不如手动挡汽车，枯燥单调的操作行为容易使司机产生消极懈怠的情绪，开车的体验满意度也会逐渐降低。

④ 忽视用户个体差别。部分老年人会对被过度关注、过度照顾产生心理负担，甚至在西方文化中会被认为是不尊重，潜在影响用户的主观体验。

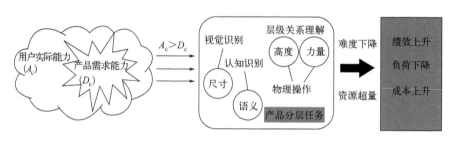

图 2.6　实际能力匹配余裕

因此，老年人自身的能力研究是交互系统和谐的前提，产品的需求能力和用户实际能力的和谐取决于两者的匹配程度，需求能力的缺失和冗余均会导致和谐关系的失调。随着社会进步，在与产品交互的过程中，由于老年人群体反应和学习能力的下降，他们在对产品界面的感知和具体操作中会遭遇诸多困难。

2.4.2　接受沟

乡村智慧养老产品设计不仅要关注人机操作难度，而且要关注乡村老年人对数字技术的可接受度。当今时代下，"设计为人人""设计公平化"已经成为对产品设计人员的必要要求。从设计伦理的公平性来考虑，开发与设计产品时，设计师是否足够包容特殊群体，是否所有人都可以平等地享受到技术带来的便捷十分关键。学者 Chen 和 Chan 构建了一套适用于老年人的科技接受与运用模型 STAM，包括感知有用性、易于学习、使用意愿等。该模型通过多个因素评估老年人对科技的接受与运用程度，有助于理解和促进老年人对科技的接受与使用。但在实际生活设计中，STAM 模型较为复杂。在这里，引入"数字接受"概念。如图 2.7 所示，数字接受度的关注点包括但不限于以下几个方面：①物理接受度，产品的设计应该考虑到各种人群的不同能力和身体状况，例如年龄、视觉或听力障碍等；②心理/认知接受度，在心理上减轻老年人用户对智慧产品的恐惧感，提升操作的自信心，同时设计师应尽可能简化产品复杂的操作流程，确保产品尊重老年人用户。

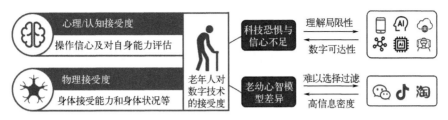

图 2.7　产品科技感与老年人心理接受度之间的鸿沟

（1）科技恐惧与信心不足

研究表明，老年人群体与年轻人在科技使用上的差异并非源自实际计算机知识的差异，而是源于科技使用能力的信心和对自身能力评估的差异。这种差异主要在进入老年阶段后逐渐显现，因为老年人逐渐远离新科技产品的接触和使用，而依赖过去的经验和感受来评估新科技产品，对新技术的可行性持怀疑态度，进而引发焦虑情绪，进而降低他们的学习动机，使他们不愿接触新科技产品，只使用科技产品的部分功能。因此，他们倾向于避免涉及新科技学习和使用的产品，这使得他们对科技的接受程度有所限制。另外，将数字可达性与技术引入社会群体也会对老年用户产生影响。在科技需要与广大用户建立社会联系的情境中，数字可达性的影响显得尤为重要。乡村老年人通常面临的数字可达性障碍包括技术使用的物质条件、技术学习的机会以及社会和文化环境中的技术认同等方面。由于这些障碍的存在，乡村老年人面临与科技互动的难度增加，进而也会影响他们对科技产品的信心。

（2）老年人与青年心智模型差异

老年人群体的认知能力下降是一种普遍存在的现象，这与当今时代快速发展的智能技术之间产生矛盾。一方面，老年人选择性注意力和工作记忆力减退，注意力十分有限，导致他们在面对多种刺激时难以快速准确地进行选择和过滤。另一方面，快速发展的智能 APP，比如微信、抖音、淘宝等，仍然在不断提高用户的信息密度，导致信息筛选、任务执行、推理等能力的需求不断提高。工作记忆力不断减弱的老年人（老年人存在记忆容量减少、信息保持时间短暂和信息操控困难等问题），自然无法更好地接纳和自然地运用这类交互产品。由于老年人与青年的心智模型差异，那些需要复杂认知处理与占用全部认知资源的智能产品与乡村老年人之间存在较大的数字鸿沟。

2.4.3 传播沟

在当代社会，飞速的科技发展引起了大量信息的泛滥，进而引发了信息过载和膨胀，人类进入到前所未有的信息大爆炸时代。在信息带来便捷的同时，信息的传播也面临着一系列问题。从受众人群上来看，与年轻群体相比，乡村老年人作为信息贫弱人群，由于受到社会规范、传统观念以及价值观的影响，使得他们思维固化，很难理解和接受当代多元化的信息，从而加剧了信息分化，导致乡村老年人与信息之间存在着巨大的隔阂，如图 2.8 所示。

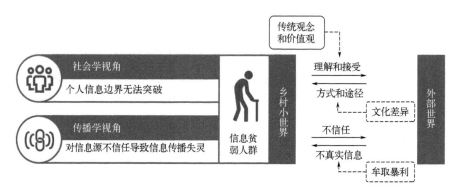

图 2.8 "冗余过载的信息供给"与"老年信息接收比例较低"之间的鸿沟

（1）个人信息边界无法突破

在社会学研究中，信息接收差异在乡村老年社会中引发了交流的屏障，使得乡村老年人群体的"世界"与外部世界之间存在着信息隔阂，在乡村环境内部，人们缺乏自觉从外部世界寻求信息的意识，导致信息贫困与分化。"乡村小世界"与外部世界的信息交流符合"局内人"与"局外人"之间的交流特征。文化差异导致了乡村老年人群体对外部世界的信息获取方式和途径并不熟悉。而外部世界的信息，由于内容和形式都带有主流文化的烙印，也很难真正融入乡村老年人的生活中。外界主流文化所倡导的价值观、审美观和消费观念往往与乡村老年人的生活方式和文化背景相差甚远，这使得乡村老年人很难理解和接受这些信息。即使有一些外部信息通过养老救济机构或社会工作者传递到乡村老年人群体中，由于其与乡村老年人的实际需求和生活现实脱节，往往被视为无用信息，无法真正满足他们的需求。这种"屏障"的存在是导致乡村老年人群体"小世界"的主要原因，并最终导致老年人信息边界无法突破。主要体现在空间边界、时间边界和知识边界均无法接触到多样化的信息资源，个人自身知识、认知水平和对信息理解、价值提取的能力也会得到限制。

（2）信源不信任导致信息传播失灵

在传播学研究中，当前我国社会老龄化和网络技术的普及给老年人群体的生活带来了很大的便利，但也使老年人面临更多的风险和挑战，引发了老年人信息传播失灵等问题。信息是数字时代的重要经济产品和核心社会资源。我国乡村老年人虽对信息资源需求总量巨大，但仍然是信息获取的弱势群体。年轻群体对智能服务获取的数据信息有普遍的基本认识，而乡村老年人缺少相关背景知识和经验，往往找不到、看不懂信息入口和出口。一些信息生产者和传播者出于牟利目的，往往会向老年人投放虚假不实或夸张变形的信息，以吸引他们的关注和购买意愿。久而久之，当乡村老年人面临来自不熟悉的渠道，如电视、手机、网络等信息时，由于缺乏对信息源的了解和判断能力，他们容易对信息的真实性产生怀疑，进而更加逃避信息。

此外，在信息传达中，许多智能产品的信息具有各种各样的噪声问题，尤其是信息解码和信道对老年人获取信息产生很大影响，从而导致信息内容的失真和传播的失灵，使乡村老年人在"较低的信息接受度"与"智能产品冗余过载的信息供给"之间存在着一条无法逾越的鸿沟。

本章小结

纵观设计的发展历史，人口老龄化的进程对设计思维有着潜移默化的影响。随着科学技术的不断发展与普及，涌现出更多为老年人群体设计智慧养老产品的机会与挑战。本章首先介绍了我国针对数字产品的适老化政策，深入挖掘各国针对"银发群体"开发的数字化产品。而后提出现有乡村智慧养老产品设计存在的三大鸿沟问题：第一是操作沟——产品需求与老年实际能力之间的鸿沟，这意味着当前设计的智能产品往往超出了乡村老年人的认知和接受能力范围，导致其难以有效地使用这些产品；第二是接受沟——科技感与老年心理接受度之间的鸿沟，老年人群体与年轻人之间在科技使用上的差异往往并非源自实际知识的差异，更多是源于对科技应用的信心和对自身能力低估的差异；第三是传播沟——冗余过载的信息供给与老年信息接收比例较低之间的鸿沟，乡村地区传统观念和信息噪声的影响，导致乡村老年人更难接触到多元化的信息和观点，从而加剧了信息分化现象。后面本书将具体探究如何弥合三大鸿沟，以降低老年人应用智慧产品的难度，更好地拥抱数字生活。

参考文献

[1] 梁超，罗娟.数字适老化的发展演进，国内外实践及启示[J].继续教育研究，2023（1）：4.

[2] 陈子卓.中国老年人成功老化模式的城乡差异——基于2015 CHARLS数据的潜在剖面分析[J].人口与发展，2021.

[3] Norris B. Expectations of safety: realising ergonomics and safety in product design [D]. Nottingham: University of Nottingham, 1998.

[4] Gero J S, Kannengiesser U. The situated function-behaviour-structure framework [J]. Design Studies, 2004, 25（4）: 373-391.

[5] Norman D A, Draper S W. User Centered System Design: New Perspectives on Human-Computer Interaction [J]. Lawrence Erlbaum Associates, 1987, 3:129-134.

[6] Chen K, Chan A H S.Gerontechnology acceptance by elderly Hong Kong Chinese: a senior technology acceptance model (STAM)[J]. Ergonomics, 2014, 57（5）, 635-652.

[7] 谢俊贵.社会信息化过程中的信息分化与信息扶贫[J].情报科学，2003，21（11）：4.

Chapter 3

第 3 章
智慧养老产品设计策略

3.1 老年人产品广义设计原则
3.1.1 包容性设计策略
3.1.2 通用设计理论
3.1.3 设计为人人

3.2 适配 – 赋能设计方法
3.2.1 信息加工能力与产品设计
3.2.2 用户实际和产品需求能力匹配
3.2.3 ADCE 能力 – 需求匹配模型

3.3 普适计算背景下的交互设计思维
3.3.1 宁静技术
3.3.2 慢技术

3.4 信息传播视角下的交互设计思维
3.4.1 扎根理论
3.4.2 技术探针

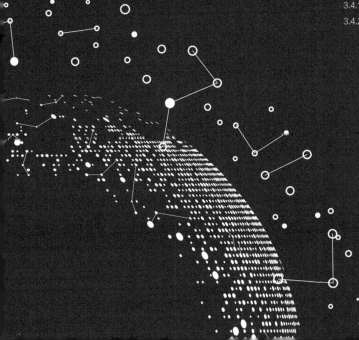

随着科学技术的发展与普及，智慧养老产品会面临更多的机遇与挑战。在这个过程中，应该通过不断的思辨来保证设计伦理的时代特性，这也是设计师和研究者应承担的责任。针对前期总结的乡村智慧养老产品设计三大鸿沟问题——操作沟、传播沟和接受沟，目前学术界已经开展多学科跨领域的研究，广义设计策略角度包括包容性、通用设计等；具体设计策略角度包括单能力补偿、多能力补偿、老年特殊式设计和老年能力训练等。如今，随着"无所不在"的智能交互技术发展，研究者们深化发展出宁静技术（calm technology）与慢技术（slow technology），两种设计思维不断思考如何让智能技术从心理学角度减少占用老年人的注意力，实现产品交互的自然性。同时，在信息流通中，乡村老年人通过媒体报道、网络信息和社交媒体的信息获取率极低，造成信息分化。有学者利用扎根理论和技术探针来解决产品信息传播的信度和效度问题。整体而言，创新性养老理念和方法的发展引发了学术界对适老化设计问题的关注。

3.1 老年人产品广义设计原则

"不同的就是正常的"这一理念为工业领域带来了全新的老年设计视角。在此理念基础上发展出了包容性设计、通用设计、可及性设计、无障碍设计等设计方法，老龄化设计、设计为人人、跨世代设计、康复性设计、万应设计等设计理念也逐步受到重视。

3.1.1 包容性设计策略

1994年起源于英国的"包容性设计"是一种设计方法和商业策略，主要目的是使主流产品、建筑和服务能够满足绝大多数人的需要。其定义是："一件具有包容性的产品只允许排除功能上应排除的用户，而不应因为其他任何因素而无法被用户使用。"其基础模型主要包括设计金字塔模型和包容性立方体模型。

设计金字塔模型由学者Benktzon在1993年提出，用于理解用户能力范围，反映了用户综合能力的缺失程度，越往金字塔顶端，用户的能力缺失越严重。整个模型采用包容性设计"自下而上"的设计过程，以关注主流、健全用户为前提,力求提升设计对于特殊用户群体的可用性。如图 3.1 所示,设计金字塔模型由三个层次组成:①最底层代表人体能力的轻微性损失;②中间层代表人体能力显著的损失,如弱视、腿脚不灵便的人;③第三层代表人体严重残疾,能力严重缺损,无法完成许多日常生活活动。与三层能力相对应的设计方法也有差异:最底层为用户理解设计;中间层为模块化/定制设计;第三层为特殊化设计。

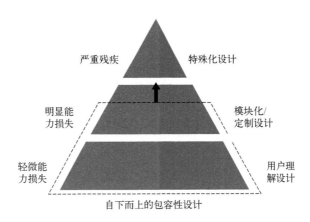

图 3.1　设计金字塔模型

包容性立方体模型由剑桥大学学者 John Clarkson 和 Simeon Keates 在 2003 年提出,将用户在感知、认知和执行三个轴的能力尺度进行划分。包容性立方体模型为人类能力研究提供了基础,通过三个维度(感知、认知和执行)的交互来模拟现实生活中的任务。随着能力在三个轴线的加强,如图 3.2(a)所示,立方体的近端代表能力健全的正常用户;远离轴线的

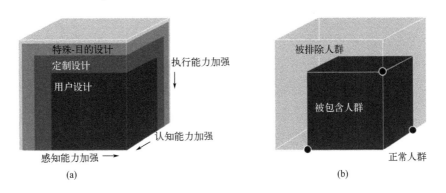

图 3.2　包容性设计立方体模型

一端代表各方面能力均很弱的用户。如图 3.2（b）所示，该模型可以准确体现设计思维中"包含与排除"概念——黑色阴影下的面积代表健全用户，被设计考虑且包含在内的，可无障碍使用产品；其他用户被设计排除在外，无法顺利使用产品。包容性设计的目的是减少被排除在外的用户量，力求包容"所有人"。

3.1.2 通用设计理论

美国设计师 Ronald L. Mace 于 1987 年提出通用设计理论，目的在于取消特殊性设计，使普通产品尽最大可能为所有人使用。该理论强调产品设计必须要用标准化的"设计语言"，才能符合各种族群的使用需求。通用设计理论有如下七项原则：①公平地使用；②灵活地使用；③简单而直观；④信息可感知；⑤容错能力；⑥较低的体力付出；⑦足够的空间和尺寸供使用者使用。目前，许多公司结合自身特点实现通用设计理论具体化，建立了不同的通用设计指导体系。如松下电器的 MEW 中心将通用设计理论用于产品开发，并考虑美学吸引力等原则，得到了以用户为中心的产品开发策略，更加灵活地指导设计。

3.1.3 设计为人人

"设计为人人"（design for all）起源于欧洲，强调参与社会、经济、文化、娱乐活动的平等性，否定现有"95% 一般用户"的设计标准。将设计对象设定为"所有的人"，包括不同的年龄、性别、能力和文化背景，甚至未来的几代人。

围绕老年人能力退化这一社会问题，学术界以具体设计因素作为研究形式，从不同角度探讨与之相关的解决方案。可归纳为单能力补偿、老年特殊设计、老年能力训练和计算机辅助设计系统四种方式。

（1）能力补偿

单能力补偿是针对老年人某一方面能力下降的现状，在产品操作过程中有针对性地降低该方面能力的需求标准。例如，学者 Dickinson 等发现，约 50% 的老年计算机初学者无法完成基本的电子邮件收发任务，操作过程中的障碍主要来自复杂的科技设计，需要降低操作界面的科技度。学者莫然通过研究得出结论，老年人触觉能力感知迟钝，可适度增强老年人在产品操作时的动作反馈以加强触觉刺激。

多能力补偿（多通道）是指利用一个以上的通道，包括视觉、听觉、触觉、味觉、嗅觉等完成同一任务。学者 Sharit 等发现，采用图像辅助技术提供菜单系统的视觉模型，可有效改善老年人使用电话菜单的能力。学者熊兴福等利用感官代偿法，提供多种感觉信息以弥补单一感觉信息的接受不畅，同时采用图像和语音功能的输入设备可提高老年人用户的操作准确率，输入的信息依靠视觉核对后，还可通过声音进一步确认，及时发现和更正输入错误。

（2）老年特殊设计

老年特殊设计是指充分考虑老年人的生理、心理特点，为老年人提供的专门设计。例如英国电信的大按钮电话，提出了特定模式的老年设计语言系统。

（3）老年能力训练

老年能力训练指通过科学的训练以提高老年人用户操作产品时所需的能力。美国、日本政府等正在探索开展针对老年人能力差异的信息科技教育，协助老年人适应科技社会的快速发展。学者 Mead 和 Fisk 等开展了老年人自动取款机操作能力训练，结果显示，实际流程操作的效果优于口头概念训练。学者蔡旺晋针对老年人退化程度探讨智能界面的训练规划，以适应老年人个人能力的差异。

（4）计算机辅助设计系统

计算机辅助设计系统可用于咨询、检验和分析，近年来在各个领域（如航空、汽车等）的研究中得到推广。它采用某种知识表示方式存储、组织、管理和使用知识片集合，是针对某一领域问题求解的需要。对于老年产品领域，获取终端用户的能力知识是产品可用、易用与否的关键，计算机辅助设计系统建立的主要方向是"人体能力等级咨询与评价系统"，设计师通过系统得到老年人多样化数据后，针对不同用户采取差异化的设计策略。系统功能主要集中于设计咨询与评价两方面：①设计咨询包括静态人体数据查询系统（如 PeopleSize）和动态行为数据查询系统（如 Adaps 等），为设计师提供老年人人体各类尺寸指标与人机工程适配等建议；②评价系统通常包含以用户为中心的评价系统，如 Exclusion Calculator、Traffic-light 和以产品为中心的评价系统 Hardrian 等。

3.2 适配-赋能设计方法

3.2.1 信息加工能力与产品设计

人类信息处理模型即人在接受刺激后通过感知、认知和反应系统进行信息处理并做出行动。在特定的自然、社会环境作用下,用户与产品的交互是一个包含感知、认知和执行的闭环过程。整个循环的关键点为感知、目标和执行。闭环过程包括7个步骤:①由感觉器官接收、感知产品的状态信息;②大脑初步对感知信息进行短暂储存与解释;③对解释过程进行评估;④将对产品状态的解释评估转化为下一步操作的目标;⑤将目标意图转化为执行意图;⑥将执行意图分解为序列执行步骤,为具体操作做准备;⑦执行具体操作。其中,步骤①为感知阶段;步骤②~⑥为认知阶段;步骤⑦为操作执行阶段。这一解释将用户的操作意图与目标进行评估,通过起始状态到结束状态的连续周期转化实现信息处理。

信息加工学说(information-processing theory)建立在"计算机隐喻"的基础之上,将人比作计算机的信息加工系统,认为认知过程就是信息加工,因此将计算机的信息加工模型作为人类认知过程的心智模型。整个人的信息加工系统由感官器官、大脑中枢系统和运动器官等组成。用户首先通过感官器官(如视、听或触觉)接收有效信号;大脑中枢系统对信号进行信息加工(如识别、记忆、判断等),随后进入目标选择模式,发出具体操作指示;最终利用运动器官(如手指做移动活动)进行执行。信息加工学作为系列学说,即信息处理的各个阶段按照一定顺序进行执行活动,前一个阶段的输出成为后一个阶段的输入。

从认知过程与信息处理子系统的匹配机制出发,已有认知架构模型包括ACT-R、SOAR和EPIC方法等。本书基于Wickens和Hollands基础信息模型,如图3.3所示,将信息处理过程分为感知(感觉记忆和感知)、认知(注意、长短时记忆、推理与反应选择)和执行过程(反应执行)。同时,将信息处理过程与现有老化设计研究结合阐述,挖掘总结现有研究痛点。

3.2.2 用户实际和产品需求能力匹配

信息可视化要求设计师作为信源发出信号,选择相应的形状、色彩、

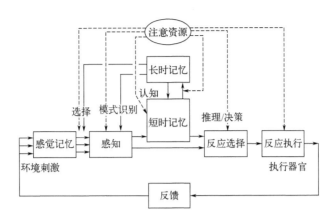

图 3.3 信息加工模型示意（图片来源：C. D. Wickens 等）

材质、纹理、技术等视觉方面的元素进行组织，将产品的需求数据以可视化的设计元素形式进行表达。借助形象化的图形、结构对抽象信息具象化，从产品创新设计角度出发，使用户作为信息的接受者解码并接受整个产品。因此，基于德弗勒互动过程模式，用户也可作为信息的传达者对信息进行反馈。本书针对用户的"实际任务能力"和产品的"需求能力"，建立两者之间的匹配映射关系，如图 3.4 所示。图中 X——信息处理过程，是产品信息操作的流程，包含感知、认知和执行过程；A——用户层，是整个任务完成的保证，其中 a 层个体能力作为支撑任务能力的基础；B——产品层，产品需求能力是保证用户产品操作所必需的能力。因此，产品需求能力从维度角度与用户任务能力相同，两者匹配程度越好，则任务完成程度越好。

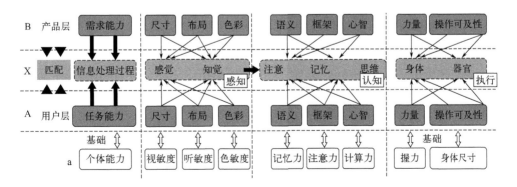

图 3.4 基于信息处理过程的用户能力和产品需求匹配映射

按照信息处理过程，针对用户任务能力和产品需求能力进行详细分析。具体为：①感知过程，根据人的生理感官机能（视觉、听觉、触觉等）组合能力，来匹配产品所需的尺度、色彩、布局等任务；②认知过程，包括人的记忆力、注意力、计算力等，通过人的认知（记忆、注意和逻辑等）组合能力来匹配产品所需的造型语义、任务结构层次；③执行过程，根据人的生理机能（握力、身体灵活度等）组合能力匹配产品完成任务操作可达性任务。

3.2.3 ADCE 能力 – 需求匹配模型

从 20 世纪 50 年代便有学者开展相关的老年设计模型研究工作，但是目前仍没有一个模型能够提供令人满意的设计过程描述，无法直接与产品设计的每一个环节进行对应式指导，尤其缺乏针对老年产品创新设计的应用性模型。进行产品设计时，对用户所需要达到的能力水平进行定义和评估是十分必要的，设计师需要根据整个能力框架开展具体的设计。下面需要引入一个问题：如何定义一个成功的基于"能力匹配"的设计，应该并不是仅仅将不涉及需求的对象刨除。

3.2.3.1 ADCE 能力 – 需求匹配模型框架

根据现有的可用性技术、以用户为中心的设计实践以及用户建模方法，在 ADCE 能力-需求方法的指导下，本书进一步提出 ADCE 能力-需求匹配模型（actual-demand capacity equilibrium model），如图 3.5 所示。模型从设计步骤角度可分 4 个子模块，包括典型任务选择模块、产品需求能力获取模块、用户实际能力梯度构建模块和 CMC 能力匹配计算模块。设计师在实施能力匹配模型前，需要进行资料收集、用户分析和概念原型设计等准备工作。典型任务选择模块分解描述用户和产品之间的各项任务交互的关键节点，明确具体问题出现的单或多点，总结典型出错任务。产品需求能力获取模块将问题任务转化为关键的产品结构，同时获取相关的产品需求能力，作为下一步用户能力评估的前提条件。用户实际能力梯度构建模块是整个模型中最复杂、最关键的模块，需要用户的全程参与；针对上一步产品的关键结构，进行用户定性或定量的能力评估，获取余裕能力范围与适配能力范围。CMC 能力匹配计算模块是问题解决过程的最后一环，是需求能力编码和实际能力解码的具体计算匹配，计算完成后，可根据结果调整相应的产品物理结构。下面分别具体介绍 4 个子模块。

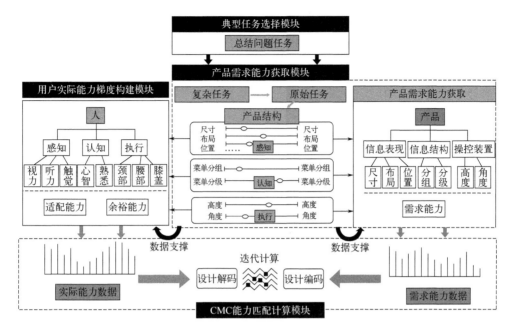

图 3.5 ADCE 能力 – 需求匹配模型框架

3.2.3.2 典型任务选择模块

　　该模块描述了用户和产品之间的交互内容，包括完成各项任务的关键节点，是交互活动的基础，可分解为用户参与和未参与两种情况：①用户未参与情况，需要设计师从人和产品两方面进行分析，通过功能分解描绘出任务完成网络图，对主要问题点进行预测；②用户参与情况，观察分析用户在实际操作产品过程中遇到的问题，结合用户深度访谈找到典型出错步骤。为了将产品的功能与用户能力对应，把用户操作行为和产品功能状态分解成若干子行为和子状态。例如，用户无法完成特定频道的电视节目观看，该任务可分解步骤为：①打开电视机开关；②遥控器点击操作；③找到特定频道；④能否清楚观看电视画面。随后设计师可明确具体问题出现的单或多点，总结典型出错步骤。

　　具体操作时，如图 3.6 所示，基于人因出错实验分析流程模型，按照"操作任务 - 出错统计 - 用户访谈 - 分析用户意图"一系列的分析过程，详细记录所有出错问题，分析用户的真正意图。最终对典型出错任务节点进行总结，作为下一步任务模块建立的基础。典型问题的出现，意味着任务的需求能力与用户的实际能力不相符，需要对问题任务的层次属性进行全面分析。

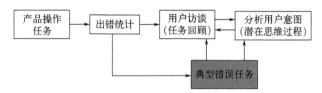

图 3.6　人因出错实验分析流程

3.2.3.3　产品需求能力获取模块

该模块包括产品结构分析和需求能力获取。上一步问题步骤的出现，意味着任务的需求能力与用户的实际能力不相符。但是，前期任务模块总结的问题点较为宽泛复杂，无法直接评估相关能力。例如，遥控器无法点击操作，造成这一问题的结构原因并不清晰。因此，需要将较为模糊的问题任务转化为产品层面的具体结构，并进行重点细化过滤。当问题任务以清晰的结构形式展现时，才可以得到产品层结构的需求能力。

（1）产品结构分析

产品结构分析的整个过程采用学者 Gero 提出的"功能 - 行为 - 结构"模型。在功能向物理结构的转换过程中，引入新的设计变量——行为。首先，要求单一功能要素由单一的物理要素来实现，实现功能要素与结构要素之间的转换要保持一一对应的关系；其次，强调产品功能与物理结构必须通过行为变量才能建立转换联系，明确功能是行为作用于结构的结果。因此，研究将复杂的问题任务转化为产品结构，需要以下两步。

第一步是将复杂任务（功能）转化为原始行为。任何复杂的任务均可以由基础的原始行为构成，并可按照顺序进行排列。例如：①感知任务包含看、听、分辨等；②认知任务包含理解、记忆；③执行任务细分为推、拉、点击等。同时，每个原始行为还可划分至相应的信息处理分类。表 3.1 展示了"遥控器点击"这一复杂任务转化为原始行为的过程，按顺序包括四个原始行为——拿、看、理解、点击，分别属于执行、感知、认知和执行信息处理分类。

第二步是将原始行为转化产品结构。原始行为得到后，将原始行为与产品结构进行一一对应。仍以遥控器点击任务为例进行说明，见表 3.2。原始行为包含"拿、看、理解、点击"，其中"拿"对应于"遥控器（硬件层重量、外观）"；"看"映射于"遥控器的按键（软件层的尺寸、布局、色彩等）"；"理解"映射于"遥控器的图标（软件层复杂度）"；"点击"映射于"遥控器的图标（硬件层清晰度、尺寸等）"。

表 3.1　复杂功能转化原始行为（遥控器点击任务）

复杂任务（功能）	行为顺序	原始行为	信息处理分类
遥控器点击	拿起遥控器	拿	执行
	看到相关按键	看	感知
	知道含义	理解	认知
	点击按键	点击	执行

表 3.2　原始行为转化产品结构（遥控器点击任务）

原始行为	遥控器产品结构	原始行为	遥控器产品结构
拿	遥控器重量	理解	图标复杂度
看	按键大小，布局，色彩	点击	图标清晰度，尺寸大小

（2）产品需求能力获取

经过复杂任务-原始行为-产品结构的对应转化后，问题任务以清晰的产品结构形式展现，此时可以较为便捷地得到相应产品结构的需求能力。产品需求能力共包括三个类别：①感知需求能力（包括软、硬件层的尺寸、布局、位置等界面元素结构）；②认知需求能力（包括软件层的菜单分组、分级等界面结构）；③执行需求能力（包括硬件层的产品高度、角度等外观结构）。例如，格力空调遥控器的需求能力为质量 300g；按键尺寸为 4mm×6mm；功能数量为 14 个；色彩为白底黑字。设计师获取需求能力数据，便于后期与用户实际能力进行匹配处理。

3.2.3.4　用户实际能力梯度构建模块

用户实际能力梯度构建模块需要用户的全程参与，是整个设计过程最关键的环节。采用定性或定量方法对用户进行实际能力评估，包括适配能力范围和余裕能力范围。人体信息处理、机能需求与设计编码的层次模型如图 3.7 所示。其中信息处理层是指用户完成交互任务时经历的感知、认知和执行过程，用户首先通过感受器官（如视、听或触觉）接收有效信号；大脑中枢将信号进行认知加工（如判断、记忆等），随后进入任务选择模式；最终利用肢体（如操作、移动等）进行执行。机能需求层是指完成任务时需要用户的具有的生理机能条件，是完成任务的基础条件，各方面能力障碍人群的任务完成度较低。设计编码层是指与产品需求相关的编码能力，是任务完成的实现因素，探讨用户实际能力与产品需求能力的优化配置问题，可对机能衰退进行适当弥补与平衡。

（1）感知能力梯度构建

感知信息包括视觉、听觉和触觉。视觉方面主要包括点、线、面、体4种不同的基本视觉元素，构成了相应的元素尺寸、布局、密度、颜色、形状或视角；听觉方面包括音量反馈、频率、声强；触觉方面包括按键尺寸、凹凸、触觉肌理。研究表明，视听反馈相比单纯视觉或听觉反馈更受用户喜爱；凸型的触觉符号比凹型的触觉符号容易辨识；对比度高的色彩比对比度低的色彩更易被用户捕捉。感知设计编码示例如图3.8所示。本书第4章将针对老年人感知信息交互过程，给出感知负荷的层次结构（视觉）与设计元素之间的关联；利用辨别任务和眼动追踪仪，以尺寸、布局和位置的图标视觉搜索实验为例，建立实际能力的梯度模型。

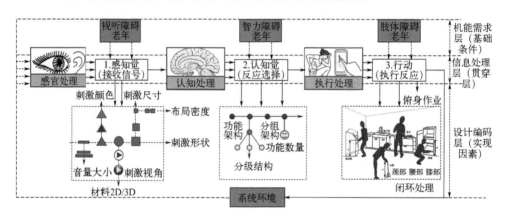

图3.7 人体机能需求、信息处理与设计编码的层次模型

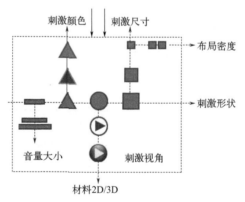

图3.8 感知设计编码示例

（2）认知能力梯度构建

编码过程中，编码者（设计师）和解码者（用户）经常出现无法对接

的情况,即信息不对等。当设计师尽力与用户匹配共同的产品使用背景时,用户才能解码设计师选择的隐喻、换喻、提喻、讽喻等设计手法。一方面,编码难度要符合用户水平;另一方面,编码背景要匹配用户经验。认知编码阶段就是合理运用界面架构方式来表达抽象信息,主要包括可视化功能架构和提醒功能。学者 Fisk 研究特殊人群长、短时记忆能力,提出应多利用事件导向而不是时间导向来弥补记忆差距,并应用于界面设计(GUI)过程以提高产品操作绩效;同时设计师应避免更改产品熟悉的功能特性,以免增大记忆负荷。本书第 5 章将针对心智模型如何影响老年人菜单功能架构进行详细的分析,如图 3.9 所示,以界面因素菜单分级、菜单分组和功能数量研究为例,建立认知能力梯度模型。

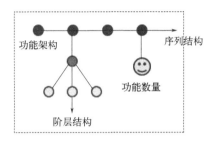

图 3.9　认知设计编码示例

(3)执行能力梯度构建

执行信息主要包括产品的可达性、可操动性和操作的灵活性、舒适性等;每个控制功能相对应的设计编码为产品重量、与人体相对应的操作高度、操作角度等物理元素。例如当产品操控旋钮达到最大扭矩和程度时,用户手指的灵活性是否可以完成;当产品达到最大重量时,腰部支撑力量是否可以承受;产品是否可以满足左利手、右利手用户同时使用。本书从老年人常见俯身执行任务出发,对俯身姿势如何影响肌肉和骨骼舒适度进行详细的分析,如图 3.10 所示,以执行因素颈部、腰部和膝部舒适角度与设计元素(操作高度与操作角度)之间的关系研究为例,建立执行实际能力梯度。

3.2.3.5　能力匹配计算模块

设计过程的目标是使用户的实际能力足以匹配产品的需求能力,即两种能力范围达到均衡状态,用公式表示就是用户实际能力(A_c)≈产品需求能力(D_c)。为了达到目标,研究利用数理关系构建能力匹配计算模块。

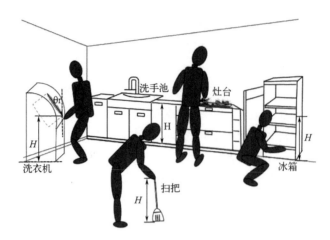

图 3.10 执行设计编码示例

模块首先将产品需求能力 D_c 划分为感知需求能力、认知需求能力和执行需求能力；同理，将用户实际能力 A_c 进行细化，将用户能力余裕范围分为感知能力余裕范围、认知能力余裕范围和执行能力余裕范围；将用户能力适配范围分为感知能力适配范围、认知能力适配范围和执行能力适配范围。能力匹配计算模块按照问题进行分任务一一比对，筛选不合格能力进行下一步方案调整。

假设当前已经获得用户余裕能力转折值 E 和适配能力转折值 A 的具体数值，求需求能力 D_c 的数值变化范围，并利用数理关系进行计算。其中 E 与 A 值的相对大小均可，则对应 D_c 的变化空间用 d 来表示，举例说明两种常见情况。

① 对能力适配范围而言，如图 3.11 所示，d 应落在 E 值与 A 值范围之间。若大于余裕能力转折值，则造成设计过度；若小于适配能力转折值，则无法达到用户满意度。

对于感知、认知和执行三个方面，三种需求能力 D 值（匹配前已知）匹配完成后均应同时在 E 值与 A 值范围之间；若 $E<A$，如式（3.1）所示；若 $E>A$，如式（3.2）所示。

$$\begin{aligned} & E-D \leqslant d \leqslant A-D \quad (D<E) \\ & d=0 \qquad (E \leqslant D \leqslant A) \\ & A-D \leqslant d \leqslant E-D \quad (D>A) \end{aligned} \qquad (3.1)$$

$$\begin{aligned} & A-D \leqslant d \leqslant E-D \quad (D<A) \\ & d=0 \qquad (A \leqslant D \leqslant E) \\ & E-D \leqslant d \leqslant A-D \quad (D>E) \end{aligned} \qquad (3.2)$$

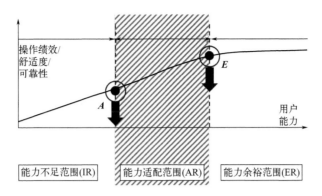

图 3.11　能力适配范围均衡模型（关系示意）

② 对适配 + 余裕范围而言，如图 3.12 所示，d 只需在能力适配范围内即可，无须考虑余裕能力转折值（无须考虑成本）。

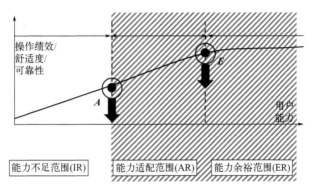

图 3.12　适配 + 余裕范围均衡模型（关系示意）

对于感知、认知和执行三个方面，三种需求能力 D 值（匹配前已知）匹配完成后均应同时满足：不超出相对应的适配能力转折值 A；若 $E < A$，如式（3.3）所示；若 $E > A$，如式（3.4）所示。

$$\begin{aligned} d &= 0 & (D \leqslant A) \\ d &\leqslant A - D & (D > A) \end{aligned} \quad (3.3)$$

$$\begin{aligned} d &\geqslant A - D & (D < A) \\ d &= 0 & (D \geqslant A) \end{aligned} \quad (3.4)$$

简而言之，能力匹配计算模块计算过程：首先，测量产品需求能力，如按键尺寸、对比度、界面难度等；其次，测量用户的感知、认知和执行任务的层级实际能力，包括余裕能力范围和适配能力范围；最后，将用户实际能力与产品期望需求转化成设计编码进行对比分析，得出需要改进的

"痛点"。整个设计过程不是简单地从用户能力到产品能力,再从产品能力到产品结构的过程,而是要进行多层次的比较和判断,不断迭代并最终达到设计的要求。该能力匹配模型适合连续的映射,能力匹配的范围是一个连续的映射,是一个数值区间,比如桌椅的高度和菜单的尺寸等。然而,当数值是离散量时(三个匹配区间数据不是连续的),例如在一个菜单上的按钮数量,数量不会出现 3.1~3.5 等小数位,此时设计师可选择的范围不再是连续区间。但这种情况仍也可以分为三个可选择的层级范围,比如 1~3 个按钮数量为匹配余裕范围,4 个和 5 个按钮为匹配适配范围,7~10 个按钮时则为匹配不足范围,依然可以把离散的量分为三类。

3.2.3.6 现有研究不足

综上所述,生活中的用户能力对特定产品具有潜在的依赖性,用户的实际能力很难能够被产品设计师准确预测。用户实际能力与产品需求能力之间往往存在鸿沟,产品对用户的需求能力大于用户实际能力会造成实际能力的匹配"不足",反之则会匹配"余裕"。因此,合理安排用户与产品交互过程中的"能力 - 需求"平衡是解决问题的出发点。一方面,需要寻求如何使超载的产品需求能力降低,另一方面需要避免需求能力过低而导致的其他问题,处理好以上两种失衡的状况,是均衡人机交互需求能力的重点。但是现有研究大多仅针对用户能力进行标准化评估,忽略能力属性具有多样性,基于能力老化的研究往往考虑匹配不足的情况,极少考虑匹配余裕,研究始终停留在"减少非必需的设计需求"的阶段,对于如何均衡"用户能力水平"与"产品需求层次"的问题始终缺乏深入探讨。可能导致的问题包括产品生产投入的时间、经济成本越来越高,用户体验差异度较大。而对于如何均衡"用户操作具备能力与产品操作所需能力"的问题有待深入探讨。因此,将用户能力与产品需求进行量化且梯度化处理,去探索两者间平衡的最优解。针对我国老年人自身特点,建立一种面向老年产品创新设计的可供设计师灵活发挥的弹性设计方法非常重要,也是本书的主要工作内容。

3.3 普适计算背景下的交互设计思维

《中国未来媒体研究报告(2021)》指出,老年人群体成为被新媒体浪潮边缘化的数字弱势群体。传统人机交互多通过屏幕、鼠标、按键完成,信息获取与呈现的方式复杂，忽略了老年人群体对信息的感知和认知能力。同时，大量的服务程序为追求应用效率，不断"追赶"用户提升操作速度；为追求功能全面，纷纷"争夺"用户有限的注意力，造成信息超载的同时让老年人感到科技恐惧。数字乡村建设背景下，由于乡村老年人知识背景更弱，科技熟悉度更低，智能产品应用率显著低于城市老年人。此时，社会对老年人的"信息供给"与老年人用户的"信息需求"之间存在巨大的数字鸿沟。1991 年，学者 Mark Weiser 提出"普适计算"，认为未来电子服务将会以更加隐秘的方式服务用户，就是将人机交互方式变得隐匿和不可见，试图最小化用户的注意力，让计算设备在生活背景中以人们忽略的方式运行，降低用户的产品操作负担。

随着"无所不在"的智能交互技术发展，研究者深化发展出宁静技术与慢技术，两种设计思维不断思考如何让智能技术更好地服务乡村老年群体，具体如：①从心理学角度减少占用人们的注意力，实现产品交互的自然性；②从时间角度延长产品的交互周期，减低信息产品交互的时间压力，让使用者可以自然地与其互动。

3.3.1 宁静技术

数字世界无处不在，任何时候都可以与之互动。学者 Weiser 提出了计算设备通过在注意力的边缘操作无缝融入日常生活的需要。近年来，出现了一类有趣的通信系统：社会意识（SA）系统。这类系统旨在通过向人们提供关于社交网络中的人的信息（例如存在、可用性、活动），来增强人们的社会联系感。这些系统的交互原理基于普适计算和环境智能。研究者设想电子设备自然地融入人们的日常生活和活动，在用户注意力的背景和前景之间平稳地来回移动。因此，SA 系统是对更传统的通信技术和服务、电子邮件或社交网络服务的补充。在 SA 系统、普适计算的背景下，目前已出现许多基于传感器技术和设备自主完成的交互系统，如适应用户日常生活的智能恒温器、自动开关窗帘灯。与对注意力要求高的交互相比，这些交互系统依赖于隐式交互，不需要用户的额外注意力，发生在用户的命令或意图之外。在比较"计算隐式交互"与"日常物理环境交互"时，可以观察到显著的差异。在"日常物理环境交互"中，人们可以更容易地感知物理世界并与之互动，这些活动均发生在中心交互行为背景中，或应用注意的边缘即可完成。

在心理学和神经科学领域，注意力可分为选择性注意和分散注意；在对分散注意力规律的探讨中，又有中心和外围的区别。如图 3.13 所示，在交互场景中，通常包含三种注意力作用：①中心注意力；②外围注意力；③无意识注意力。这三种类型的交互既是作为独立的圆圈呈现，同时又是一个连续体。宁静技术由学者 Saskia 于 2016 年进行深化，着重利用人类的外围注意力，关键是让用户如何轻松兼顾首要与次要交互任务，让注意力可以顺畅地在三种交互类型中切换。

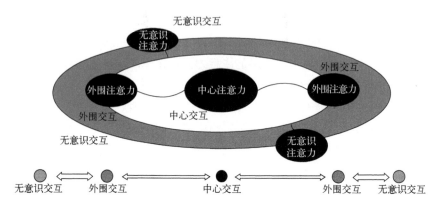

图 3.13　注意力连续模型

学者 Saskia 在论文中以工作人员 Joe 为例，对无意识互动、有意识互动和潜意识边缘互动三个概念进行解释。设想一个办公大楼场景，当 Joe 进入大楼时，走廊上的运动传感器监测到人的运动便自动亮起（Joe 在一个常规的早晨进入大楼，自然走动触发走廊的灯，这种互动是无意识的）。此时，Joe 接到一个电话，因此他选择在走廊上的长椅坐下接电话，这时灯的传感器没有监测到人体运动，自动关闭了；Joe 便像之前很多次那样快速挥动手臂来再次触发灯亮起（这种互动是潜意识的，它发生在注意力的边缘，通过外围交互来开灯）。当发现灯没有按照预期亮起时，Joe 便起身开始有意识地在传感器区域周围活动，试图使灯亮起（此时，Joe 与灯的互动显然是利用中心注意力开展的有意识互动）。Saskia 通过本案例说明，人类注意力可以顺畅地在中心、外围和无意识三种之间自由切换。宁静技术也重点利用日常生活中对象传达微妙信息的能力，用户只要花费少许的外围注意力转移，就可获得他们想要的信息。

下面举一个宁静技术的设计案例——雪花球。如图 3.14 所示，该产品被设计成一个社会意识系统，作为一盏灯融入客厅环境。雪花球是成对使用的，它通过在球体内部四处飘动的光点和雪的数量来显示另一个人在客厅的活动量。一方用户可以摇晃雪花球来触发对方的雪花球，导致对方球体以橙色亮起 10s，同时雪花会明显地四处移动。平时，雪花球会安静地存在于背景中，不会占用用户的中心注意力，只会通过微妙的变化提示使用者。这是一个典型的宁静技术应用案例。

图 3.14　雪花球设计（图片来源：T. Visser 等）

还有一个有趣的宁静技术设计案例——伙伴小虫。这是一款基于 Windows 系统的即时通信工具，如图 3.15 所示，它通过叶子上的玻璃虫子代表每一个用户。用户在办公环境下的状态可以从小虫的动态展现出来，正在移动的小虫代表此时用户状态是"忙碌"，不动的小虫证明此时用户状态是"在线"。触摸"小虫"便可以启动即时消息对话。"伙伴小虫"的设计理念就是让"树叶"这一显示载体以物理形式安静地存在于适当的环境中，不会像多数移动通信软件一样过多占用用户注意力。

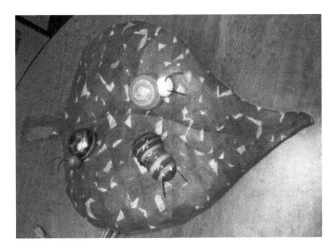

图 3.15　伙伴小虫设计（图片来源：S. McPhail 等）

将计算技术无缝集成到人们的日常生活和环境中，使人们认识到在交互系统中注意力的外围使用变得越来越重要。宁静技术或外围交互不应被视为隐含交互的替代物，如果交互系统可以在集中交互、外围交互和隐式交互之间无缝转换，用户便可以根据他们的上下文、目标和愿望灵活地选择他们希望投入到交互中的注意力水平。但当前的交互系统似乎只覆盖了人类注意力能力范围的两端，只提供了集中交互和隐式交互的范围，比如开车的同时"听音乐"，做饭的同时"看视频"。在这里，"开车、做饭"行为即为中心注意力交互；"听音乐、看视频"即为外围注意力交互。在产品或系统中科学地利用人们的外围注意力，将重点放在设计外围交互，是宁静技术的核心。

3.3.2 慢技术

当下数字产品在传达消息时，总是追求不断提高信息传达的效率和速度。如何让使用者拥有效率与体验之间的平衡，细水长流地建立人和物品之间的关系，成为技术的新要求。除了设计"平静"或无处不在的技术外，还要使技术更容易融入人们的日常生活，因此，设计实践也需要改变，更积极地促进人们更好地体验和感受科技带来的便利。

2001年，学者Hallnäs提出慢技术（slow technology）；之后，学者William Odom通过三个相互关联的概念主题，总结慢技术的基本原理。慢技术旨在引导人们在日常生活中加强批判性的考虑和反思。慢技术需要时间来理解它们是如何工作的，以及为什么会这样设计。这种由缓慢的技术表现出来的表达可能会引起反思。当直接体验或与慢技术互动的邀请被接受时，人工制品的"时间在场"可能随着反射体验的展开而被放大。慢技术具有一种累积性，不一定由单一交互来定义，而是通过不断的经验整理而形成。如图3.16所示，慢技术强调时间跨度。①增加互动重复性：让使用者在反复互动中，得到思考和反思；慢技术既可以引起反思，同时又能支持和解释经验。②探索时间形式：延长互动时间，让交互不仅是几分钟的瞬时行为，而是探索每天、每周甚至是每年都与之交互的行为，放大时间的存在和拉伸感。③强化交互载体的存在感：通过设计载体功能可见性，放大产品的存在感以唤起用户认知，随着时间的推移和经验的积累来学习与揭示交互的本质。

慢技术为日常生活在设计中的重要作用给出了一个理论框架，它提供了一条将人的日常惯例转变为设计实践的途径，超越了对设计作为高效工具的单一关注，创造出一种全新的技术，这种技术需要人们不断反思以及

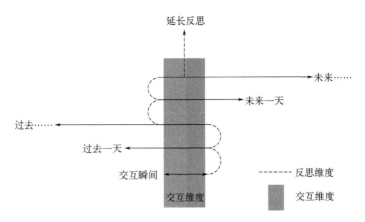

图 3.16 慢技术基本原理

长期持续参与。如"FutureMe"设计，它让人们发送一封 60 年后的电子邮件和照片给未来的自己，通过推迟互动产生各种丰富的反思。慢技术还为设计师提供了一个含蓄的时间空间，利用超越即时响应的设计，用更宽的视角放眼长远交互行为。社交、云计算的融合使人们越来越容易创建、存储和共享数字内容。这些新技术使人们能够创造大量的生活经历——这是与他人联系和反思自己生活的宝贵资源。具体的慢技术案例包括"照片箱"设计、Olly 设计、Slow Game 设计和 Olo Radio 设计。

（1）"照片箱"设计

如图 3.17 所示，通过设计一个使用多年的老木箱，引起使用者的回忆和思考。"照片箱"的主要功能在于存储数码照片，同时在每个月初，随机生成四或五张"未来时间戳"，当与"未来时间戳"相关的日期和时间到达时，将打印匹配的照片。"照片箱"使用"慢"来处理一个人积累的大

图 3.17 "照片箱"设计（图片来源：William Odom 等）

量数码照片,并使它们在印刷形式中变得稀缺。"照片箱"将缓慢的打印速度与多层随机性结合起来,使其行为持久,但充满惊喜。当这些设计特性结合在一起时,它们会引发期待性、紧张感并有更好的体验。因为用户不知道照片何时会被打印,它将来自他们过去的哪里,接下来会打印什么,以及它将何时到来。此外,"照片箱"极度减少"即时交互性",创造一种缓慢技术的最初尝试,这种技术突出了预交互体验。

(2) Olly 设计

Olly 是一款音乐播放器,如图 3.18 所示,偶尔会持续播放用户过去存储的歌曲,它的内部是用铝包围的木制圆盘。重要的是,当 Olly 选择一首歌曲时,它不会立即播放。相反,它进入"未决"状态,此时设备的内部盘开始旋转。圆盘旋转的速度基于歌曲听过的频率。如果这首歌在这个时间窗口内没有播放,它会放弃并停止旋转,直到另一首歌最终播放,这个过程无限期地继续下去,所有者无法控制歌曲播放的时间或内容。与 Photobox 类似,Olly 将随机性作为一种设计品质与一种缓慢的节奏来催化预期、解释和反思的体验。Olly 每周会随机选择用户以前听过的大约 9 首歌曲进行播放。

图 3.18　Olly(图片来源:William Odom 等)

(3) Slow Game 设计

"Slow Game"是一种简单的游戏,其玩法在很长一段时间内缓慢展开(包括贪吃蛇、俄罗斯方块等)。如图 3.19 所示,Slow Game 产品以 5cm 木制立方体的形式体现,用户在一个 8×8(64 像素)的矩阵内开展游戏,当蛇达到 17 像素长时,便可获胜,立方体的方向决定了下一步"移动"的方向。但是,"慢游戏"只有在 18h 后才会移动。当它旋转时,蛇会逐个像素地折回自己,从尾部开始,移动到头部。到达头部后,它会在代表蛇下一步移动位置的像素上闪烁三次。Slow Game 明显运用了慢技术的"缓慢和持续"品质,使用户可以充分且细致地探索方块移动到达的区域。

图 3.19　Slow Game（图片来源：William Odom 等）

（4）Olo Radio 设计

Olo Radio 是一款音乐播放器。两个主要的交互点是电动线性滑块和时间范围旋钮，时间范围旋钮为用户提供了三种不同的时间模态，可用于探索他们的收听历史档案。如图 3.20 所示，当 Olo Radio 打开时，它开始播放滑块当前位置查询的歌曲。如果不触动 Olo Radio，它将持续播放音乐，在时间框架模式下缓慢前进。如果移动滑块，当前歌曲音频将淡出，到达的新位置歌曲将淡入。Olo Radio 的设计与慢技术的原始愿景相呼应的同时，还可以通过不同的时间模式来展现个人历史歌曲收藏，并唤起用户的独特情感。这种设备的使用需要时间来解释，并且可以随着时间的推移而扩展和改变。由于数字音乐是一种非物质的时间媒体，Olo Radio 需要用户花费时间来聆听、吸收和解释他们过去播放的音乐。尤其最小化的界面设计和可驱动的反馈可以提供一个快速的"目光扫视"，在不需要注意力或交互的情况下，可以粗略地看一下时间。

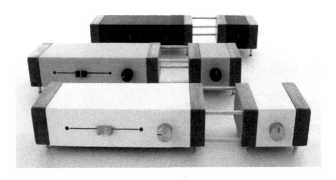

图 3.20　Olo Radio（图片来源：William Odom 等）

3.4 信息传播视角下的交互设计思维

当前我国社会老龄化和网络技术的普及给老年人群体生活带来了很大的便利,但也使乡村老年人面临更多的风险和挑战,引发了老年人信息传播失灵等问题。从传播学的视角来看,造成这一结果的原因主要包括对信息源的不信任和信道噪声解码错误两大因素。当前,乡村老年人可能面临来自不同渠道(如电视、手机、报纸、邻里亲朋等)的信息,但由于缺乏对信息源的了解和判断能力,他们容易对信息的真实性产生怀疑。在社会学研究中,信息接收差异在乡村老年人社会中引发了交流的屏障,使得乡村老年人群体的世界与外部世界之间存在着信息获取的困境,导致信息贫困与分化。造成乡村老年人信息分化的广泛因素被确定为乡村"小世界"(引起交流屏障、封闭的乡村环境和狭窄的社会规范)和有限的个人信息边界(乡村老年人贫乏的信息经历)两大主要因素。

现代社会加大了人们之间的物理距离,乡村老年人逐渐丧失了与家人、朋友和邻居的联系。卡内基梅隆大学的家庭网络研究表明,计算机和互联网会部分造成人们与家人、朋友的物理隔绝。然而,这项研究也表明,当用于交流时,计算机和互联网也可以在保持人们联系方面发挥积极作用——比如通过电子邮件、即时消息、视频通话和家庭网站保持信息联系。随着科技的飞速发展,人们越来越肯定计算机技术的价值,使它越来越多地渗透到日常生活中。但是,在信息传播过程中,智能产品媒介(即信道)的噪声对乡村老年人的信息接收和交流造成困扰,限制了智能产品在乡村老年人中的推广和应用。

在过去的几年中,学术界和工业界针对家庭的信息重视程度不断提高,与此同时带来了许多挑战,比如设计必须适应差异化的年龄、能力、兴趣、动机和技术。在分别解决乡村老年人信息源的不信任和信道噪声解码方面,采用两种不同的策略手段。首先,为了加强老年人信息源建设,建立可信赖的信息源和拓展渠道,通过扎根理论提前对乡村老年人开展详尽的需求调研;其次,设计原型确定后,技术探针方法利用已有设计原型,收集现实环境中用户信息和技术使用方式。针对用户而言,技术探针可以帮助优化信道环境,通过改善技术与交互应用方式,减少信道噪声的干扰,更加适应用户,提高智能产品信息传递的稳定性和准确性。

3.4.1 扎根理论

扎根理论是一种社会科学研究方法，旨在揭示和解释组织、文化、社会等现象的形成和演变过程。该理论由社会心理学家格兰德·哈克斯在 20 世纪 60 年代提出，后经学者们进一步发展和丰富。在扎根理论中，研究者通过深入的田野调查和分析，从实地数据中提取出关键的概念和模式，形成理论性的解释，是一种自下而上建立理论模型的质性研究方法。目前，扎根理论的应用领域广泛，包括组织行为学、教育学、医疗研究等。随着设计师对用户需求和真实数据的重视，扎根理论经常应用于产品设计过程中，通过扎根理论的研究方法，研究者可以深入了解社会现象的本质、过程和背后的机制，为设计实践提供科学的依据和指导。比如，学者孙斌宾运用扎根理论，通过半结构式用户访谈、原始资料逐级译码分析，概括出适老家具用户需求的理论。研究结果表明，综合运用扎根理论和 AHP 层次分析可以实现科学评价，为适老家具设计提供有效评价依据。学者张恒梅采用扎根理论对健身类 APP 用户进行访谈，通过对原始数据进行编码梳理，发现 8 个变量，即感知有用性、感知易用性、转换成本、系统质量、服务质量、信息质量、环境质量和社会影响。研究者认为扎根理论可以把握用户信息需求，分析用户的持续使用行为，促进健身类 APP 创新发展。

3.4.2 技术探针

技术探针（technology probe）是一种新颖且引人注目的用户研究方法，用于收集用户对生活、行为和态度的见解。在学者 Hutchinson 等的研究中，技术探针被描述为一种特殊类型的探针，它将技术使用和用户交互方式结合起来，通过实际应用的现场测试来激发用户和设计者对新技术应用方式的思考。与传统的用户研究方法相比，技术探针的独特之处不仅在于收集数据，而且让参与者成为设计的积极伙伴，使他们能够对设计过程进行参与和干预。比如学者 Geoff 利用探针技术，简化原型的部署过程，加快信息收集的速度。通过 Keep in Touch（保持联系）代际交流系统的部署应用，发现该系统在代际交流方面对用户很有吸引力，短暂接触该系统的用户便可提供独特的设计见解，以及对用户生活中的亲密关系的见解。通过技术探针的灵活使用，研究者能够更好地了解用户的生活方式、价值观以及他们如何与技术进行交互。这种深入了解用户的方式有助于将技术与真实的用户需求相结合，从而提高技术的适用性和可接受度。比如学者

George 设计和部署了 M-Kulinda 探针，再利用访谈、观察、日记和数据记录的方法来探究 20 个家庭使用该探针的经验。结果表明，来自不同家庭的参与者应用该系统的功能并不相同。例如一个家庭用该设备来监测家禽，一个家庭用来当作电子产品装饰房屋，一个家庭用该设备作为监控来完成家庭成员间的交流。他们不仅使用设备，还能够促进创新和发现新的应用场景，从而发现此技术和产品可能存在的问题和改进的空间。

（1）Pillow Technology Probe（枕头技术探针）

学者 JulM.Funk 设计了一款名为"仪器枕头"的产品，用于一项扎根研究中，旨在让人们在晚上将智能手机存放起来。这项研究采用理论结合数据的方法了解人们与技术的互动方式，如图 3.21 所示。在这项日记研究中，五个用户连续三个晚上使用了这种枕头技术探针，并没有使用手机。这项研究发现，恋人对手机（爱人的替代对象）的依赖与和手机的距离具有相关性，重度智能手机用户离开手机的时间越长，他们体验到的焦虑就越多。与此同时，智能手机有一种关系促进功能，通过它可以维持和培养主要的依恋关系。当依恋对象（智能手机）不在时，用户可能不仅仅是失去了一个对象，而是失去了联系和亲密感，这两者都对人际关系非常重要。此研究探索了用户所构建的智能手机语言，不仅仅是表达文本或信息，同时也包括与设备本身的肢体接触和感官互动。因此，作为理解智能手机连接亲密关系的另一种方式，这种技术探针可以最自然地收集关于用户在现实环境中使用技术的信息，并且有助于改变用户的行为。对研究结果的解释也更加自由开放。

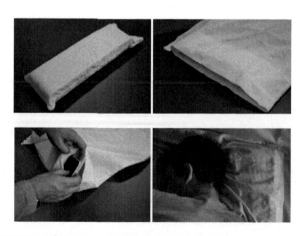

图 3.21　枕头技术探针（图片来源：JulM.Funk 等）

（2） InterLiving（互动生活）

学者 Hilary Hutchinson 在 InterLiving 项目中开发并安装了两个技术探针。这种探针可以被个人、家庭成员群体或家庭中的每个人使用。通过 Message Probe（消息探针）和 Video Probe（视频探针），来收集家庭的沟通模式，同时启发用户思考新的沟通方式。首先，如图 3.22 所示，Message Probe 是一个简单的应用程序，它使处于异地的家庭成员能够在一个共同的空间中使用数字便利贴进行通信。研究将探针放置在一个瑞典家庭内，两个或更多的家庭成员可以在不同的位置同时书写和绘画，既可以同步也可以异步运行，由家庭成员定期查看来自其他家庭的新消息。探针只连接到一小组家庭成员，不需要复杂的设置，没有鼠标或键盘，只有一个可用于书写的液晶平板电脑和笔。通过对它的部署追踪，以更简单、有趣的方式提供家庭之间的远程交流。

Video Probe 提供了一种在不同的家庭成员之间分享即兴图像的简单方法。在使用摄像机的过程中，当它捕获的图像稳定大约 3s 时，便可以拍摄快照。这些图像被存储起来，供网络中的任何人翻阅，家庭成员可以用遥控器浏览图像。而图像会随着时间的推移而褪色，最终消失，通过这种方式鼓励家庭拍摄新的图像。Video Probe 被用于家庭内部的各种空间，可以单独放在任何家具上，也可以安装在墙上，就像一个相框。实验过程中，Video Probe 探针被部署安装在巴黎郊区的两兄弟家中，相距约 20km。该家庭决定将视频探针放在主客厅，这样从沙发和餐桌上都可以看到。通过日记、采访和研讨会，研究发现用户们探索了各种不同的使用场景，从实际的到异想天开的，以保持与家庭成员之间和家庭内部的联系。同时，这些探针也可用于支持家庭关系的协调，还可用于支持嬉戏互动。结果表明，研究者和用户均认为技术探针是一种很有前途的新设计工具，可以帮助家庭更好地接纳新技术。

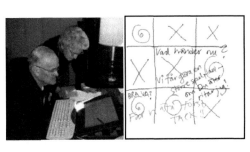

图 3.22　消息探针（图片来源：Hilary Hutchinson 等）

(3)"魔盒与拼贴"代际游戏探针

学者 Frank Vetere 通过一款"魔盒与拼贴"游戏探针，如图 3.23 所示，探讨祖孙之间的代际鸿沟问题，并思考如何通过技术手段来弥合这一鸿沟。该研究为期两年时间，跨越三个阶段，从实地观察，到使用技术探针进行设计分析，再到创造调节分布的代际游戏。在现场探针部署调查中，该研究还支持用户参与玩耍的拼贴技术，分析人类活动、动机和限制因素。这款游戏是专门针对祖孙之间互动的设计。第一阶段，通过对代际游戏的详细了解，确定互动游戏的显著特征，探索祖父母和孙辈之间玩耍的本质。第二阶段，采用一种新颖的技术探针盲盒设备，对家庭中分布的代际玩耍进行研究。第三阶段，给出现场调查的结果，使用一种支持玩耍的拼贴技术探索设计创新的机会，让老年人与孙辈共同完成设计。研究者认为，通过应用探针来收集日常生活片段是一种灵活、低成本的研究工具，同时可以用来捕捉事件或思想，且不会侵犯家庭生活的隐私，可以很好地用于老龄产品创新研究。

图 3.23 "魔盒与拼贴"游戏探针（图片来源：Frank Vetere 等）

本章通过对人机工程学、设计心理学、人机交互和老年学相关文献进行梳理，首先对基于信息加工模型的老化机制进行综述，从信息加工模型角度，阐述"能力-需求"设计策略的关联；其次面向用户"能力-需求"的设计咨询和评价工具进行分类，认为现有设计策略对于"用户能力水平"与"产品需求层次"的映射问题始终缺乏深入探讨。针对此问题，本章提出 ADCE 能力-需求匹配方法，进一步说明用户任务能力属性和产品任务需求属性的匹配过程；最终总结了该理论方法的各层面优势，为下一章提出"能力-需求匹配模型"提供理论基础。同时，随着普适计算背景下的交互设计思维发展，本章认为宁静技术与慢技术设计方法可应用于解决科技感与老年人心理接受度之间的鸿沟问题。该方法旨在通过创造宁静、亲和、不紧张的用户体验，提高老年人对智能产品的接受度和学习效果。同样地，扎根理论与技术探针方法可解决冗余过载的信息供给与老年人信息接收比例较低之间的鸿沟问题。这种方法注重老年人的参与和反馈，将他们的经验、知识和意见纳入智能产品的设计和开发过程中。通过与老年人的沟通，了解他们对信息来源和可信度的关注点，设计出更可靠和可信的智能产品。此外，该方法还包括开放式的用户反馈和改进机制，以不断提高智能产品的可信度和信息质量。下一步将根据前期提出的三个鸿沟问题，分别探索设计方法以及开发老年数字服务产品原型案例，以不断完善乡村老年人智能产品的设计和服务。

[1] Keates S, Clarkson J. Design exclusion [M]. London: Springer, 2003: 88-102.
[2] Dickinson A, Gregor P, Mciver L, et al. The Non Browser: helping older novice computer users to access the web [C]. Accessible Design in the Digital World Conference, 2005.
[3] 莫然，朱婕，范豫立. 老年家具视觉设计要点分析 [J]. 家具，2014（2）：50-54.
[4] Sharit J, Czaja S J, Nair S, et al. Effects of age, speech rate, and environmental support in using telephone voice menu systems [J]. Human Factors, 2003, 45（2）: 234-51.
[5] 熊兴福，李姝瑶. 感官代偿设计在产品中的应用 [J]. 包装工程，2009，30（10）：131-132.
[6] Mead S, Fisk A D. Measuring skill acquisition and retention with an ATM simulator: the need for age-specific training [J]. Human Factors, 1998, 40（3）: 516-23.
[7] 蔡旺晋. 高龄者产品接口操作训练之研究 [J]. 福祉科技与服务管理学刊，2014，2（3）：259-264.
[8] Karhu O, Kansi P, Kuorinka I. Correcting working postures in industry: A practical method for analysis. [J]. Applied Ergonomics, 1977, 8（4）: 199.
[9] Clarkson J. Inclusive design toolkit [M]. Cambridge: Cambridge Engineering Design Centre, 2007: 3-15.
[10] Macdonald A S, Loudon D, Rowe P J, et al. Towards a design tool for visualizing the functional demand plADCE on older adults by everyday living tasks [J]. Universal Access in the Information Society, 2007, 6（2）: 137-144.
[11] Russell Marshall, Keith Case, Mark Porter, et al. HADRIAN: a virtual approach to design for all [J]. Journal of Engineering Design, 2010, 21（2-3）: 253-273.
[12] 邵志芳. 认知心理学：理论、实验和应用 [M]. 上海：上海教育出版社，2006.
[13] 赖祥伟. 面向用户行为模型的软件可用性研究 [D]. 西安：西南大学，2007.
[14] Adams R, Langdon P, Clarkson P J. A Systematic Basis for Developing Cognitive Assessment Methods for Assistive Technology [M]. London: Universal Access and Assistive Technology, 2002: 53-62.
[15] Byrne M D. Encyclopedia of the Sciences of Learning [M]. London: Springer, 2003: 97-117.

[16] Wickens C D, Helton W S, Hollands J G, et al. Engineering psychology and human performance [M]. London: Routledge, 2021: 1-7.

[17] Gero J S, Kannengiesser U. Towards a situated function-behaviour-structure framework as the basis of a theory of designing [C]. Workshop on Development and Application of Design Theories in AI in Design Research, 2000.

[18] Fisk A D, Rogers W A, Charness N, et al. Designing for Older Adults: Principles and Creative Human Factors Approaches [M] // CRC Press, 2009: 319-321.

[19] Weiser M. The computer for the 21st century [J]. IEEE pervasive computing, 2002, 1(1): 19-25.

[20] Bakker S, Niemantsverdriet K. The interaction-attention continuum: Considering various levels of human attention in interaction design [J]. International Journal of Design, 2016, 10(2): 1-14.

[21] Visser T, Vastenburg M H, Keyson D V. Designing to support social connectedness: The case of SnowGlobe [J]. International Journal of Design, 2011, 5(3): 129-142.

[22] McPhail S. Buddy Bugs: A Physical User Interface for Windows® Instant Messenger [C]. Western Computer Graphics Symposium, 2002.

[23] Hallnäs L, Redström J. Slow Technology: Designing for Reflection [J]. Personal and Ubiquitous Computing, 2001, 5(3): 201-212.

[24] Odom W. Understanding Long-Term Interactions with a Slow Technology: an Investigation of Experiences with FutureMe [C]. Proceedings of the 33rd Annual ACM Conference. ACM, 2015: 575-584.

[25] Odom W, Stolterman E, Chen A Y S .Extending a Theory of Slow Technology for Design through Artifact Analysis [J]. Human-Computer Interaction, 2021(92): 1-30.

[26] 孙斌宾, 杜鹤民. 基于扎根理论和FAHP的适老家具设计评价与应用 [J]. 家具与室内装饰, 2021(10): 1-5.

[27] 张恒梅. 基于Wilson信息需求理论的健身类APP用户持续使用行为研究 [D]. 哈尔滨: 黑龙江大学, 2023.

[28] Langdale G, Kay J, Kummerfeld B. Using an intergenerational communications system as a 'light-weight' technology probe [C]. Extended Abstracts on Human Factors in Computing Systems, 2006.

[29] Chidziwisano G H. M-Kulinda: Exploring Domestic Security in Rural Kenya Using Home Alert System [D]. East Lansing: Michigan State University, 2018.

[30] Funk J M, Lakier M, O'Gorman M, et al. Exploring smartphone relationships through roland barthes using an instrumented pillow technology probe [C]. Proceedings of the Conference on Human Factors in Computing Systems, 2021.

[31] Hutchinson H, Bederson B B, Plaisant C, et al. Family calendar survey [R]. City of College Park: Digital Repository at the University of Maryland, 2003.

[32] Vetere F, Davis H, Gibbs M, et al.The Magic Box and Collage: Responding to the challenge of distributed intergenerational play [J]. International Journal of Human-Computer Studies, 2009, 67(2): 165-178.

Chapter 4

第 4 章
操作沟——产品需求与老年实际能力之间的鸿沟

4.1 能力 – 需求理论
4.1.1 感知能力
4.1.2 认知能力
4.1.3 执行能力
4.2 用户能力数据的采集方法
4.2.1 感 / 认知能力数据的采集方法
4.2.2 执行能力数据的采集方法
4.3 产品感知能力 – 需求研究
4.3.1 界面视觉搜索能力评估
4.3.2 描述项统计结果
4.3.3 老年人感知实际能力梯度构建
4.4 产品认知能力 – 需求研究
4.4.1 心智模型
4.4.2 实验一 信息复杂度能力测试
4.4.3 实验二 语义认知能力测试
4.5 产品执行能力 – 需求研究
4.5.1 俯身作业能力舒适度
4.5.2 试验一 老年人与青年俯身能力差异
4.5.3 试验二 俯身实际能力评估

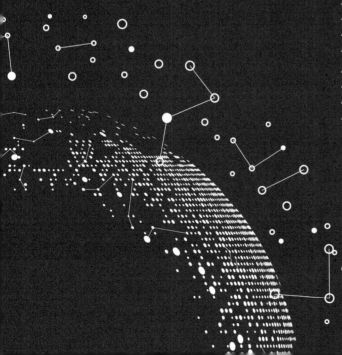

为解决老年人在产品操作过程中的能力不足与能力余裕问题，也就是老年智能产品"操作沟"，本章根据前面提出的适配 - 赋能设计方法进行研究与案例探索，总结了用户能力数据的采集方法，并将老年人用户定量能力数据按照感知能力、认知能力和执行能力分别进行田野调查研究，构建了老年人感知、认知和执行能力梯度，并将该梯度作为知识供设计师参考。更重要的是，研究试图将产品的需求能力层次映射到从低到高的能力空间，与目标用户的能力水平进行匹配，系统科学地调整（调高或调低）产品需求，达到真正均衡各能力水平的目的。解决老年人感知、认知和执行机能老化与操作的需求之间的矛盾。研究表明，能力 - 需求理论可以有效评估用户感知、认知和执行能力等级与产品需求能力等级的匹配性。

4.1 能力 - 需求理论

能力 - 需求理论由剑桥大学的 Clarkson 教授等在 2003 年提出，该理论对于用户的能力分类亦遵循过信息加工模型的思想。如图 4.1 所示，用户使用产品所体现的能力与用户自身的感知、认知和执行能力密切相关；而产品需求则主要体现于产品特征和界面特征。因此，在产品创新设计过程中，用户能力和产品需求之间的匹配需要被考量和评估。产品和界面的特征需要适合不同的用户能力以实现顺畅的交互过程和良好的用户体验。研究表明，能力 - 需求理论可以有效评估用户感知、认知和执行能力等级与产品需求能力等级的匹配性。能力 - 需求理论主要阐述四个方面的问题：①用

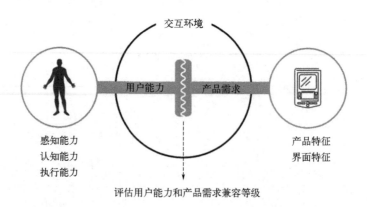

图 4.1　能力 - 需求理论

户；②产品；③环境或情境；④构成两者（用户／产品）交互活动的相互作用。其中最关键的因素即为用户能力与产品需求，核心在于利用各种措施的适用性去评估用户和产品之间的匹配关系，同时满足不断变化中的交互环境。用户的能力包含感知能力、认知能力和执行能力；产品的需求层次是多维的、不确定的，由产品／界面特征的属性决定。通常情况下，产品需求具有多种属性，需要用户多种能力组合才可完成交互过程。结合能力‑需求理论，本书分别总结了感知、认知和执行信息加工机制，以及在老年人产品设计领域的能力‑需求研究现状。

4.1.1 感知能力

环境为感知系统提供输入，人通过感觉器官接受周围环境的刺激（信息），不同信息进入大脑后需进行第一步筛选，即注意过程。信息辨识后加工器进行选择处理，选择重要信息才进入下一步记忆处理阶段，开始"感觉登记"过程。知觉是对事物各方面特性的整体反应，知觉的种类包括空间知觉、时间知觉和运动知觉，具有选择性、理解性、整体性和恒常性等特性。知觉过程需要把信息做短暂的保留，等待进一步加工处理，如果稍作迟疑而没有处理，这些信息就可能在转瞬间消失。

感知老化的能力‑需求设计，研究主要集中于产品界面感知元素（如屏幕、按键）色彩、尺寸、触感设计。如学者 Charness 等的研究结果显示，老年人在彩色文字和彩色背景情况下的阅读绩效要差于黑色文字和白色背景情况，而年轻人在不同情况下的阅读绩效则没有差别，因此，老年人设计需求为白色背景、黑色文字。学者 Tomas Lindberg 等对老年人感知图标的能力进行了测试，结果表明计算机显示屏上图标尺寸能力需求为至少 0.7cm，图标间距至少与图标同尺寸时才可保证老年人用户绩效。学者 Emery 等通过计算机为老年人认知设计了 7 种反馈方法，结果证明界面设计应整合多通道（包括视、听、触）而非单一反馈来帮助老年人提高感知能力。学者张磊通过分析不同颜色和中英文编码的辨识情况，发现颜色编码方式对目标辨识有影响，而中英文编码对辨识绩效没有显著性影响。学者李传房针对老年人色彩辨识能力，认为计算机屏幕颜色在绿至蓝范围时错误率增加，在红至黄范围时错误率较低，因此计算机屏幕色彩的设计需求能力为红至黄范围。学者 Rogers 等调查得出老年人使用自动取款机的感知记忆能力低于年轻人，认为自动取款机的硬件必须放大字体、科学排布按键才可满足老年用户需求。

4.1.2 认知能力

认知加工可分为感觉记忆（思维处理器）、短时记忆（短时记忆器）和长时记忆（长时记忆器）三大阶段。第一阶段是感觉信息传输到大脑进行感觉处理，包括一个短期的感觉存储记忆阶段，最长不超过 1~2s，被看作是感觉的残留现象；主要包括视像和声像两种感觉记忆，随后信息通过注意机制筛选后进入信息加工系统。第二阶段是在知觉的基础上进行模式识别，并将感知内容用短时保持在记忆内，这就是短时记忆阶段，定义为保持不超过 1min 的记忆。短时记忆器是人类认知进化的关键点，如果没有短时记忆，人类将无法完成信息的精细加工。短时记忆器容量较低，为（7±2）个组块，但可以与思维处理器相互配合完成所需操作。第三阶段是长时记忆。长时记忆与感觉记忆、短时记忆共同构成了人类完整的记忆系统，长时记忆的信息保持时间在 1min 以上，最长可保持终生。特点是容量几乎无限量，以结构化联系的方式存储于大脑内。长时记忆负责提取细节、概念和程序信息，构建有条理的假设，进行推理与决策，做出反应。用户与产品认知交互是一个循环过程，由中央控制器进行控制推理和注意，与长时记忆中存储的信息进行检索比对，完成认知流程，功能包括编码、分类、解释、储存、提取和译码等。认知加工资源是一种一般性的心理能量或认知能力，如加工速度和工作记忆。

关于认知老化的能力-需求设计，其研究主要集中于探索老年人界面认知绩效下降的原因。德国亚琛工业大学、中国台湾云林科技大学和美国斯坦福大学从心智模型方面对认知老化策略进行研究，例如学者 Ziefle 等利用 Nokia3210 型号和 Siemens C35i 型号手机对老年人及青年新手用户进行测试，结果显示任务复杂度影响老年认知能力，老年人对快速反应的反馈不敏感，因此手机的设计需求为降低复杂度。澳大利亚昆士兰大学和英国剑桥大学的研究者从老年人先验经验方面对本领域进行研究，指出产品熟悉程度对产品设计的重要性。学者 Chang 等认为低信息密度的界面具有好的操作绩效，同时给用户更低的工作记忆负荷，思维注意更为集中，因此产品界面的设计需求为降低信息密度。学者张洪兵等提出基于视觉、语音和自然人机交互方式的多通道界面适合具有认知障碍的老年人使用，因此交互界面的设计需求为多通道融合。美国伊利诺伊大学学者 Rogers 指出，老年人用户记忆能力低于年轻人，因此进行自动取款机软件层设计时应降低科技感、添加提醒辅助，令产品更具亲和力。美国佐治亚理工学院学者 Fisk 等研究老年人长、短时记忆能力，提出应多利用事件导向而不是时间导向来弥补记忆差距，并应用于居家智能界面设计过程以提高产品操作绩效。

4.1.3 执行能力

经过记忆处理的信息通过思维处理器传递给效应器，并通过效应器对机体传达指令，对环境信息做出反应。反应选择并不是直接完成的，需要反应处理器对执行信息进行协调配合。同时，身体执行反应同样重要，思维处理器传达的正确信息可能因为机体能力不足，或手、脚等配合不足而导致错误执行。因此，整个信息处理阶段的成功执行也取决于效应器的状态，即用户的执行能力也十分重要。

执行能力的退化在老年人群体中十分常见。研究表明，21% 的 65 岁以上与 55% 的 85 岁以上老年人在产品使用中经常遇到姿势障碍。英国剑桥大学 Seidel 等研究表明，老年人日常生活中 10% 的洗衣姿势与 3% 的做饭姿势具有风险性，其中 40%～45% 的风险在于俯身弯腰作业。NOISH（美国国家职业安全卫生研究所）同样证实"非自然"作业如头颈低斜、下蹲、躯干屈曲等姿势与人体下背部疼痛有紧密关联性。重复困难的产品俯身操作会加重老年人肌肉骨骼疼痛，降低其生活独立性，无法满足老年人人机性能要求。执行老化的能力 - 需求设计，其研究主要集中于产品使用舒适度提升方法。芬兰应用人体工程学实验室针对座椅和厨房灶台高度进行主观舒适度评估，结果表明椅子设计需求为 450mm 最合适，厨房桌高度能力需求应大于 300mm。日本学者藤原胜夫等研究得出 60 岁比 20 岁的用户握力低 24%，所以建议老年人产品设计所需的握力需求为年轻人的 75%。1982 年学者 McClelland 对马桶座开展了有 205 名参与者的试验，结果表明，座位的高度和角度会对易用性产生影响，建议马桶高度是 0.4m；目前英国标准卫生间马桶高度即为 0.4m（BS5504-3）。2007 年，荷兰代尔夫特理工大学学者 Dekker 再次通过一个位置可调的马桶框架测试对老年人如厕姿势进行舒适测量，结论表明，相比侧面支架，用户更喜欢使用正面垂直支架来辅助如厕时的起立与坐下。学者 Chang 等对特定类型的门进行了包括 1600 次"推拉"互动实验和 800 次单纯"推门"实验，发现不同用户在面对同样的门时，使用力量大小与用力点位置均有差异。结论推理得出，用户使用门的方式受到任务需求和个人能力两个因素综合影响，因此门在设计之初，必须考虑用户的个人能力，并使任务需求与之匹配才能有效降低伤害。学者 Voorbij 针对密封罐研究指出，如果打开扭矩能力需求减少到 2N·m，那么 97.6% 的 50～94 岁的用户以及 100% 的 20～30 岁用户可以毫不费力地打开罐子。

综上所述,对于老年人群体,感知、认知和执行能力及产品的功能设计之间的匹配不对称问题仍然较为明显。因此,为了保障和增强老年用户的操作安全及交互体验,老年人产品的能力-需求研究至关重要。随着老年用户的个性化需求越加明显,为了更加便捷地满足设计师和用户需要,设计咨询与评价工具作为检验和分析手段得到广泛推广。在实践过程中,若将设计案例知识与老年人能力知识进行模块化处理,则可以应用于设计过程中。

用户能力数据的采集方法

用户能力数据的评估由多学科综合完成,感知、认知能力采用认知心理学方法获取,执行能力采用人机工程学方法获取。其中定量和定性方法相互转化,某些形式的定性数据可以转换为定量数据。例如用户操作过程中观察到的定性现象,可以通过可视化分析影像记录、同步显示生理数据或眼动数据,将定性数据转换为定量计数(或误差),从而进行统计分析。同时,定性方法也可以补充定量方法的不足,例如单纯定量方法可能会错过用户行为中的微妙点,可在必要时配合定性深度访谈。

具体采集方法可以按照感/认知能力和执行能力划分为两类,设计师可选择相应方法进行整合,力求在研究过程中将两者取长补短,实现用户数据采集的完整性,如表 4.1 所示。例如,感/认知能力水平数据可以通过面对面、电话或问卷调查,自我报告其能力水平进行评估。然而,某些老年人或认知障碍患者自我报告与实际能力之间会有较大偏差,因此观察员仍然需要使用专业设备进行观察或模拟实验测量。

表 4.1 用户能力数据的采集方法整合

项目	问卷法	观察法	出声思维法	计算辅助工具	仪器测量
使用行为	用户疼痛度量表;用户可用性量表……	录像;拍照产品实体交互	录像;录音可达性;舒适度	行为分析系统;C、Visual Basic计算机语言辅助	尺寸测量;骨骼肌肉测试系(CUELA);肌电设备……
认知行为	认知负荷量表;科技熟悉度量表	录像;拍照产品界面交互	录像;录音操作认知;反馈回应	C、Visual Basic语言;Adobe Air高级程序;E-Prime心理实验工具……	眼动实验法;脑电实验法(ERP)……

4.2.1 感 / 认知能力数据的采集方法

（1）观察分析法

该法需要至少两台摄像设备同时定位参与者的操作界面与用户的面部表情和肢体语言。要求界面系统自行记录数据，或通过计时器对用户各个事件的发生时间和频率等进行统计。

（2）仪器测量法

仪器测量法包括眼动实验法和脑电实验法等。在用户完成特定任务时，眼动实验法通过视线追踪对用户眨眼次数、眼球运动方向等进行采集和分析；脑电实验法通过头皮表面电极获得信息，主要用于研究人脑认知活动。

（3）计算机模拟实验法

该法使用计算机模拟用户完成任务的认知过程，用于研究验证用户对于不同测试任务和条件（不同形状、色彩、时长等）的相关性，可采用C语言、Visual Basic语言、Adobe Air和E-Prime等高级程序，实现时间精准记录、简易编程和便利操作，提高认知数据获取的效率。

（4）主观评价反馈法

该法主要包括问卷法、出声思维法和认知负荷指标测量法，还包括Steinberg记忆测试和打音测试（tapping test）等较为复杂的认知心理测试方法。其中，问卷调查法包括用户认知负荷量表、用户满意度量表等；出声思维法是指通过调研员引导用户，使其口述自己的操作、出错以及个体感受，从而获取用户的隐性思维，特别记录用户的操作认知、反馈回应和决策信息；认知负荷指标法包括主观性工作负荷评价技术（SWAT），针对时间负荷、精神投入负荷和心智压力负荷。

4.2.2 执行能力数据的采集方法

（1）观察性方法

该法是通过对作业姿势拍照或录像，进行角度编码以实现行为风险等级评判，例如OWAS、RULA、PATH和REBA方法。

(2) 仪器测量法

该法采用仪器设备对弯腰、扭转等日常风险姿势进行角度与负荷压力测定，包括人体尺寸测量、动作捕捉系统、肌电实验设备、反应力测试平台等精确采集人体动态与静态数据。

(3) 主观评价反馈方法

该法包括问卷法、口语报告法和两者结合产生的认知负荷指标测量法 NASA-TLX 等，通过主观评价姿势舒适度来完成。工作负荷指标体系 NASA-TLX 由美国国家航空航天局开发，包括心智需求、体力需求、时间需求、绩效、努力和挫折感共六项。

4.3 产品感知能力 – 需求研究

人体感知能力包括视觉、听觉、味觉、嗅觉、平衡性和运动感觉等。视觉方面主要包括点、线、面、体 4 种不同的基本视觉元素，构成了相应的元素尺寸、布局、密度、颜色、形状或视角；听觉方面，包括音量反馈、频率、声强；触觉方面包括按键尺寸、凹凸、触觉肌理。其中，视觉是感知觉的主要通道，经由视觉处理的信息一般被认为占据感官信息总量约 70%。目前家用电器或数码产品的人机交互界面设计也以视觉通道为主，比如实体菜单按钮界面，或触控的图形化用户界面。其他感知通道如听觉或触觉一般作为辅助通道。

在这些人机交互界面的设计任务中，设计师所面临的最常见的设计问题是如何确定界面的尺寸、布局和位置来特别满足老年人的使用需求。①尺寸，在识别方面有着不可取代的优势，以直接方便的形式实现信息的传递；②布局，通过限定不同信息内容的组合排列，将凌乱的界面元素进行具有内在联系的分组，使用户可以在不同的空间范围内查找相关信息；③位置，通过设计紧凑合理的空间，有助于信息加工的连贯性和逻辑性。常见多级菜单的智能界面如图 4.2 所示。多级菜单的面板格局出现，需要用户花费更多时间，进行更复杂的操作来提取有效信息。然而，部分老年人用户在认知操作的前一步，即视觉搜索的感知过程时就会出现问题。人在 40 岁左右后视力开始退化，视网膜神经节细胞的数量会逐渐减少，造成老年人对图标识别的有效性减退。对于存在视力障碍的老年人来说，无法辨别一些设计考虑不周全的界面特征，如太小的、模糊的以及容易混淆的图案，这些问题均会导致相应的操作失误。因此，针对用户群体合理地选择元素组合具有重要意义，使用户快速、准确地理解所传达的信息。现有界面感知研究主要集中于产品图形用户界面（如屏幕、按键）的尺寸、布局和位置等方面展开。例如，学者 Lindberg 等针对感知图标能力进行研究测试，结果表明计算机显示屏上图标尺寸至少 0.7cm，图标间距至少与图标同尺寸，才能保证老年人用户操作的绩效；学者 Shih 和 Goonetilleke 进行了中文与英文字母图标的选择与点击绩效测试，结果表明，无论中文还是英文，横向排列均优于纵向排列；学者 Schaik 等发现，网页上导航面板位于屏幕顶部或左侧时，用户搜索效率更高。

图 4.2 常见多级菜单的智能界面

目前相关研究取得了一定的进展，但是针对老年人感知能力的研究仍需完善。首先，研究大多针对计算机、网页等界面搜索，家电产品界面研究不足；其次，图标研究大多针对标准的数字、英文字母或拉丁字母图标，直接面向图形图标的研究不足。同时，目前已有的关于数字化界面应用效率的研究表明，图标尺寸越大，搜索效率越高，但有限尺寸的面板上可显示的大图标数量是有限的。因此，本书选择从视觉通道入手，以界面设计中尺寸、布局和位置的图标视觉搜索实验为例，建立感知实际能力的梯度模型。

4.3.1 界面视觉搜索能力评估

视觉搜索是通过捕捉信息特征，使用户从干扰物中区分和识别重要信息的过程。在产品多级界面的背景下，老年人缺乏科技产品的使用经验，因此需要更多的时间来提取相关信息，相对时间下信息搜索与检索任务的完成量更少。界面元素是影响视觉搜索的关键，数量、形状、尺寸、位置以及方向的差异均会影响老年人搜索所传达的信息。如何准确地评估老年人视觉搜索能力，其方法包括绩效评估法和眼动评估法，具体阐述如下。

（1）绩效评估指标

现有绩效评估指标通常划分为：①操作正确率，即用户在完成任务过程中，所做的正确的操作数量与所有操作数量的比例；②操作完成时间，即用户完成任务过程所耗时长；③正确率与完成时的复合评估，即正确率为首要指标，但当正确率没有显著差异时，采用完成时间进行补充评估，以任务完成率和反应时两者复合为评价指标。但是此方法的缺点为，当操作正确率与操作时间出现矛盾时，往往以操作正确率作为判别因素，而忽略操作时长，因此无法得出具体比例数据，造成评价结果的不全面。同时，讨论反应时间时，无法将反应错误的数据进行剔除，影响结果的准确性。

（2）眼动评估指标

现有眼动评估指标通常划分如下。

① 热点图：使用眼动仪来对人的视觉注意力进行模拟，生成吸引力程度不同的热点图。定量分析前，热点图分析可以直观地显示被试在各种界面条件下的眼动注视反应，热点颜色深度表示人眼对该位置区域的关注程度。颜色深的部分表示人眼在此区域注视次数较多、时间较长。搜索任务中，通过对用户的热点图分析可以判断不同界面的搜索难度，当用户视野范围瞬时信息输入过多时，用户视线会频繁跳跃且总访问时间延长，因此深色区域多且密集。

② 注视次数：界面信息的密集程度影响用户对目标的搜索时间和视觉对界面的注视次数。注视次数可定量反映界面难度，数量越少则说明用户在视图中的停留时间越短，界面结构越容易搜索；反之则难度越大。视线注视过程是指视线整体移动过程中眼睛的短暂停留瞬间，是人眼捕捉信息的必要条件。注视次数是用户界面复杂度的直观展示指标，界面信息越复杂，视线的停留和反复迂回查找次数则越多，注视次数则越多。

（3）试验材料和过程

试验材料来自一组常用的、具有相同设计风格的白底黑图家电产品图标，共有 80 个图标用于试验，采用三因素被试内设计（是指每个被试接受所有尺寸、布局和位置这三种自变量水平的重复试验）。图标尺寸分为5种，分别为6mm×6mm、10mm×10mm、14mm×14mm、18mm×18mm和22mm×22mm。布局分为4种，分别为圆形、方形、横向和纵向。位置分为5种，分别为第1象限、第2象限、中心象限、第3象限和第4象限。界面尺寸为150mm×150mm，图标间距离为1/3图标尺寸（保证各界面配置等比缩放，均可限定于计算机界面尺寸范围内）。5×4×5种界面配置每次随机显示8个图标，详见表4.2和图4.3。

表 4.2 布局尺寸汇总（宽度 × 高度）   单位：mm×mm

图标尺寸	布局尺寸			
	纵向	圆形	方形	横向
特小（6×6）	14×38	38×38	22×22	38×14
小（10×10）	23.3×63.3	63.3×63.3	36.7×37.7	63.3×23.3
中（14×14）	32.7×88.7	88.7×88.7	51.3×51.3	88.7×32.7
大（18×18）	42×144	114×144	66×66	114×42
特大（22×22）	51.3×139.3	139.3×139.3	80.7×80.7	139.3×51.3

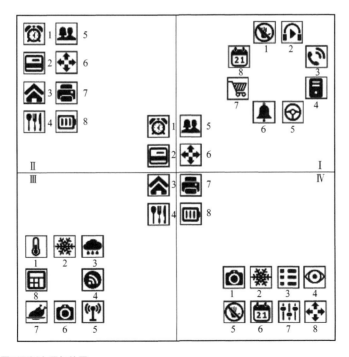

图 4.3 图形面板布局与位置

招募试验被试 30 名,16 名男性、14 名女性,年龄 60~80 岁(SD=6.18),基础视力或矫正视力正常。试验之前,要求被试在感知基本特征问卷上填写相关信息,问卷内容见附录 2,包括姓名、性别、视力,并使其熟悉界面和呈现时间。试验程序采用心理实验软件 E-prime 进行编写,所采用计算机的 CPU 主频为 3.0GHz,刺激呈现在 13in(1in=2.54cm)显示器中央,屏幕分辨率 1280×1024,亮度为 92cd/m^2。试验在人因工程实验室中进行,室内照明条件正常,计算机屏幕背景为黑色,被试与屏幕中心的距离为 300~350mm。

试验以个别施测方式进行。测试开始前,被试按照试验要求做练习试验;通过计算机屏幕向被试呈现指导语,使其了解试验的具体程序和要求。正式试验开始时,屏幕中央首先呈现注视点"+",显示时长为 500ms。随后屏幕显示一个需要查找的图标,被试点击任意键后图标消失,然后屏幕随机显示某一种测试条件下的界面配置,如图 4.4 所示。为避免鼠标点击行为对视觉搜索的影响,试验要求被试大声说出目标图标的数字编码,由试验员对被试答案进行输入记录。一次测试完毕,屏幕随即呈现下一个需要查找的图标,依次类推直到完成所有测试。试验采用三因素被试内设计,3 种因素构成 100 种测试条件,每种测试条件下被试完成 3 次目标选择任务,共 300 次。试验结束后对用户进行深度访谈,要求用户对图标辨识度给出识别度评分。试验中间给予被试适当的休息,每个人完成全部试验耗时约 20min。

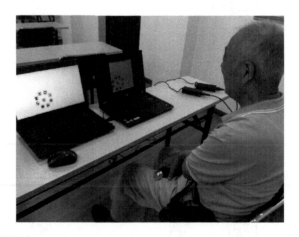

图 4.4　老年试验程序

现有研究均将正确率与反应时间设置为独立的操作绩效指标,并分别进行讨论。但两者的关系并不明确,无法为产品开发提供较为完善的工效学依据。为了同时表述正确率与反应时间，提出综合绩效指标 GP，如式（4.1）所示。

$$GP = \frac{ACC}{e^{\frac{RT}{1000}}} \quad (4.1)$$

式中，ACC 为正确率，如准确辨认则取 1；RT 为用户完成任务过程所需时间，ms，取其自然对数。

认为 GP 与 ACC 呈线性正相关，即 ACC 越高，GP 越高；认为 GP 与反应时间呈非线性负相关，RT 越短，其影响越敏感，且 GP 越高。特别地，当 ACC 为 0 时，GP 与反应时间不相关，恒为 0。可排除错误数据，不计入绩效统计。

4.3.2 描述项统计结果

利用社会科学统计软件包 SPSS［在假设检验中常见到 P 值（P-value），P 值即概率，反映某一事件发生的可能性大小，一般以 $P<0.05$ 为有统计学差异，$P<0.01$ 为有显著统计学差异，$P<0.001$ 为有极其显著的统计学差异］对试验结果进行重复测量方差分析，结果如表 4.3 所示。图标尺寸的主效应均非常显著，对于 ACC、反应时间与 GP 均呈现显著性差异（$P<0.001$）。布局归属对于 ACC［$F(3,96)=2.218$，$P>0.05$］主效应不显著，但对于反应时间与 GP 有显著性影响（$P<0.001$）。位置归属对于 ACC［$F(4,95)=0.1183$，$P>0.05$］主效应影响不显著，但对于反应时间

表 4.3 描述性搜索绩效

Source（来源）		自由度	F 值	SIG（显著性）	Post Hoc（事后检验）
尺寸归属	ACC	4	23.714	0.000	1<2=3<4=5
	反应时间	4	82.012	0.000	1>2=3>4=5
	GP	4	35.609	0.000	1<2=3<4=5
布局归属	ACC	3	2.218	0.084	无显著差别
	反应时间	3	11.673	0.000	1=2>3=4
	GP	3	9.642	0.025	1=2<3=4
位置归属	ACC	4	1.557	0.183	无显著差别
	反应时间	4	11.466	0.000	1=2=3<4<5
	GP	4	7.524	0.000	1=2=3<4=5

注：SIG=significance，意为"显著性"，其值就是统计出的 P 值；F 值是 F 检验的统计量，也就是组间和组内的离差平方和与自由度的比值。

与 GP 有显著性影响（$P<0.001$）。图标尺寸与布局归属的交互，图标尺寸与位置归属的交互，布局归属与位置归属的交互对于反应时间影响非常显著（$P<0.05$），对 ACC 与 GP 影响均不显著（$P>0.05$）；面板布局结构、点选位置和图标尺寸的三重交互作用对于反应时间与 GP（$P>0.05$）的影响并不显著。

（1）图标尺寸

表 4.3 各试验因素的不同水平做进一步的 Tukey-HSD 事后检验。对于图标尺寸，特小图标与小图标、中图标（$P<0.0001$）以及小图标、中图标与大、特大图标之间的差异均十分显著（$P<0.0001$）；而小图标与中图标、大图标与特大图标之间的差异接近显著水平。如图 4.5 所示，特小图标的 RT 最长，ACC 最低，GP 最差；小、中图标次之，大、特大图标的 RT 最短，ACC 最高，GP 最高。五种不同尺寸依数据结果可归纳成三群，分析如下：①图示尺寸面积为 6mm×6mm 的数据结果与另外四组尺寸的数据结果具有显著差异，效率最差；②图标尺寸为 18mm×18mm、22mm×22mm 的效率最佳；③图标尺寸为 10mm×10mm、14mm×14mm 的介于两者之间。结合用户深度访谈可知，虽然 10mm×10mm～18mm×18mm 操作绩效不是最高的，但用户操作的 ACC 也高达 80% 且用户普遍表示完全可以接受，同时用户对小于 10mm×10mm 的尺寸完全不能接受。因此，将菜单分级 18mm×18mm 作为用户"余裕与适配"的转折点 E，10mm^2 作为"适配与不足"的转折点 A。

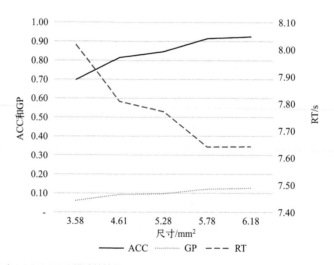

图 4.5　尺寸 ACC/GP/RT 描述性结果

（2）图标布局

表 4.3 事后检验数据显示，对于面板布局，圆形、纵向以及方形、横向之间的反应时间与 GP 差异十分显著（$P<0.0001$），方形、横向的 RT 较低，ACC 较高，但是 ACC 差异不显著。圆形与纵向布局差异不显著，方形与横向差异不显著。如图 4.6 所示，按照任务完成 GP 可将四种不同布局归纳成两群，分析依如下：①图示布局为方形、横向最佳；②图示布局为圆形、纵向，效率相对较低。结合用户深度访谈可知，虽然纵向、圆形操作反应时间较高，但用户操作的 ACC 也高达 80%（ACC 差异不显著），用户普遍表示虽然横向与方形界面搜索更为顺畅，但是纵向与圆形布局也可以接受。ADCE 能力 - 需求匹配方法是一个思想，是设计师在设计决策中要遵循的，是可变的。它并不是一个单纯数学模型，并非所有的匹配都可以转化为数学上的连续映射，在布局编码这种无法数据化或连续化的匹配问题里，虽然区间和临界值不能在设计决策中执行，但是理论体现出的思想依然适用，依然可以选择方形、横向作为能力余裕范围；选择纵向、圆形作为能力适配范围。

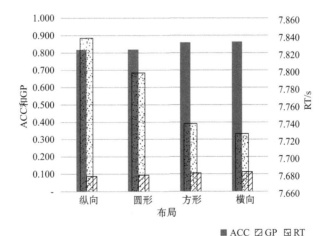

图 4.6 布局 ACC/GP/RT 描述性结果

（3）图标位置

表 4.3 事后检验数据显示，对于图标位置，第 3 象限、第 4 象限以及第 1 象限、第 2 象限、中心象限之间的反应时间与 GP 差异十分显著（$P<0.0001$），第 1 象限、第 2 象限、中心象限的 RT 较低，ACC 较高，但是 ACC 差异不显著。第 3 象限与第 4 象限差异不显著，第 1 象限、第

2象限、中心象限不显著。如图4.7所示，按照任务完成GP可归纳出四种不同布局，依数据结果可归纳成两群，分析如下：①图示象限为第1象限、第2象限、中心象限，效率佳；②第3象限与第4象限差。结合用户深度访谈可知，虽然第3象限与第4象限操作反应时间较长，但用户操作的ACC也高达80%（正确率差异不显著），用户普遍表示第1象限、第2象限、中心象限位置更符合操作习惯，但是其他位置也完全可以接受。因此，位置编码选择第1象限、第2象限、中心象限位置作为能力余裕范围；选择第3象限和第4象限作为能力适配范围。

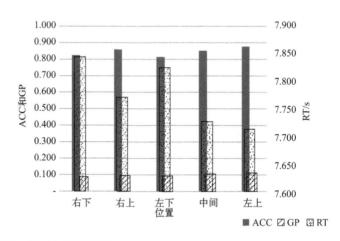

图4.7　位置ACC/GP/RT描述性结果

4.3.3　老年人感知实际能力梯度构建

如前面所述，本书主要关注实际能力梯度范畴下的能力余裕范围（ER）和能力适配范围（AR），最关键的是探索并采集"余裕与适配"的转折点E值和"适配与不足"的转折点A值。本试验根据GP结果，将5种尺寸分属为三档，4种布局分属为两档，5种位置分属为两档。

研究中，采集用户余裕能力转折点E和适配能力转折点A的具体数值后，即可求得用户的实际能力梯度，为后面产品需求能力与用户实际能力的匹配计算研究做基础，结果如图4.8所示。①尺寸"余裕与适配"的转折点E=10mm×10mm、"适配与不足"的转折点A=18mm×18mm，则尺寸编码的能力余裕范围为{ER | ER＞18}，能力适配范围为{AR | 10≤AR≤18}，能力不足范围为{IR | IR＜10}。②布局编码的能力余裕范围为横向、方形布局；能力适配范围为圆形、纵向布局。③位置编码的能

力余裕范围为第 1 象限、第 2 象限和中心象限；能力适配范围为第 3 象限和第 4 象限。实际能力梯度形象、系统地展示老年感知分层信息，为设计师提供翔实的老年感知知识，同时为实现产品人机适配咨询与评价提供数据基础。

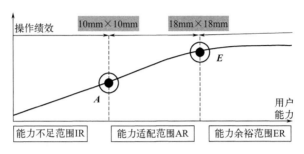

图 4.8　尺寸实际能力梯度

产品认知能力 - 需求研究

随着科技发展速度加快，老年人家用智能产品的研发日益更新，然而，65 岁以上老年人群体对科技产品的认知能力仅为年轻人的一半。界面交互难度加大，加上老年人缺乏信息技术经验，导致应用错误率升高。其中，触摸操作界面的"菜单索引任务"最为困难。研究表明，老年人多习惯于机械时代的产品特征，如"旋钮""刻度""按键"等物理界面，功能与零部件有较为明确的对应关系，三维空间上的层次差异显著，使用者可以明确地进行产品操作。但随着技术推进、产品交互方式与界面形式发生着巨大变化，界面布局已摆脱电子机械位置的控制，界面多以功能统一排布的方式呈现。同时，触摸屏的出现，加速降低了界面"触觉"辅助的作用，用户无法再通过明确的"旋钮""按键"对功能进行判断。此时，若使老年人用户有效地操作产品，最关键的是确保设计元素和产品功能的映射关系明确，这样才可降低老年人用户思维负荷，使其学习更快且满意度更高。

认知能力包括信息处理能力（注意力、记忆力）、高级认知能力（推理、计划和问题解决）、产品使用经验和心智模型等。现有老年人认知能力研究主要集中于探索界面认知绩效下降的原因，包括产品熟悉程度、记忆能力、心智模型匹配度等对产品操作的影响。具体如澳大利亚昆士兰大学、英国剑桥大学从老年人先验经验方面探索，指出产品熟悉程度对认知绩效的重要性；德国亚琛工业大学、中国台湾云林科技大学、美国斯坦福大学从心智模型方面对认知老化策略进行研究；此外，美国佐治亚理工学院学者 Fisk 等研究老年长、短时记忆能力，提出应多利用事件导向而不是时间导向来弥补记忆差距，并应用于图形界面设计过程以提高产品操作绩效；学者 Chang 等认为低信息密度的界面具有好的操作绩效，同时使用户工作记忆负荷更低，思维注意更为集中。

然而，现有针对家用电器或数码产品的人机交互任务中，老年人所面临的对于认知能力的挑战，常常有关于人机交互界面的菜单分组和分级。某些人机界面因为菜单分组不符合老年人的理解和预期，或者菜单分级过于复杂混乱，给老年人的学习和使用造成了一定的困难。众多学者从老年人生理、认知退化等角度对该问题进行了阐述，其中用户心智模型与产品操作的匹配研究成为学术界的热点；研究人员认为操作绩效很大程度上取决于"用户与设计师之间的心智模型"匹配度，匹配度越高，越有助于用户的理解与操作。因此，减小用户和设计师之间的心智模型差距十分关键。针对这一类问题的设计研究，本书从菜单分组和分级入手，研究老年人用户的心智模型，并以此为例构建老年认知能力梯度。

4.4.1 心智模型

《解释的本质》一书中首次提出"心智模型"的概念。心智模型正式发展于 20 世纪 80 年代，由 Laird 用于具体描述人类如何解决问题，并提出若干推理基础。尔后，大量学者从不同领域对心智模型进行了研究，其中最著名的是：物理学研究领域中学者 Gentner 等利用心智模型理论解释分析人类行为；认知心理学领域中学者 Norman 将心智模型划分为设计概念模型、用户心智模型和系统印象。具体而言 Norman 理论包括以下内容。①设计概念模型——设计师根据产品的"功能、用户、目标"的理解而进行的设计。影响设计概念模型的因素包括设计师对用户的理解、对设计目标的把握等主观因素，还包括产品成本、技术客观约束等客观因素。②用户心智模型——用户对于产品信息架构的理解，包括与产品互动的心理概念模式。影响用户心智模型的因素除产品设计元素外，还包括用户对于产品的使用熟悉度、类似经验等。③系统印象——包括产品的外观色彩、形态、材质、接口呈现、操作说明等。三者概念与相互关系如图 4.9 所示，用户心智模型与设计模型一致是设计的理想状态，但是设计师与使用者之间的沟通媒介为系统印象，如果系统印象无法清楚传达设计师的设计模型，或给予用户误导，用户则产生错误的心智模型导致交互失败。在产品设计中，不仅要关注信息结构，还要关注表达，使设计概念模型与用户心智模型接近，尽可能地保证结果在用户预料范围之内。设计师需要直观地表现操作意图和实际操作之间的线索，并且让用户看到信息结构相互之间的关键差异和彼此之间的联系。特别而言，老年人相比年轻人在深度和广度的心智处理过程中更容易迷失，他们与设计系统表象所反映出的心智模型之间的匹配程度要低于年轻人，其对应的交互绩效也低。

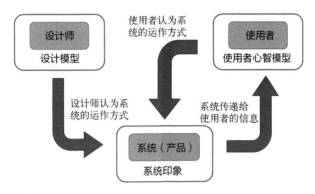

图4.9　设计模型、使用者心智模型、系统印象之间的关系

整体而言，心智模型是人对于事件运作过程的理解，可帮助用户了解自身的经验感受，从而预测发展结果或处理偶发事件。人机交互和认知科学相关文献表明，心智模型可以是不完整的、不稳定的、不科学的、简约而复杂的，根据以往经验程度不同，心智模型会发生巨大差异。但是，其一旦形成，将影响人的认知和决策，如在某些情境中可以取代缜密的分析以节省时间和精力。如图4.10所示，心智模型具有描述、解释和预测作用，此三种作用穿插于用户实际或想象的理解世界（产品）的过程。具体为：产品存在目的（系统为何存在）；产品存在功能（系统如何运作）；产品存在状态（系统在做什么）；产品存在形式（系统看起来像什么）。分析用户与设计要素之间的关联，构建可靠的心智匹配规则，可以使用户熟悉而准确地操作产品。

心智模型通常由片段化的事实构成，用户并没有完整掌握其产生的根源与进程。同时心智模型是模糊与不稳定的，它随主观经验与客观环境的变化而以多样化形式出现。但是，心智模型并非不可评估，它能够深入刻画人的内心对外部世界刺激的表征，受到很多学科和专家的重视。目前研

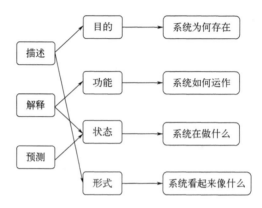

图 4.10　心智模型的作用

究者设计了许多结构化或无结构的心智模型测量的方法来了解用户头脑中的心智模型。目前定量测量心智模型的方法并不统一，且随着研究焦点的差异，研究者不断进行调整，以下为几种常见心智模型呈现与导出方法。

（1）任务观察法

被试试验过程中，试验员对整个操作过程进行观察，再分析行为与心智思维之间的关联并进行总结。观察方式分为两种。

① 参与式观察。试验员同样以"被试"身份参与其中，并与真正被试进行交流或提出问题，以期挖掘出用户真正想法。

② 旁观式观察。被试无法察觉观察者的存在，试验员以旁观者角度进行观察记录，整体观察过程中的思维点或疑惑点，于试验结束后进行提问，总结其中关联。

（2）出声思考法

被试试验过程中，除了视频记录其操作过程外，还要求被试将操作行为的思考过程大声解释出来。试验完成后，仍然要求被试重复观看当时录像资料，向试验员阐述当时的思维过程。试验员进行完整记录，并于事后进行编码整理分析。

（3）路径搜索法

研究者根据语义网络理论和图形理论，发展出路径搜索量化规则，将相似性评定矩阵转换成由节点和连线组成的网络图，并以网络图反映概念元素之间的关系，直观揭示了个体的知识结构，因而用于表征心智模型。

（4）卡片分类法

由试验员提供若干概念卡片，随后再发给被试若干空卡片，可由其灵活补充。类似KJ层级分类法，首先要求被试将关联性较强的概念卡片进行分类集群；其次要求其将集群后的分类进行层级组织，分出隶属关联；最后由试验员对被试进行访谈，了解被试卡片分类与分级的原因，试图找出其心智模型关联图。整个过程同样由摄像机全程记录，以便后期分析整理。从目前研究来看，该方法在心智模型测量中应用最广，认可度最高。

（5）概念图法

也称为概念映射法，将概念利用图形来表达，是针对心理过程创建的图形表征。首先不同主题的概念放置于圆框中，随后用差异化连线将相关的概念连接，连线上标明两个概念之间的意义关系。概念图是一种知识以及知识之间的关系的网络图形化表征，也是思维可视化的表征。一般由"节点""链接"和"有关文字标注"组成，节点由几何图形、图案、文字等表示某个概念，链接表示不同节点间的关系。

4.4.2 实验一　信息复杂度能力测试

4.4.2.1 结构复杂度和资讯复杂度

为综合考虑图标的信息复杂度，研究从结构和资讯两个维度进行分类讨论。结构复杂度在于图标视觉表征的繁复程度；资讯复杂度在于图标语义信息的负载含义量。

研究指出，图标具体结构的复杂度与用户图标辨识效率具有一定的相关性。很多研究将图示中出现基本图形单位的数量，直接作为估计复杂度的指标。例如，学者Garcia从图标元素数量方面进行研究；学者Maurizio用模糊方法评价图像的复杂性，并分为高、中、低三档。另外，判断图标结构复杂性的依据还包括内含对象的数量、前景与背景影像在对象中的间隙等。资讯复杂度代表图标负载的信息量，学者Katov将所处情境中的资讯数量作为负载来源，将资讯负载量分为4%、6%、11%、16%和18%五个等级，结果显示出受测者在6%的信息负载下的情绪反应最为舒适。学者Liu通过聚类分析认为交通图标资讯负载量对驾驶员的视觉搜索绩效影响显著，当路标图标负载水平为等级A（＜120bit）时，司机的辨别准确率最高；而当资讯量达到等级E（＞480bit）时，需要较长的注视搜索时间，带来更大的辨识压力。

信息复杂度是图标的重要特性,虽然已有学者从不同角度尝试对复杂性进行定义,但始终缺乏针对老年人用户制定的统一且信服力高的度量标准。本书旨在测量研究不同图标结构复杂度和资讯复杂度如何影响老年人辨识图标含义的效率。首先,根据图标的结构复杂度和资讯复杂度进行分类图标收集与语义识别测试,确定老年人语义识别效率的显著性影响因素;其次,进一步整理测试结果,将单元素图标按照【人形】、【用具】、【自然】、【几何】、【字母】、【指向】进行分类结果整理,总结老年人图标信息复杂度设计原则。

根据已有研究,衡量图标的资讯复杂度需首先建立某个特定情景中的图标集合,以此为基础分解图像元素并计算信息量。本书经过线上与线下考察,系统地收集了现有市场上手机、冰箱、空调、热水器、电饭煲、洗碗机、智能手表等产品图标 80 个。为满足意义判读的普适性,首先针对 80 个图标对 20 名学生(平均年龄 =22.3 岁,SD=3.4)进行语义识别测试,将未达到国际标准化组织(ISO)的 67% 正确识别率的图标剔除。最终保留 60 个图标用于研究测试,建立智能家居产品图标集合,如图 4.11 所示。

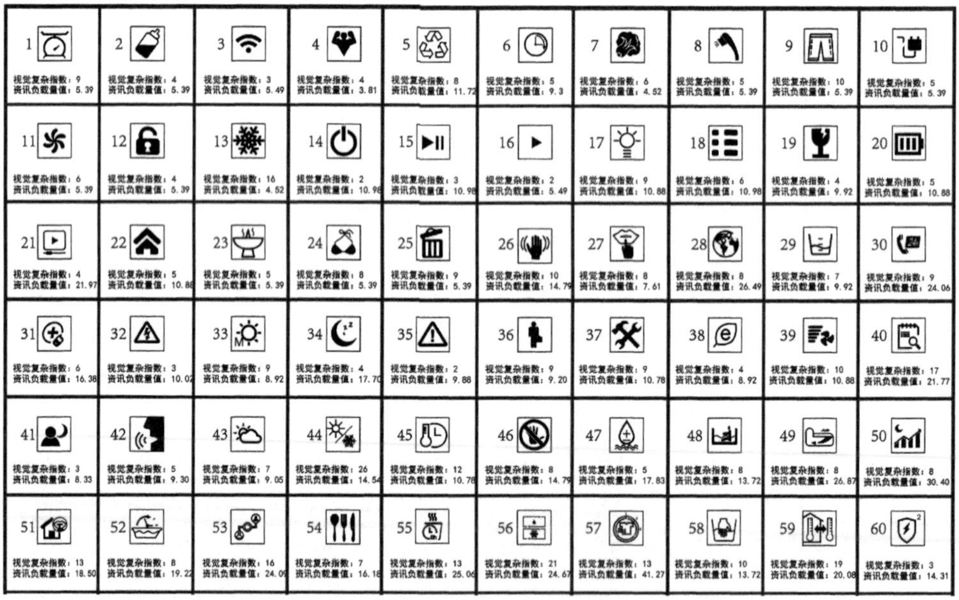

图 4.11　智能家居图标样本集合(图标来源:实地考察和在线收集)

将 60 个图标按照结构复杂度和资讯复杂度进行计算分级,用于开展老年人语义认知评估测试。

(1) 结构复杂度分级

按照 Garcia 提出的基本图形单位数量方法，图标中基本单位的数量越多，即图示越复杂。这些图形单位包括封闭图、开放图、字母、符号、垂直线、水平线、斜线、弧线和箭头。以图 4.12 为例，图 4.12（a）图案中包含 1 个封闭图形（盾牌形态）、1 个符号（闪电符号）和 1 个数字，因此复杂系数为 3；图 4.12（b）图案中包含 4 个封闭图形（不规则封闭图形）、1 个封闭图形（月亮）、2 条线段以及 1 个箭头，因此图标总复杂系数为 8；图 4.12（c）图案具有 15 条线段、1 个封闭图形（圆环）和 1 个封闭图形（长方体），因此复杂系数是 17。依照上述规则分别计算 60 个图标复杂系数，具体值如图 4.13 所示。

图 4.12 图标结构复杂度示例

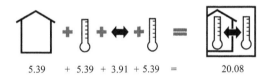

图 4.13 图标【温度切换】资讯复杂度计算

为同时兼顾分组数量及每组图标数量，按照规则分成 3 个等级：如表 4.4 所示，复杂系数≤5 是第 1 等级，复杂系数 5~10 是第 2 等级，而复杂系数≥10 是第 3 等级。

表 4.4 图标结构复杂度分级

分级	结构复杂系数	图标数量/个
1	≤5	23
2	5~10	23
3	≥10	14

(2) 资讯复杂度分级

图形符号由数量不等的图像单位组成。Namba 提出，当某一事件在母群体拥有相等的发生可能性时，可以对信息加以定量。定义 H_s 为 N 事件中出现任一事件的信息量，M 为事件 i 的母群体时，H_s 信息量可表述为

$$H_s = \log_2^M \quad (4.2)$$

应用该式（4.2）计算图形符号的信息量前，需先应确认系统中各图像单位的类型与其所属的母群体数量。具体过程如下。

① 将60个图标的元素进行分解，划分为6种类型。【人形】：指符合一般认知经验的人物肖像或人体器官，如元素↑。【用具】：指多为可以手控或小于人体尺寸的对象，如元素☏。【自然】：指自然界的原生物体，非人造物，如元素☁。【几何】：指以抽象化的集合手法表现的对象，如元素▶。【字母】：指阿拉伯数字、字母、汉字、标点图像，如元素 e。【指向】：指传达方向、位置的图像单位，如元素↕。

② 整理6种典型元素所属母群体数量 M。经统计，得到【人形】M=14、【用具】M=42、【自然】M=23、【几何】M=45、【字母】M=21、【指向】M=15。

③ 根据式（4.2），将各图像单位的信息量进行计算，可得到各类型元素的信息量。如【人形】，其母群体数 M=14，故该图像单位的信息量 H_s 为 $\log_2^{14}$=3.81（bits）。经计算得出，【用具】元素信息量 5.39 bits；【自然】元素信息量 4.52bits；【几何】元素信息量 5.49bits；【字母】元素信息量 4.39bits；【指向】元素信息量 3.91bits。

④ 图标的资讯负载量可以通过各元素信息量的相加综合进行估算。如图 4.13 所示，图标【温度切换】由 3 个用具符号单位（房子、气温计 × 2）与 1 个指向符号单位（双箭头）构成，故该图形符号的信息量为：5.39+5.39+3.91+5.39=20.08（bits）。

依照上述规则分别计算 60 个图标资讯负载量，具体值（bits）如图 4.11 所示。为同时兼顾分组数量及每组图标数量，按照规则分成 3 个等级：如表 4.5 所示，资讯量≤9bits 是第 1 等级、资讯量 9～14.5bits 是第 2 等级，而资讯量≥14.5bits 是第 3 等级。

表4.5 图标资讯量分级

资讯量分级	资讯量/bits	图标数量/个
1	≤9	19
2	9～14.5	21
3	≥14.5	20

4.4.2.2 图标语义认知能力测试

招募实验被试 30 名,年龄 60～80 岁(SD=5.3),矫正视力正常。实验之前,要求被试在登记表上填写相关信息,包括姓名、性别及视力,并使其熟悉界面编码和呈现时间。本书采用两因素混合被试内设计,分别采取 3 结构复杂等级(1/2/3)×3 资讯复杂度等级(1/2/3)对图标识别任务的影响。因变量包含正确率(accuracy,ACC)和反应时间(reaction time,RT)。

为符合日常生活图标操作情境,按照图标语义识别任务开展测试,程序由心理学软件 E-prime 编写。如图 4.14 所示,测试流程包括:①向老年被试展示指导语;②显示目标图形语义(尺寸 9cm×9cm);③识别图标,为避免视觉疲劳问题,8 个图标(单个尺寸 5cm×5cm,分别配有编号)分两排随机显示在计算机屏幕中部,包含 7 个错误干扰和 1 个正确选项;④要求被试大声说出他们认为匹配的图标编号,同时点击鼠标,界面跳转至下一测试。整个测试包含 3 次随机练习与 60 次正式测试,实验员全程记录,整体用时约 15min。

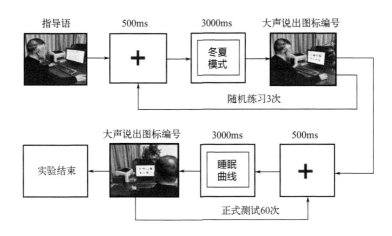

图 4.14 图标信息复杂度老年评估测试流程

用社会科学统计软件 SPSS 对实验结果进行重复测量方差分析,结果如表 4.6 所示,结构复杂度对用户操作 ACC 主效应不显著($P>0.05$),但对于 RT 具有较显著影响($P=0.048$);资讯复杂度主效应显著,对于 ACC 与 RT 均具有显著性差异($P\leqslant0.001$)。

表4.6 描述性搜索绩效

项目		自由度	F值	显著性
视觉复杂度	正确率	(2, 57)	1.203	0.308
	反应时间	(2, 57)	3.208	0.048
资讯负载量	正确率	(2, 57)	7.378	0.001
	反应时间	(2, 57)	15.062	0.000

① 对于结构复杂度，如图4.15（a）定量数据显示，等级1：RT=3843ms，ACC=0.761。等级2：RT=4222ms，ACC=0.783。等级3：RT=4663ms，ACC=0.703。结构复杂度为等级2时，ACC最高，其次是等级1和等级3；结构复杂度最高（等级3）的RT最长，等级2次之，等级1的RT最短。LSD事后检验显示，除等级1与等级3之间RT有显著性差异（$P=0.015$）外，其他各因素间均无显著性差异（$P>0.05$）。数据结果表明，结构复杂度会影响老年人图标识别的时间长短，但是对图标识别正确率没有必然影响。

② 对于资讯复杂度，如图4.15（b）定量数据显示，等级1：RT=3434ms，ACC=0.847。等级2：RT=4168ms，ACC=0.759。等级3：RT=4883ms，ACC=0.673。资讯复杂度为等级1时，ACC最高，RT最短；等级2次之；资讯复杂度最高（等级3）的RT最长，ACC最低。LSD事后检验显示，除等级1与等级2之间ACC没有显著性差异（$P=0.053$），其他各因素间均具有显著性差异（$P<0.05$）。数据结果表明，资讯复杂度对老年人图标语义识别的时间长短和正确率均有显著影响。资讯复杂度为等级1（资讯量≤9bits）时老年人识别效果最佳，等级2（资讯量9～14.5bits）次之，等级3（资讯量≥14.5bits）最差。

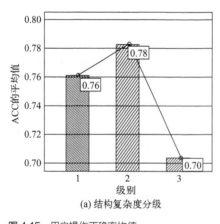
(a) 结构复杂度分级

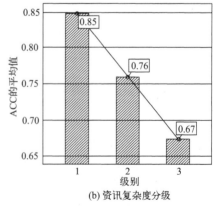
(b) 资讯复杂度分级

图4.15 用户操作正确率均值

前期测试表明，老年人图标设计的复杂度影响因素以资讯复杂度为主。资讯复杂度为等级1（≤9bits）时操作绩效最佳，不应超过等级2（14.5bits），即以单个图形元素或两个元素组合较为合适。然而实验过程中发现，资讯复杂度等级1的图标中，仍存在识别率不足67%的情况。为分析原因，本书进一步将图标资讯负载度为"等级1"的18个图标再次进行操作正确率ACC排序，进一步探讨【人形】、【用具】、【自然】、【几何】、【字母】、【指向】分类图标元素的老年用户语义识别效率。

如图4.16所示，未达到ISO的67%正确识别率的图标共4个【▤　▸　∅　⚡】；识别正确率为100%图标共3个【🐛　⚙　🔒】。结果显示，【几何/字母】作为主体元素的图标老年人识别较差；【人形/用具/自然】类元素图标优于【几何/字母】类图标。结合用户访谈发现，由于科技熟悉度较低，很多老年人无法将较为抽象的几何类图标【⚡】和【▸】与含义"无线信号""播放"相匹配；同时，现有很多字母类图标源自英语，如图标【∅】中的字母"e"来源于英语"energy"，老年人无法将【∅】与含义"节能环保"形成直观的含义匹配。

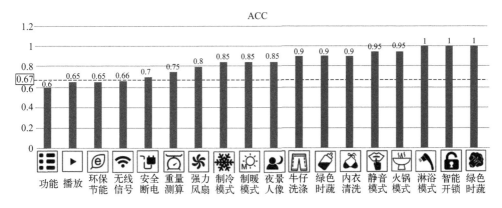

图4.16　等级1图标元素识别正确率排序

4.4.2.3　基于信息复杂度的老年人智能图标辅助设计实践

以下通过【静音模式】图标设计对信息复杂性原则的有效性进行验证。首先，构建老年智能图标辅助设计系统原型SIID1.0，该系统可以方便快捷地生成各类图标；其次，通过该系统快速完成【静音模式】图标的8款设计方案；最后，通过设计方案的评估，对前期资讯复杂度结论的有效性进行验证，进一步考察图标信息复杂度对老年人用户交互效率的影响。结合数据库技术，应用 JavaScript 语言，构建老年人智能图标辅助设计系统原型 SIID1.0，该系统拥有交互可视化界面，支持设计师和普通用户开展简单、高效的产品图标设计。SIID1.0 相对应的模块架构分别为图像元素库构建模块（6 大类别上百图标素材汇总）[图 4.17（a）] 和快速设计模块（主体/辅助元素选择与搭配完成多个方案）[图 4.17（b）]、评价模块和调整优化模块（多个图标小样同时评价并完成优化迭代）。图标设计过程是：①选择合适的图标主体元素与辅助元素；②将图形元素进行合理的结构组合设计；③专家与用户测试评价；④图标方案优化迭代。

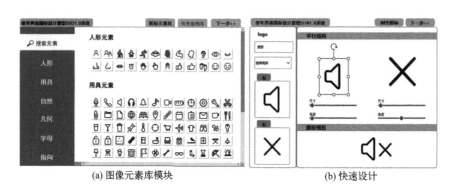

图 4.17　SIID1.0 图像元素库模块和快速设计模块示例

选择常见图标【静音模式】作为典型案例，设计不同资讯复杂等级与主体元素，对前期资讯复杂度原则进行可用性验证。如图 4.18 所示，首先，设计师分别从 SIID1.0 系统【人形】、【用具】、【自然】、【几何】、【字母】、【指向】图像元素库中进行含义匹配，挑选较为合适的主体和辅助元素；其次，利用 SIID1.0 系统"快速设计模块"将主体与辅助元素进行多种搭配尝试，得到 8 种组合方案，调整生成图标小样。不同小样所属资讯等级不同，主体元素所属类别不同。具体展示如下：资讯等级 1 包括①【模拟声"嘘"】-主体元素【人形】；资讯等级 2 包括②【人嘴禁言】-主体元素【人形】、③【禁止声波】-主体元素【用具】、④【禁止喇叭】-主体元素【用具】、⑤【暂停音乐】-主体元素【几何】、⑥【禁止声波】-主体元素【几何】、⑦【房间静音】-主体元素【用具】、⑧【手机静音】-主体元素【字母】。最后，设计师将主体与辅助元素进行多种搭配尝试，统一处理得到 8 个风格统一的组合设计方案。其中图标①属于资讯复杂度等级 1；②~⑥属于资讯复杂度等级 2；⑦和⑧属于资讯复杂度等级 3。

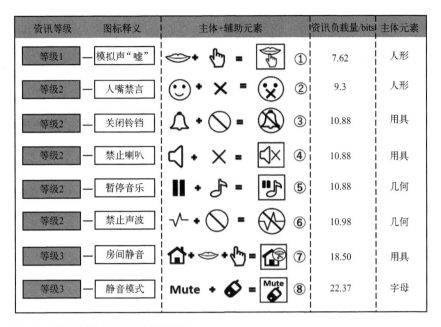

图 4.18 【静音模式】图标释义与视觉设计

4.4.3 实验二 语义认知能力测试

4.4.3.1 执行方式认知和语义距离认知

　　用户与产品交互不同于瞬时人际沟通，用户如果不理解设计师传递的信息则无法进行产品直接反馈。目前针对图标形态设计要素的研究十分常见，但是图标语义转换对用户行为认知的影响研究不足。由于图像间语义关系的共通性受到个人经验及推理能力因素的影响，因此图像意义传达容易产生单向或误判混淆错误。以下通过符号学、认知心理学的理论研究，将图标设计从语义认知的角度划分为执行方式认知和语义距离认知。

　　语言学中，词汇通常可划分为名词和动词。延伸到符号学领域，图标作为独立的执行语义也可划分为名词和动词图标。执行方式设计时，首先明确图标含义中是否包含动作，若不包含，可直接设计名词化图形；若包含，需通过动作化的状态符号转换完成，如利用线条韵律代表行为的动势或速度。执行方式通常包括四类：①【名词】图标，如图 4.19（a）所示用【白菜】代表【绿色蔬菜】功能；②【名词 + 名词】图标，如图 4.19（b）所示用【人像 + 月亮】代表【夜景肖像】功能；③【动词】图标，如图 4.19（c）所示用【正在说话的嘴】代表【语音播报】功能，辅助声波动作符【))】表示说话的气流；④【名词+动词】图标，如图 4.19(d) 所示用【日历本+放大镜】代表【日历查询】功能，辅助旋转动作符【↻】表示搜索动势。其中，【名词+名词】图标代表并列执行的语义方式；【名词+动词】图标代表递进执行的语义方式，内含先后逻辑。

语义距离通过图像单位间的相似紧密属性进行含义表达。学者 Rogers (1989 年) 通过图标形式和功能，确定四种语义距离分类：①【一致】图标，图示形象与目标含义具有高度相似性，如图 4.19(e) 所示用【滚落的石头】代表路标【落石】功能；②【范例】图标，利用某一典型属性代表整个含义，如图 4.19(f) 所示用【刀叉】代表【餐厅】功能；③【象征】图标，在高层次上进行抽象表达，需要用户推理辨识，如图 4.19(g) 所示利用【玻璃酒杯】表达【脆弱】含义，再经过逻辑推理代表【轻拿轻放】；④【无关】图标，符号与目标含义之间无任何相似性，依照约定俗成的规定或经验来理解含义，如图 4.19(h) 所示利用【三角形和三圆环】代表【生物危害】。

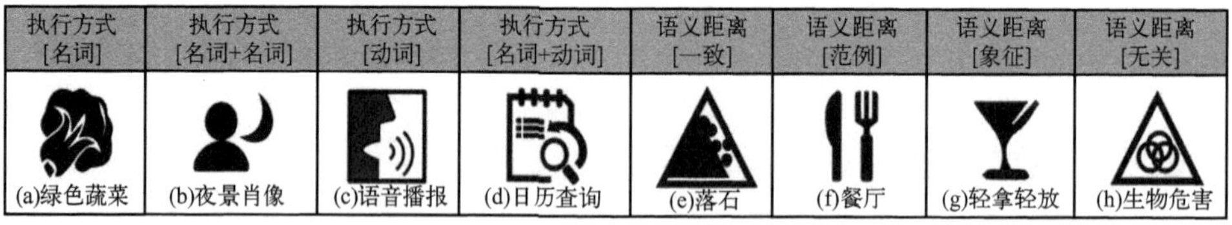

执行方式 [名词]	执行方式 [名词+名词]	执行方式 [动词]	执行方式 [名词+动词]	语义距离 [一致]	语义距离 [范例]	语义距离 [象征]	语义距离 [无关]
(a)绿色蔬菜	(b)夜景肖像	(c)语音播报	(d)日历查询	(e)落石	(f)餐厅	(g)轻拿轻放	(h)生物危害

图 4.19 执行方式和语义距离图标示例

针对老年人较为熟知的家用电器类图标，按照执行方式和语义距离架构方式进行分类交叉收集。执行方式分类包括①【名词】、②【动词】、③【名词+名词】、④【名词+动词】图标；语义距离分类包括①【一致】、②【范例】、③【象征】、④【无关】图标。每类图标交叉收集各 2 个，共 32 个，如图 4.20 所示。例如，【电量】、【火锅】属于执行方式【名词】且属于语义距离【一致】；图标【冬夏模式】、【智能医生】属于执行方式【名词+名词】且属于语义距离【象征】；图标【轻摇轻放】、【预约】属于执行方式【动词】且属于语义距离【象征】。整理好的 32 个图标，用于进一步开展老年人语义认知能力评估测试。

4.4.3.2 图标语义认知能力评估测试

针对前期收集的图标采取 4×4×2 两因素被试内设计试验，具体为"4 执行方式（名词、动词、名词+名词、名词+动词）×4 语义距离（一致、范例、象征、无关）×2（每组2个图标）"共 32 个图标进行随机辨识测试。

图标示例	执行方式	语义距离	图标示例	执行方式	语义距离
电量 火锅	名词	一致	夜景肖像 出行模式	名词+名词	一致
绿色时蔬 羊毛制品	名词	范例	餐厅模式 内衣模式	名词+名词	范例
儿童模式 强力模式	名词	象征	冬夏模式 智能医生	名词+名词	象征
功能 安全节能	名词	无关	节能模式 一级效能	名词+名词	无关
请勿触摸 断电防护	动词	一致	温度切换 语音播报	名词+动词	一致
删除 维修	动词	范例	日历查询 全国定位	名词+动词	范例
轻摇轻放 预约	动词	象征	夜间睡眠 安全防护	名词+动词	象征
播放 开关	动词	无关	污水净化 影音播放	名词+动词	无关

图 4.20 语义认知分类下的图标元素收集

招募试验老年被试 30 名，年龄 60～80 岁（平均年龄 =71.3 岁，标准差 SD=3.57），矫正视力正常。测试采用图标意义辨识任务，由心理学实验软件 E-prime 进行编写，试验过程如图 4.21 所示。首先，呈现试验指导语，随后屏幕中心每次显示一个 7cm×7cm 的正方形图标 3000ms；其次，受测者大声说出理解到的图示含义，由测试员利用视频进行用户作答记录；一组图标测试结束后按 Enter 键跳至下一页并显示新的刺激物。为降低干扰效应的影响，题目次序以随机数方式排列，练习 3 次后进入正式循环测试，直至 32 个图标均出现一轮后测试结束。

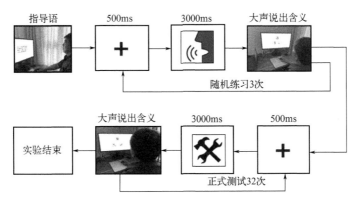

图 4.21 语义认知能力评估测试

测试员记录并统计老年被试的图标辨识正确率（ACC）和反应时间（RT），通过 ACC、RT 数据结果来评定最终表现。利用社会科学统计软件包 SPSS 对试验结果进行统计分析。

（1）执行方式能力需求匹配梯度

执行方式 4 类图标的主效应显著，如图 4.22（a）所示，【名词】图标辨识 ACC 均值为 0.756，RT 均值为 3324ms；【名词 + 名词】图标辨识 ACC 均值为 0.747，RT 均值为 4567ms。其中，【名词】与【名词 + 名词】操作绩效差异不显著（$P>0.05$）；但【名词】与【名词 + 动词】差异显著（$P<0.05$），其中【名词 + 动词】图标的 RT 最长为 6689ms，ACC 最低为 0.663；【动词】图标辨识 ACC 和 RT 绩效处于中间层面。结合用户访谈，【名词】与【名词 + 名词】图标较为直接简单；单纯的【动词】图标需要从静止的图标中抽离出动作方式、想象动作发生的步骤，因此用户在【动词】图标辨识时往往可以感到挑战的乐趣，但对于【名词 + 动词】这类多元素组合图标辨识时则感到难度过大而无法接受。

根据测试结果，执行方式"能力需求"匹配梯度可归纳为：如图 4.22（a）所示，【名词】和【名词 + 名词】图标为能力余裕范围（绿色）；【动词】图标为能力适配范围（黄色）；【名词 + 动词】图标为能力不足范围（红色）。因此，为老年人群设计图标建议使用【名词】与【名词 + 名词】架构方式；同时，根据用户多样化需求可适度选择【动词】架构；尽量避免【名词 + 动词】架构方式。

（2）语义距离能力需求匹配梯度

语义距离 4 类图标的主效应显著，如图 4.22（b）所示，【一致】图标辨识 ACC 均值为 0.831，【范例】图标辨识 ACC 均值为 0.748，【象征】图标辨识 ACC 均值为 0.725，【无关】图标辨识 ACC 均值为 0.544；【一致】图标反应时间 RT 为 3853ms，【范例】图标 RT 为 3965ms，【象征】图标 RT 为 4294ms，【无关】图标 RT 为 8587ms。其中，【范例】与【象征】图标操作绩效差异不显著（$P>0.05$）；但【无关】与【一致】图标差异显著（$P<0.05$），【无关】图标的 RT 最长，ACC 最低。结合用户访谈，【一致】图标与语义具有明确直接的对应关系，容易进行含义猜想；【范例】图标和【象征】图标也可通过语义关联等进行发散联想，例如由【奶瓶】联想到"儿童模式"功能，猜想过程可体会到乐趣感；然而，【无关】图标辨识则对用户背景知识、记忆等要求极高，例如由【侧三角▶】联想到

家电"暂停"功能，用户感到难度过大而无法接受。

根据测试结果，语义距离"能力需求"匹配梯度可归纳为：如图 4.22（b）所示，【一致】图标为能力余裕范围（绿色）；【范例】与【象征】图标为能力适配范围（黄色）；【无关】图标为能力不足范围（红色）。因此，为老年人设计图标建议使用【一致】架构方式；同时，根据用户多样化需求可适度选择【范例】与【象征】架构；尽量避免【无关】架构方式。

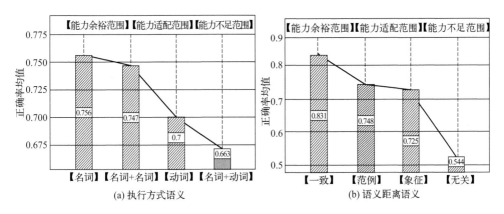

图 4.22　老年人语义认知能力需求匹配梯度

4.4.3.3　图标语义架构法

传统图标设计包含 4 个典型步骤：①图标分析调研，围绕图标含义进行特征提炼，进行图形元素搜集；②图标架构设计，根据图形元素进行排比架构；③图标视觉设计，根据搭配好的图标架构，结合产品应用场景、用户使用需求、屏幕清晰度等因素，生成一个图标方案与多个图标参考方案；④图标方案确定与评价，图标设计完成后需进行用户参与性测试，挑选出适合用户群体的图标。然而，传统图标架构过程，往往取决于设计师的经验，缺乏固定标准。图标语义架构法如图 4.23 所示。强调在原有传统架构过程中特别加入图标语义距离和执行方式因素，将搜集到的不同图形素材元素，利用语义执行方式和语义距离梯度进行差异化搭配，确定图标方案的基本架构，②-1 与 ②-2 属于图标设计过程的关键步骤。

步骤②-1 根据不同用户群体，核心/非核心功能需求进行具体执行方式配置，包括【名词】、【名词+名词】、【动词】、【名词+动词】。除少数例外，在图标执行方式设计时应首先将动词元素通过名词符号进行转换表达。例如，需要表达"瘦"这种概念图形，可以画一个瘦的人或薄图形来传达对象；需要表达动词短语时，则可采用【名词 + 名词】，通过两个名词化图形来表达。

步骤②-2 确定好图标执行方式后，将图标元素进行合理选择搭配，根据不同功能需求和用户科技熟悉程度进行语义距离配置，包括一致、范例、象征、无关。其中，不同方式之间可以主体元素或辅助元素搭配选择。

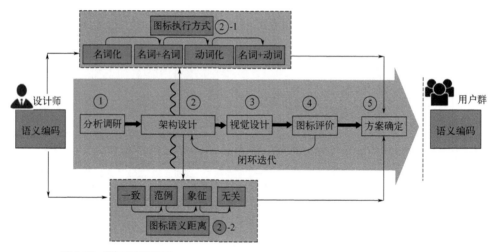

图 4.23　图标语义架构法

4.4.3.4 "手洗模式"图标设计

按照图标语义架构法，如图 4.24 中"手洗"架构设计栏所示，对洗衣机"手洗模式"进行设计。将搜集到的不同图形素材，利用语义执行和语义距离因素进行差异化搭配。首先，进行执行方式架构，将动词"洗"进行名词化转换，优先利用"手、肥皂、水"等名词来表达含义，分别架构①【手】-【名词】和②【肥皂水滴】-【名词+名词】图标；利用动词"拧挤"这一动作符来表达"洗"的行为状态，分别架构③【拧挤】-【动词】图标和④【拧挤T恤】-【名词+动词】图标。其次，进行语义距离架构，得出⑤【手入水盆】-【一致】图标、⑥【禁止机洗】-【范例】图标、⑦【轻柔内衣】-【象征】图标、⑧【星光树叶】-【无关】图标。最后，统一处理得到 8 个风格统一的设计方案。

针对 8 个图标设计方案，招募 20 名 65 岁以上老年人（平均年龄 = 74.6 岁，标准差 SD=3.02）进行可用性测试。SPSS 数据分析结果表明，如

图 4.24 "交叉评价" 栏所示，操作绩效位列前 2 位的图标为②和⑤，图标辨识正确率（ACC）均值＞0.85，反应时间（RT）＜3500ms，分别为图标②【肥皂＋水滴】对应【范例 / 名 + 名】、⑤【手 + 水盆】对应【一致 / 名 + 名】。结合用户访谈，当图标应用认知 "能力需求" 匹配梯度绿色或黄色架构方式时，老年人辨识 ACC 较高（通常高于 0.6）且相对轻松。操作绩效位列后 2 位的图标为④和⑧，图标辨识 ACC 均值＜0.4，RT ＞7000ms，分别为图标④【拧挤 T 恤】对应【名词 + 动词 / 范例】、图标⑧【星光 + 树叶】对应【无关 / 名词 + 名词】。结果显示，图标④和⑧为执行方式【名词 + 动词】或语义距离【无关】，表明一旦图标应用了认知 "能力需求" 匹配梯度红色架构范围，老年人辨识 ACC 则很低（通常低于 0.5）且难度过高，用户无法接受。因此，通过 "手洗模式" 图标设计测试，验证了 "能力需求" 匹配梯度的应用性，结果也适用于其他类似的图标设计。

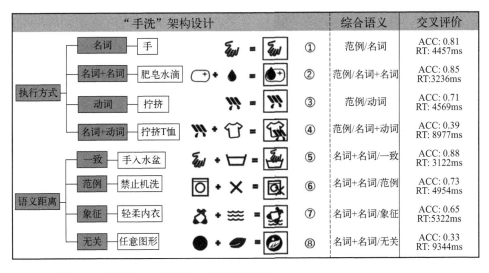

图 4.24 "手洗模式" 语义架构与可用性测试结果

4.5 产品执行能力 - 需求研究

人体执行能力包括人体测量学（运动范围）、肢体力量、动作敏捷性（操作的灵活性、舒适性）、忍耐力和持久力（可操动性）等。例如当产品操控旋钮达到最大扭矩和程度时，用户手指的灵活性是否可以完成；当产品达到最大重量时，腰部支撑力量是否可以承受；产品是否可以满足左利手、右利手用户同时使用。然而，学者 David Seidel 指出，影响老年人日常独立生活的最大制约点为行为姿势，包括做饭、洗衣、家务和购物行为中存在的一切姿势。同时，由于生理机能退化，21% 的 65 岁以上与 55% 的 85 岁以上老年人在产品使用中经常遇到执行障碍，其中最为困难的是俯身弯腰作业。英国剑桥大学研究表明，老年人日常生活中 10% 的洗衣姿势与 3% 的做饭姿势具有风险性，其中 40%~45% 的风险在于俯身弯腰作业。美国国家职业安全与健康研究院同样证实"非自然"作业如头颈低斜、下蹲、躯干屈曲等姿势与人体低背部疼痛有紧密关联性。重复的产品俯身操作会加重老年人肌肉骨骼疼痛，降低其生活独立性，无法满足老年人机性能要求。

日常生活中，多数俯身执行障碍是由于产品设计的不合理导致。只有从设计师的角度出发，对老年人俯身执行能力数据进行挖掘和分类，探索不同老年人群体和产品使用模式下行为特征的差异性，才能满足产品创新需求。然而现有人机工程学标准无法满足设计需要，多数设计师凭借主观经验完成设计方案，缺乏针对俯身作业的理性数据研究，无法为老年人产品设计提供有效支持。因此，本书以老年人俯身姿势为探索重点，对其如何影响肌肉骨骼舒适度进行详细的分析，以颈部、腰部和膝部舒适角度与设计元素（操作高度与操作角度）之间的关系研究为例，建立执行实际能力梯度，并与产品造型高度、角度编码进行数值映射。人体的脊柱运动靠腰椎关节、关节间韧带以及脊旁肌肉群发动，解剖学对人体姿势的定义是基于关节绕不同基本轴（矢状轴、额状轴、垂直轴）在不同基本切面（矢状面、额状面、水平面）上的位置所确定的。一般认为，俯身姿势定义如下，如图 4.25 所示：①腰椎绕冠状轴（OC）进行前屈［或同时绕垂直轴（OA）进行旋转、绕矢状轴（OB）进行侧屈］；②颈椎绕冠状轴前屈（或同时绕垂直轴进行旋转）；③膝关节绕冠状轴前屈或保持中立位。简言之，人体躯干纵轴在矢状面（OAB 面）内旋转，若其旋转角速度方向为 $C \rightarrow O$ 方向（如图 4.25 中垂直于表面向外），则定义该姿势为俯身姿势。俯身作业定义：以俯身（上半身重心前倾）姿态从事负荷操作或无负荷操作，长时或多次累积后易对腰部、下肢肌肉骨骼产生某种程度的伤害。典型俯身作业姿态涉及全身多处关节，包括负重抬物、平台操作、低处捡物和俯身扭转等，如图 4.26 所示。

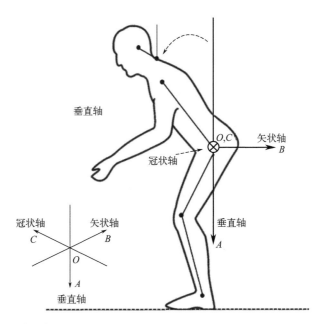

图 4.25 俯身姿势示意

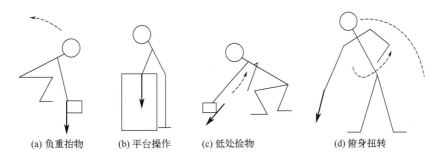

(a) 负重抬物　　(b) 平台操作　　(c) 低处捡物　　(d) 俯身扭转

图 4.26 典型俯身作业姿态

4.5.1 俯身作业能力舒适度

俯身作业具有一定的风险性。现有研究大多数集中于典型职业（如护士、工人、教师等）的俯身姿势监测与优化设计，探讨如何降低人体患腰背疼痛风险。德国学者 Freitag 等利用 CUELA 系统监测护士进行病患护理时俯身行为，发现 5h 的监测时长中 72min 俯身超过 20°，认为病房设计应注意人机匹配。伊朗学者 Afshari 等利用三轴加速度计测量地毯编织工人的俯身作业，得到纺织工在"打结"和"紧密压实"任务中躯干弯曲角度的中位数分别为 18° 和 13°，且操作过程弯曲经常超过 20°。研究者建议外加工作台，以降低工人肌肉骨骼的风险性。美国学者 Spielholz 等调查发现，建筑模板工每天有 40% 的工作时间是处于躯干弯曲的状态，48% 的工人有下背痛症状，因此工作空间亟需设计改进。我国学者徐光兴等针对煤矿工人研究证实，搬举重物和大幅度弯腰是导致腰背痛的主要危险因素，需要辅助器具设计减少负荷。美国学者 Grant 等采用视频观察法对学前班老师日常作业姿势进行分析，发现躯干前屈超过 20° 的时间占比 18.7%，应改进儿童床的高度以减小背部前倾比例。俯身作业研究虽取得一定进展但成果具有孤立性：①主要针对成年人工作状态姿势，老年人俯身作业涉及较少；②虽从设计角度提出改进姿势要求，如工作空间设计改善、自动化器具改进设计等，但未涉及具体设计方法；③极度缺乏日常产品设计领域的俯身作业研究，多数家用产品无法寻求设计指导。

舒适感是人的主观感受，姿势的舒适梯度评估一直以来是学术界研究热点。1977 年，学者 Karhu 提出基于行为编码的观察试验方法 OWAS（ovako working posture analysis system），他将作业姿势分解为背部、手臂与腿部，分别对三个部分进行姿势编码，因此每一个人体姿势均可用这三部分编码进行顺序表示，同时 OWAS 方法可以对编码姿势进行风险等级评判，风险高的姿势必须立刻进行改进。类似方法还有 REBA（rapid entire body assessment）。此方法将工作时的人体姿态分为躯干、颈部、腿部、上臂、小臂、腕部六部分，分别针对身体各部分进行角度测量，按照姿势角度进行得分计算，最终根据得分划分工作姿势的风险等级，以上研究证明了通过观察记录人体姿态进行行为数据采集的可靠性。RULA（rapid upper limb assessment）方法用于评估上肢活动频繁的工作任务，对工作者腕部、手臂和身体姿势进行数据采集分析。人机工程学关于俯身作业姿势科学与否的研究方法有很多，均针对人体作业姿势进行舒适度等级评判，改进高风险姿势。然而多年来，舒适等级判别的阈值研究始终呈现多元化趋势。如表 4.7 所示，多个团队按照"自然、轻松、费力"三个梯度针对躯干风险进行研究，但判别角度并不统一。

直到 2000 年，国际标准化组织才针对风险姿势制定国际标准 ISO 11226，规定人体躯干俯身倾角 0°～20° 为"可接受"姿势，20°～60° 为"条件性接受"姿势，大于 60° 为"风险"姿势。然而，此类标准的制定均根据国际成年人进行参数设置，缺少老年人数据；同时仅针对身体躯干部位，数据无法全面支撑老年人产品设计。因此，本书深入挖掘老年人俯身数据，建立系统性设计方法，为老年人产品设计开发提供一定的普适性标准。

表 4.7 躯干作业能力梯度多元化研究　　　　　　　　　　　　　　　　　　　　　单位：（°）

团队	自然	轻松	费力
Punnett et al.（1991年）	0~20	>20~45	>45
Karhu et al.（1977年）	0~20	>20~45	>45
Wagner et al.（1985年）	0~15	>15~30	>30~45
Tracy et al.（1991年）	>45	0~45	>45
McAtamney.（1993年）	0~20	>20~60	>60
Hignett（2000年）	0~20	>20~60	>60
David Seidel（2011年）	0~20	>20~60	>60
	轻松	适中	费力（Severe）
Tulio Oliveira（2005年）	20（5~47）	34（21~62）	75（60~100）

4.5.2　试验一　老年人与青年俯身能力差异

洗衣活动作为老年日常生活代表性任务，整个过程包含老年大部分典型任务，包括颈部扭转伸展、手臂伸展取物、躯干弯曲扭动、腿部弯曲支撑等。对洗衣过程中的弯腰、下蹲和取物等通用行为的分析结果可对其他类似任务具有指导意义（比如外出乘车任务、超市购物任务、如厕任务等），因此选择洗衣活动作为典型案例。老年人相比青年有特殊行为策略，为研究老年人隐性行为需求，对 10 名老年人被试与 10 名青年被试行为数据进行评估。相比较居家自然观察，实验室环境可以避免由于洗衣机型号、老年人熟悉度等因素带来的试验误差。被试在实验室内分别使用同一款滚筒洗衣机，并完成预设试验任务。正式试验开始前，研究者深入老年人家庭，拍摄记录老年人真实洗衣过程，总结日常洗衣步骤。如图 4.27 所示，为进一步设计试验和布置情境提供指导。

被试分为老年组和青年组。在离退休社区随机招募老年人被试 10 名（男 3 名，女 7 名），年龄 70 岁以上；招募青年被试 10 名（男 4 名，女 6 名），年龄 20～30 岁。20 名被试均有使用洗衣机的经验。试验设备采用家用滚筒洗衣机、摄像机、贴好红色标记的试验帽。试验前被试戴试验帽，于肩关节、髋关节、膝关节部位贴红色标记。

试验任务：任务设置步骤参照预试验，整个过程包括机器开门、衣物置入、机器关门、过程等待、机器开门、衣物取出、机器关门和衣物收纳 8 步（注意事项：被试因身体不适等原因可随时中断试验）。

图 4.27　日常居家洗衣步骤

（1）试验过程

①被试熟悉试验场所，学习洗衣机使用方法。②带有红色标贴的 20 名被试依次完成日常洗衣 8 步动作。为避免行为学习效应，每名被试独立进行测试。③记录员从侧面视角对被试行为进行拍摄，方便行为抓取测量。④记录员要求被试口语报告体验心得，测试结束后进行简短访谈。

老年人身体疼痛集中于肩颈部、腰部和膝盖部位，本书借鉴改进学者 Gyi 等设置的姿势编码系统，根据中国老年用户实际情况制定洗衣行为编码系统（laundry behavior coding，LBC），如图 4.28 所示。摄像机记录被试行为体验过程颈部、肩关节、髋关节、膝关节等部位活动角度，得到完整视频。LBC 系统包括 7 个维度观察测量：颈部角度（NA）、躯干角度（TA）、膝盖夹角（KA）3 个维度角度测量和躯干是否扭转（TT）、取物用手（HP）、腿部支撑（LS）、是否额外辅助（AA）4 个维度行为观察。其中颈部、躯干、膝盖角度测量以 30°、60° 和 90° 作为测量间隔（例如 0°～30°，30°～60° 等），以数字 1、2、3、4 予以编码。弯曲角度测量方法如图 4.28 右侧所示，颈部角度采取试验帽的标记到矢状面颈椎根部节点连线与垂直线之间的夹角。躯干角度采取学者 De Souza 等研究中的采集角度方法，股骨大转子节点到矢状面肩膀中心节点连线，与垂直线之间的夹角作为测量角。膝盖夹角采取大腿与小腿之间连线的夹角。LBC 系统编码对象为图片，因此截取视频中衣物置入 / 取出图片，此行为包含洗衣过程中弯腰、屈膝、抓取姿势，最具代表性。将 20 名老年人与青年被试洗衣视频进行图片处理后进行数据编码，分别按照 LBC 系统形成编码集，青年和老年行为差异编码如图 4.29 所示，获得青年和老年人用户行为差异编码集，为进一步研究做准备。

观察维度	行为编码方式			
颈部角度 (neck angle, NA)	1. 0°~30°	2. 31°~60°	3. 61°~90°	4. >90°
躯干角度 (trunk angle, TA)	1. 0°~30°	2. 31°~60°	3. 61°~90°	4. >90°
躯干扭转 (trunk twist, TT)	1. 无	2. 左手	3. 右手	
膝盖夹角 (knee angle, KA)	1. 0°~30°	2. 31°~60°	3. 61°~90°	4. >90°
取物用手 (hand pick, HP)	1. 均用	2. 左手	3. 右手	
腿部支撑 (leg support, LS)	1. 均用	2. 左腿	3. 右腿	
额外辅助 (additional aids, AA)	1. 无	2. 左手	3. 右手	4. 其他

图 4.28 洗衣行为编码系统

项目	女性 22岁	男性 23岁	女性 21岁	男性 21岁	女性 20岁	女性 21岁	女性 22岁	男性 24岁	男性 21岁	女性 22岁
NA	1	2	1	4	1	4	2	2	3	2
TA	1	1	1	2	1	4	2	1	2	2
TT	1	1	1	3	1	3	1	1	1	1
KA	3	3	3	4	2	4	2	2	1	2
HP	1	2	1	1	1	3	1	3	1	1
LS	2	2	3	1	1	1	1	3	3	1
AA	1	1	1	1	1	1	1	2	1	1
图示										

项目	男性 72岁	女性 74岁	女性 70岁	女性 76岁	女性 80岁	女性 80岁	女性 80岁	男性 72岁	男性 78岁	女性 72岁
NA	4	3	3	4	4	3	3	4	3	3
TA	3	3	3	3	3	3	3	3	3	3
TT	1	1	1	2	2	1	1	1	1	1
KA	4	4	4	4	4	4	4	4	4	4
HP	1	3	1	3	3	2	1	3	3	2
LS	1	1	1	1	1	1	1	1	1	1
AA	1	2	1	2	2	3	1	2	2	3
图示										

图 4.29 青年和老年行为差异编码

（2）典型行为差异维度

首先，观察被试身上标记连线，发现青年被试（$n=10$，平均年龄 =21.7 岁，SD =1.1）动作形态和老年人被试（$n=10$，平均年龄 =75.4 岁，SD=3.9）差异显著；其次，统计分析编码，老年人与青年洗衣行为在颈部角度（NA）、躯干角度（TA）、膝盖夹角（KA）、腿部支撑（LS）和是否辅助（AA）5 个维度差异显著，而在躯干扭转（TT）、取物用手（HP）2 个维度差异较小。利用社会科学统计软件包（SPSS）对老年人和青年数据编码进行箱图对比，如图 4.30 所示。

颈部角度（NA）——80% 青年集中于编码 1、2，颈部角度＜60°；10 位老年人均分布于编码 3、4，颈部角度均＞60°。

躯干角度（TA）——50% 青年集中于编码 1，躯干角度＜30°，40% 青年集中于编码 2，躯干角度为 30°～60°；10 位老年人均为编码 3，角度为 60°～90°。

膝盖夹角（KA）——10 位老年人均为编码 4，角度为＞90°，10 位老年人膝盖夹角均≥120°；50% 青年集中于编码 1、2，躯干角度＜60°；30% 青年为编码 3，躯干角度为 60°～90°；20% 膝盖夹角＞90°。

腿部支撑（LS）——10 位老年人均为编码 1，双腿支撑身体以保持身体平衡；50% 青年为编码 2、3，运用左腿或右腿作为支撑腿。

是否辅助（AA）——70% 老年人集中于编码 2、3，运用左手臂或右手臂作为额外辅助；青年中 90% 为编码 1，而 10 位老年人中仅有 1 人为编码 2，运用左手臂进行辅助。

老年人和青年标记线维度差异如图 4.31 所示，洗衣过程中老年人与青年动作姿势差异显著，主要为颈部角度、躯干角度、膝盖夹角、腿部支撑和是否辅助 5 个维度。老年人整体姿态类似中文"了"字，而青年整体姿态则类似"闪电"符号。造成这种主要差别的关键因素为 NA 维度——老年人膝盖直立（≥120°，$n=10$）是造成老年人与青年姿势差异的最主要原因，为满足所需弯曲尺度，老年人必须将颈部、躯干弯曲角度同时增大，结果导致身体平衡度减弱，从而依赖手部辅助。根据自我报告与实地访谈表明，老年人避免膝盖过度弯曲的原因：一是弯曲造成膝盖疼痛；二是突然起立造成眩晕症状；三是双腿支撑，同时 70% 老年人手部额外辅助可以最大化保证身体平衡。分析表明，由于老年人躯干弯曲增大（60°～90°，$n=10$），骶棘肌负荷加重，不能更好地保护腰椎关节，易造成腰部扭伤。同时 10 位老年人颈部角度均＞60°，易造成颈肩部肌肉骨骼负担。然而，青年膝盖健康，多采用单腿膝盖弯曲姿态进行洗衣作业，因而躯干与颈椎较为直立，大大降低腰部与颈肩部压力。

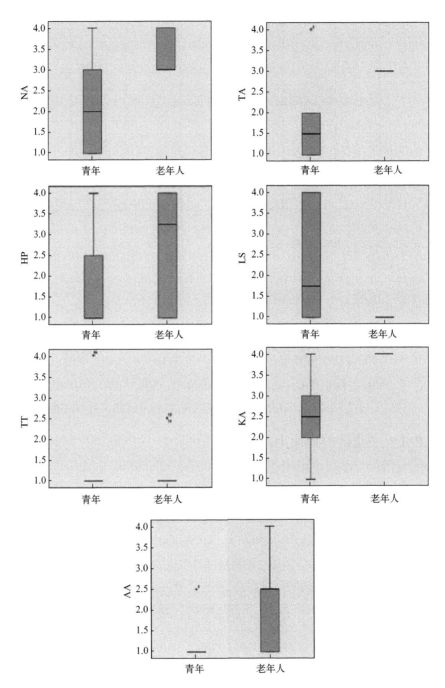

图4.30 老年人和青年维度差异

显著性水平：NA（$P<0.01$）；TA（$P<0.01$）；KA（$P<0.01$）；LA（$P<0.05$）；AA（$P<0.01$）

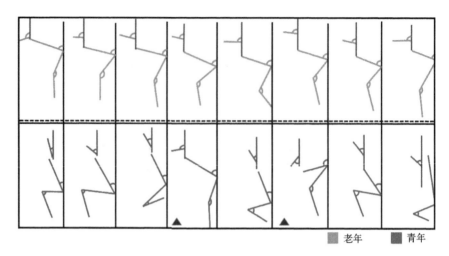

图4.31 老年人和青年标记线维度差异

4.5.3 试验二 俯身实际能力评估

试验一得出结论，老年人相较青年人肌肉骨骼退化，平衡感较差，长时间弯腰、屈膝操作等行为不符合老年人机工学。老年人俯身时，颈部、腰部、膝盖部位均出现不良编码姿态，需要整体进行多维度调整。试验二通过观察性试验对老年人执行实际能力进行评估，具体过程如下。

4.5.3.1 典型俯身任务能力测试

80名健康老年人，40名男性、40名女性，年龄70～89岁（SD=6.28）。试验员通过被试"自我报告"，招募测试前处于健康状态的受试者，其身体健康、状态良好，能够顺利完成本次试验。采用视频观察法、出声思考法、问卷法与深度访谈法相结合，利用社会科学统计软件包SPSS对数据进行分析处理，结果作为建立俯身舒适梯度模型的数据支撑。

试验流程如下。首先，进行俯身关键特征点抓取；其次，进行关键特征点舒适参数采集。躯干部"费力"梯度需进行二次采集以获得绝对阈限值，系统探察躯干部位费力转折（临界）点 A 值对俯身作业的精准研究具有意义。

（1）俯身舒适关键特征点抓取

① 俯身系列任务（serial target task）。被试在实验室环境下，模拟日

常俯身任务，如图 4.32 所示。利用摄像机记录，包括俯身扫地、低处取物和洗衣，同时运用出声思考法说出主观感受。作业过程包含典型俯身要素，包括颈部低斜、手臂伸展、躯干屈曲扭动和膝部支撑等，测试结果对其他类似俯身任务（如做饭、取款、超市购物等）具有参考价值。

② 俯身舒适关键特征点抓取。完成系列任务后，要求被试在执行基本特征问卷上填写相关信息，按照图 4.33 左侧选择"不舒适部位"，具体内容见附录 3。问卷采用 REBA 方法划分人体部位，结果作为影响舒适度的关键特征点。

图 4.32　典型俯身任务

回收 80 份有效问卷，利用 SPSS 对数据进行分析，结果如图 4.33 右侧所示，腰部、颈部与膝部占比最大。43 名（53.8%）老年人腰部不舒适，24 名（30%）老年人颈部不舒适，23 名（28.8%）老年人膝部不舒适，15 名（18.9%）老年人无不舒适感，结果具有显著性差异（$P<0.05$）。因此，将腰部、颈部与膝部定为俯身舒适关键特征点。

关键特征舒适性参数采集

基于上阶段舒适关键特征试验，按照"轻松、适中、费力"等级获取老年人颈部、躯干、膝部舒适值；随后采用极限法测量躯干部"费力"等级阈限，刺激体由递减和递增 2 个系列组成。

① 能力等级评估。试验员要求被试：首先保持中立（自然、放松且相

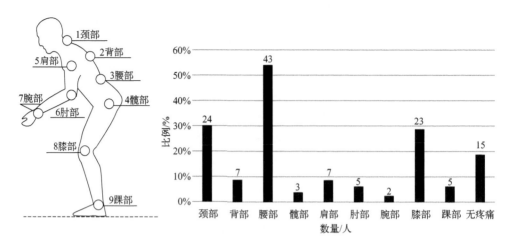

图 4.33 肌肉骨骼疼痛问卷和问卷测试结果

对直立的状态）姿势，随后将躯干部弯至感觉轻松的姿势，完成后向试验员口头示意，同时静止动作 10～15s；任务完成后，类似的命令再次下达，"将膝部弯至感觉费力的姿势""将颈部弯至感觉适中的姿势"，颈部、腰部与膝部动作随机出现，直至分别完成 3 组轻松、适中、费力共 9 个动作。

② 躯干"费力"阈限评估。试验员要求被试"将躯干缓慢匀速弯至感觉费力的姿势"，随后"缓慢匀速从费力姿势回至感觉适中的姿势"。同时不间断运用出声思考法描述主观感受，无费力感报告"无"，直至有费力感报告"有"；再从有费力感报告"有"，直至无费力感报告"无"，试验员重点捕捉两次感觉的转折点。使用摄像机记录整个过程，此时测试结束。

姿势角度定义如图 4.34 所示。颈部角度（NA），耳屏与颈椎 C7 关节点的连线，与颈椎 C7 关节点垂直线之间的夹角；躯干角度（TA），股骨大转子节点到肩膀中心节点连线，与大转子节点垂直线之间的矢状面夹角；膝部角度（KA），大转子节点到膝盖中心连线，与膝盖中心到外侧脚踝连线的夹角。

① 颈部、躯干、膝部舒适数据。研究以对 80 份视频记录数据进行整体分析，获得被试颈部、躯干、膝部三类舒适梯度数据，导入 SPSS19.0 进行描述性分析，得出均值与标准差结果，见表 4.8，可作为俯身舒适梯度模型的数据支撑。

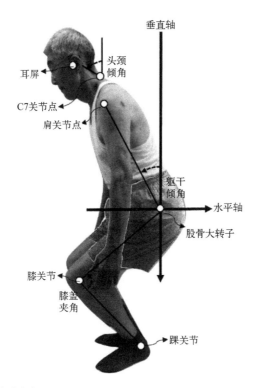

图 4.34 测量姿势角度定义

表 4.8 颈部、躯干、膝部舒适结果

类别	颈部（SD）	躯干（SD）	膝部（SD）
中立	20°（2.3）	0°（3.1）	180°（2.1）
轻松	51°（10.5）	14°（5.0）	150°（9.7）
适中	58°（10.1）	28°（10.0）	139°（11.3）
费力	65°（10.2）	43°（9.4）	123°（13.7）

方差分析（ANOVA）得出，颈部动作效应显著，$F(2,237)=46.313$，$P<0.001$；躯干动作效应显著，$F(2,237)=232.707$，$P<0.001$；膝部动作效应显著，$F(2,237)=104.073$，$P<0.001$。各因素 Tukey-HSD 事后检验，颈部、躯干、膝部舒适度两两多重比较显示，老年人被试三档舒适值差异均十分显著（$P<0.001$）。证明被试具备区分"轻松、适中与费力"姿势能力，数据具备有效性。

按此结果定义俯身梯度：颈部轻松范围 $x=\{x\mid 20°\leqslant x<51°\}$；颈部适中范围 $x=\{x\mid 51°\leqslant x<58°\}$；颈部费力范围 $x=\{x\mid 58°\leqslant x<65°\}$。躯干、膝部同理定义。其中，颈部中立姿势角度均值为 20°，$x=\{x\mid 0°\leqslant x<20°\}$

为颈部后仰姿势，不属于俯身范围，结合 REBA 颈部舒适度研究与被试真实感受，将其划分为适中梯度。

② 躯干"适中 - 费力"数据关系。躯干适中与费力之间数据具有线性相关性（$r=0.684$，$P<0.001$）。随着适中角度增大，被试费力角度相应增大，对上升斜率进行拟合，可以得到如图 4.35 所示的变化关系。以被试适中角度来预测费力角度，可以得到下列变化关系。

$$y = 0.645x + 25.273 \tag{4.3}$$

式中，y 为费力角度；x 为适中角度。

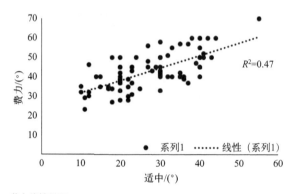

图 4.35 适中 - 费力线性关系

③ 躯干"费力阈限"数据：对 80 份视频记录数据进行分析，获得费力阈限值，即被试反应"无 - 有、有 - 无"转折处的两个临界刺激角度。导入统计绘图软件 Originlab，结果如图 4.36 所示。设每个被试"无 - 有"转折角度为 a_i，"有 - 无"转折角度为 b_i，绝对阈限值为 t_i；则 80 人整体费力阈限值 T 计算结果如下。

$$t_i = \frac{a_i + b_i}{2} \tag{4.4}$$

$$T = \frac{1}{40}\left[\sum_{i=1}^{40}(t_i)\right] \approx 34° \tag{4.5}$$

按此结果定义躯干费力阈限梯度：躯干"适中 - 费力阈限"范围 $x=\{x | 28° \leqslant x < 34°\}$；"费力阈限 - 费力"范围 $x=\{x | 34° \leqslant x < 43°\}$。

4.5.3.2 俯身作业产品参数计算模型

（1）参数计算模型

俯身姿势是产品设计参数定值的关键因素，整个操作闭环过程需保证用户颈部、躯干、膝部舒适性。基于上一步舒适评估成果，构建姿势舒适

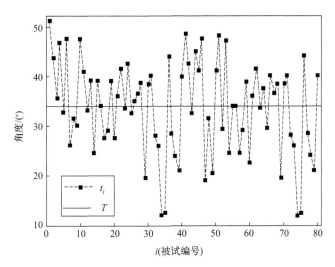

图 4.36 费力阈限 T 结果

度与产品参数计算模型。通过颈部、躯干及膝部角度值，结合人体尺寸对产品操作高度与面板倾斜角度进行计算。将产品造型的关键因素记作 $C=\{H, \theta_r\}$，式中，H 为操作高度；θ_r 为操作面板倾斜角度。如图 4.37 左侧所示，不同产品造型参数略有差异，高度参数 H 为必需值，倾斜角度 θ_r 为可选择参数。例如洗衣机、ATM 机等造型集合 $C=\{H, \theta_r\}$，而扫把、洗手池、灶台和冰箱等只需高度参数 $C=\{H\}$。

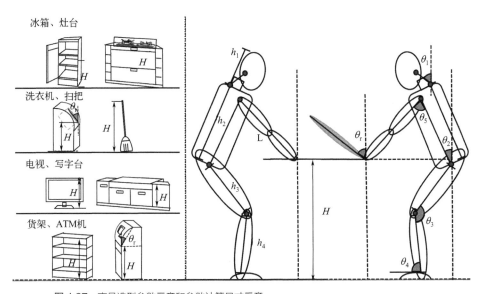

图 4.37 产品造型参数示意和参数计算尺寸示意

图 4.37 右侧为参数计算尺寸示意。设颈部角度为 θ_1，躯干角度为 θ_2，膝部角度为 θ_3，小腿与地面间夹角为 θ_4，手臂与躯干夹角为 θ_5；设头颈长度为 h_1，躯干长度为 h_2，大腿长度为 h_3，小腿长度为 h_4，臂长为 l。操作高度 H 可用式（4.4）表示。

$$H = h_3 \sin(\theta_3 - \theta_4) + h_4 \sin\theta_4 + h_2 \cos\theta_2 - l\sin(90 + \theta_2 - \theta_5) \qquad (4.6)$$

操作倾斜角度 θ_r 与人体颈部平行时，操作视角最佳，θ_r 表述为

$$\theta_r = \theta_1 \qquad (4.7)$$

其中躯干因子 θ_2 对于产品高度 H 具有显著性影响（$P<0.05$），而因子 θ_3、θ_4 不具备显著性。因此研究采用 θ_2 三级舒适角度变化数值，θ_3、θ_4 采用"适中"固定数值进行计算。同时，根据 RULA 上臂姿势舒适适中等级，$\theta_5=45°$。

（2）参数计算结果

在设计中最常用的是 $P5$、$P50$、$P95$ 三种百分位数。其中第 5 百分位数代表"小"身材，是指有 5% 的人群身材小于此值，而有 95% 的人群身材尺寸均大于此值；第 50 百分位数表示"中"身材，是指大于和小于此人群身材尺寸的各为 50%；第 95 百分位数代表"大"身材，是指有 95% 的人群身材尺寸均小于此值，只有 5% 的人群身材尺寸大于此值。

在不同场景下，选择不同数据，例如紧急出口的高度尺寸应取 95 百分位，以便最高身高的人能出得去；而公共汽车把手的高度尺寸则应取 5 百分位，以便最低身高的人能够使用。根据老年人身体尺寸测量数据中老年男女身体尺寸均值，得到 h_2、h_3、h_4、l 的 $P5$、$P50$、$P95$ 值，如表 4.9 所示。

表 4.9 老年人 $P5$、$P50$、$P95$ 各部位尺寸数据　　　　　　　　　　　单位：mm

部位	百分位		
	$P5$	$P50$	$P95$
h_2（躯干长度）	384	403	415
h_3（大腿长度）	431	471	513
h_4（小腿长度）	409	454	486
l（臂长）	720	788	821
H_0（身高）	1487	1592	1693

根据表 4.9 所示 $P5$、$P50$、$P95$ 三种百分位数 h_2、h_3、h_4、l 的具体数据，结合表 4.10 所示 θ_1、θ_2、θ_3、θ_4 的各种舒适度具体数值，代入式（4.6）和

式（4.7）；通过系统计算可分别得结果 H 值与 θ_r 值。

其中，θ_r 值不会受身高影响，因此轻松状态为 $\theta_r=\{\theta_r | 20°\leqslant \theta_r<51°\}$；适中状态为 $\theta_r=\{\theta_r | 51°\leqslant \theta_r<58°\}$；费力状态为 $\theta_r=\{\theta_r | 58°\leqslant \theta_r<65°\}$。根据各身体尺寸，计算得到各类高度参数，结果如表 4.10 所示。

表 4.10　各梯度舒适度 P5、P50、P95 参数计算高度结果　　　　　　单位：mm

舒适梯度	百分位		
	P5	P50	P95
轻松	531	570	624
适中	426	457	507
费力	337	362	408
费力阈限	388	415	464

P5：轻松状态为 $H=\{H | H>531mm\}$；适中状态为 $H=\{H | 426mm\leqslant H<531mm\}$；费力状态为 $H=\{H | 337mm\leqslant H<426mm\}$；适中 - 费力阈限范围为 $H=\{H | 388mm\leqslant H<426mm\}$；费力阈限 - 费力范围为 $H=\{H | 337mm\leqslant H<388mm\}$。

P50：轻松状态为 $H=\{H | H>570mm\}$；适中状态为 $H=\{H | 457mm\leqslant H<570mm\}$；费力状态为 $H=\{H | 362mm\leqslant H<457mm\}$；适中 - 费力阈限范围为 $H=\{H | 415mm\leqslant H<457mm\}$；费力阈限 - 费力范围为 $H=\{H | 362mm\leqslant H<415mm\}$。

P95：轻松状态为 $H=\{H | H>624mm\}$；适中状态为 $H=\{H | 507mm\leqslant H<624mm\}$；费力状态为 $H=\{H | 408mm\leqslant H<507mm\}$；适中 - 费力阈限范围为 $H=\{H | 464mm\leqslant H<507mm\}$；费力阈限 - 费力范围为 $H=\{H | 408mm\leqslant H<464mm\}$。

（3）轻松状态上限

产品操作高度可以是工作台的台面，也可以是主要作业区域。站立工作时，工作面太低，迫使人弯腰弯背，引起腰痛；但是，若工作面过高，老年人不得不抬肩作业，可引起肩胛、颈部等部位疼痛性肌肉痉挛。研究表明，站立作业的工作面高度不可超过"肘高"，最好低于肘高 100mm。因此，本书以"人体肘高（mm）-100mm"作为轻松状态的上限标准，P5 肘高为 899.5mm；P50 肘高为 985mm；P95 肘高为 1070.5mm。通过计算可得出如下结论。

$P5$：轻松状态为 $H=\{H | 531mm \leqslant H < 799.5mm\}$。$P50$：轻松状态为 $H=\{H | 570mm \leqslant H < 885mm\}$。$P95$：轻松状态为 $H=\{H | 624mm \leqslant H < 970.5mm\}$。

4.5.3.3 执行能力梯度建立示例

本书主要关注俯身实际能力梯度范畴下的能力余裕范围（ER）和能力适配范围（AR），最关键的是探察并采集"余裕与适配"的转折点 E 值和"适配与不足"的转折点 A 值。本试验根据描述项统计结果，将用户的高度、角度实际能力分属为轻松、适中和费力3档，结合用户尺寸访谈可知，用户对费力档完全不能接受，因此不具有转折点属性，不予考虑。因此，研究将表4.10中高度值"轻松"作为余裕能力的转折点 E 值；将"费力阈限"作为适配能力的转折点 A 值；角度值将"轻松"作为 E 值；将"适中"作为 A 值。随后即可求得用户的实际能力梯度，为后面产品需求能力与用户实际能力的匹配计算研究做基础。

① 如图4.38所示，$P5$ 高度参数"适配与不足"的转折点 $A=388mm$，"余裕与适配"的转折点 $E=531mm$，则能力不足范围为 $\{IR | IR < 388mm\}$，能力适配范围为 $\{AR | 388mm \leqslant AR < 531mm\}$，能力余裕范围为 $\{ER | 531mm \leqslant ER < 799.5mm\}$。$P50$ 高度参数"适配与不足"的转折点 $A=415mm$，"余裕与适配"的转折点 $E=570mm$，则能力不足范围为 $\{IR | IR < 415mm\}$，能力适配范围为 $\{AR | 415mm \leqslant AR < 570mm\}$，能力余裕范围为 $\{ER | 570mm \leqslant ER < 885mm\}$。$P95$ 高度参数"适配与不足"的转折点 $A=464mm$，"余裕与适配"的转折点 $E=624mm$，则能力不足范围为 $\{IR | IR < 464mm\}$，能力适配范围为 $\{AR | 464mm \leqslant AR < 624mm\}$，能力余裕范围为 $\{ER | 624mm \leqslant ER < 970.5mm\}$。

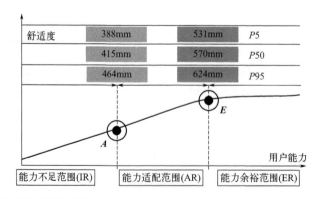

图4.38 俯身高度实际能力梯度

② 角度参数"适配与不足"的转折点 $A=58°$,"余裕与适配"的转折点 $E=51°$,则角度编码的能力不足范围为 {IR丨58°≤IR},能力适配范围为 {AR丨51°≤AR＜58°},能力余裕范围为 {ER丨20°≤ER＜51°}。实际能力梯度图形象、系统地展示老年执行分层信息,为设计师提供翔实的老年执行知识。

产品需求能力与老年人实际能力鸿沟操作可用性、易用性属于个体与产品操作的交互范畴,在独立、近身交互场景中起到关键的作用。在与产品交互的过程中,由于老年人群体反应和学习能力的下降,他们在对用户界面的感知和操作中会遭遇诸多困难。因此,目前适老化智能产品与老年人用户的实际能力之间存在一个操作鸿沟。本书以 Clarkson 的能力需求理论、Norman 的能力鸿沟理论、Csikszentmihalyi 的心流理论和信息加工机制为基础,结合行为学、心理学、老年学、用户体验等相关学科,面向老年人产品创新设计,提出 ADCE 能力-需求匹配方法。与传统能力-需求理论不同,该方法针对的用户能力不是定值,而是具有差异化的梯度范围,包括能力适配范围和能力余裕范围。设计师针对不同目标用户以及生产者需求可以在相关区域内进行灵活搭配和匹配。在 ADCE 能力-需求匹配方法的指导下,从具体实现的角度进一步提出 ADCE 模型。模型从设计步骤的角度可分为 4 个子模块,包括典型任务选择模块、产品需求能力获取模块、用户实际能力梯度构建模块和 CMC 能力匹配计算模块,重点明确了老年人产品创新设计过程中的能力匹配原理、过程和步骤,几个模块不断迭代最终达到设计的要求。

随后,按照 ADCE 能力-需求匹配模型中用户实际能力梯度构建模块的具体要求,深入开展认知心理学与人机工程学系列试验,评估采集老年人被试的实际能力参数,包括能力余裕范围、能力适配范围和能力不足范围。整个过程分为三个方面。

(1) 感知能力

对老年人的界面图标尺寸、布局、位置的视觉搜索能力进行评估,得到具体能力参数:①尺寸编码的能力余裕范围为 {ER | ER＞18},能力适配范围为 {AR | 10≤AR≤18},能力不足范围为 {IR | IR＜10};②布局编码的能力余裕范围为横向、方形布局,能力适配范围为圆形、纵向布局;③位置编码的能力余裕范围为第1象限、第2象限和中心象限,能力适配范围为第3象限和第4象限。

(2) 认知能力

对老年人的菜单分组、分级的层级架构能力进行评估,得到具体能力参数:①分组编码的能力余裕范围为 {ER | ER≤1},能力适配范围为 {AR | 1＜AR≤3},能力不足范围为 {IR | IR＞3};②分级编码的能力余裕范围为 {ER | ER=0},能力适配范围为 {AR | AR=1},能力不足范围为 {IR | IR＞1}。

（3）执行能力

对老年人在俯身操作产品过程中的产品高度、角度能力进行评估，得到具体能力参数（产品高度和操作角度）：①以 $P50$ 身材的老年人为例，产品高度编码的能力不足范围为 $\{IR\,|\,IR<415mm\}$，能力适配范围为 $\{AR\,|\,415mm\leqslant AR<570mm\}$，能力余裕范围为 $\{ER\,|\,570mm\leqslant ER<885mm\}$；②角度编码的能力不足范围为 $\{IR\,|\,58°\leqslant IR\}$，能力适配范围为 $\{AR\,|\,51°\leqslant AR<58°\}$，能力余裕范围为 $\{ER\,|\,20°\leqslant ER<51°\}$。通过三个方面老年人实际能力梯度的探索构建，可以为设计师提供较为翔实的能力知识，为下一步产品需求和用户实际能力的匹配过程提供数据基础；同时对如何应用 ADCE 能力-需求匹配方法进行用户能力评估进行示范，帮助设计师在其他具体条件下进行数据采集。

参考文献

[1] Charness N, Bosman E A. Human factors and design for older adults [J]. Handbook of the psychology of aging, 1990, 3: 446-464.

[2] Lindberg T, Näsänen R, Müller K. How age affects the speed of perception of computer icons [J]. Displays, 2006, 27 (4-5): 170-177.

[3] Emery V K, Edwards P J, Jacko J A, et al. Toward achieving universal usability for older adults through multimodal feedback [J]. Acm Sigcaph Computers & the Physically Handicapped, 2003 (73-74): 46-53.

[4] 张磊，庄达民，完颜笑如. 基于不同脑力负荷和任务类型的信息颜色编码 [J]. 兵工学报，2009, 30 (11): 1522-1526.

[5] 李传房. 高龄者对计算机屏幕与 100 色相测试之色彩区辨能力研究 [J]. 科技学刊，2005, 14 (4): 317-323.

[6] Rogers W A, Cabrera E F, Walker N, et al. A survey of automatic teller machine usage across the adult life span [J]. Human Factors, 1996, 38 (1): 156-166.

[7] Ziefle M, Bay S. How older adults meet complexity: aging effects on the usability of different mobile phones [J]. Behaviour & Information Technology, 2005, 24 (5): 375-389.

[8] Chang T W, Chen N S, Yu P T. The effects of presentation method and information density on visual search ability and working memory load [J]. Computers & Education, 2012, 58 (2): 721-731.

[9] 张洪兵，屠大维，张国栋，等. 适合老年人认知能力变化的人机交互效应通道及界面设计 [J]. 人类工效学，2013, 19 (1): 67-71.

[10] Rogers W A, Cabrera E F, Walker N, et al. A survey of automatic teller machine usage across the adult life span [J]. Human Factors, 1996, 38 (1): 156-166.

[11] Fisk A D, Czaja S J, Rogers W A, et al. Designing for older adults: Principles and creative human factors approaches [M]. London: CRC Press, 2020.

[12] Kim S, Choudhury A. Exploring older adults' perception and use of smart speaker-based voice assistants: A longitudinal study [J]. Computers in Human Behavior, 2021, 124: 106914.

[13] McClelland I L. The ergonomics of toilet seats. [J]. Human Factors, 1982, 24

(6): 713-25.

[14] Dekker D, Buzink S N, Molenbroek J F, et al. Hand supports to assist toilet use among the elderly [J]. Applied Ergonomics, 2007, 38 (1): 109.

[15] Chang S K, Drury C G. Task demands and human capabilities in door use [J]. Applied ergonomics, 2007, 38 (3): 325-335.

[16] Voorbij A I M, Steenbekkers L P A. The twisting force of aged consumers when opening a jar [J]. Applied Ergonomics, 2002, 33 (1): 105-109.

[17] Lindberg T, Näsänen R, Müller K. How age affects the speed of perception of computer icons [J]. Displays, 2006, 27 (4-5): 170-177.

[18] Shih H M, Goonetilleke R S. Effectiveness of Menu Orientation in Chinese [J]. Human Factors, 1998, 40 (4): 569-576.

[19] Van Schaik P, Ling J. The effects of frame layout and differential background contrast on visual search performance in web pages [J]. Interacting with Computers, 2001, 13 (5): 513-525.

[20] Mitzner T L, Boron J B, Fausset C B, et al. Older adults talk technology: Technology usage and attitudes [J]. Computers in human behavior, 2010, 26 (6): 1710-1721.

[21] Chang T W, Chen N S, Yu P T. The effects of presentation method and information density on visual search ability and working memory load [J]. Computers & Education, 2012, 58 (2): 721-731.

[22] Cardaci M, Di Gesù V, Petrou M, et al. A fuzzy approach to the evaluation of image complexity [J]. Fuzzy Sets and Systems, 2009, 160 (10): 1474-1484.

[23] Forsythe A, Sheehy N, Sawey M. Measuring icon complexity: An automated analysis [J]. Behavior Research Methods, In-struments, & Computers, 2003, 35 (2): 334-342.

[24] Katov M, Nomura N, Ito K. The visual information load as a parameter for designing pleasurable environment [C]. Proceedings of the International Conference on Designing Pleasurable Products and Interfaces, 2003.

[25] Liu Y C. A simulated study on the effects of information volume on traffic signs, viewing strategies and sign familiarity upon driver's visual search performance [J]. International Journal of Industrial Ergonomics, 2005, 35 (12): 1147-1158.

[26] 朱丽萍，李永锋. 不同文化程度老年人对洗衣机界面图标的辨识研究 [J]. 包装工程，2017, 38 (14): 140-144.

[27] Freitag S, Ellegast R, Dulon M, et al. Quantitative measurement of stressful trunk postures in nursing professions [J]. Annals of Occupational Hygiene, 2007, 51 (4): 385-395.

[28] Afshari D, Motamedzade M, Salehi R, et al. Continuous assessment of back and upper arm postures by long-term inclinometry in carpet weavers [J]. Applied ergonomics, 2014, 45 (2): 278-284.

[29] Spielholz P, Wiker S F, Silverstein B. An ergonomic characterization of work in concrete form construction [J]. American Industrial Hygiene Association Journal, 1998, 59 (9): 629-635.

[30] 徐光兴，李丽萍，刘凤英，等. 某煤矿工人肌肉骨骼损伤情况及其危险因素 [J]. 中华劳动卫生职业病杂志，2011, 29（3）: 190-193.

[31] Grant K A, Habes D J, Tepper A L. Work activities and musculoskeletal complaints among preschool workers [J]. Applied ergonomics, 1995, 26（6）: 405-410.

[32] De Souza T O, Coury H J C G. Are the postures adopted according to requested linguistic categories similar to those classified by the recording protocols？[J]. Applied ergonomics, 2005, 36（2）: 207-212.

[33] Gyi D E, Sims R E, Porter J M, et al. Representing older and disabled people in virtual user trials: data collection methods [J]. Applied Ergonomics, 2004, 35（5）: 443-451.

[34] De Oliveira Sato T, Coury H J C G. Evaluation of musculoskeletal health outcomes in the context of job rotation and multifunctional jobs [J]. Applied ergonomics, 2009, 40（4）: 707-712.

Chapter 5

第 5 章
接受沟——科技感与老年人心理接受度之间的鸿沟

5.1 相关理论基础
5.1.1 技术接受模型
5.1.2 晶质智力成长
5.1.3 日常例程设计
5.1.4 家庭成员设计师
5.2 融合宁静/慢技术的交互设计方法探索
5.2.1 宁静-慢设计桥模型搭建
5.2.2 融合宁静/慢技术的交互设计方法
5.3 设计实践案例
5.3.1 用户图形界面优化设计
5.3.2 数字产品宁静-慢设计实践
5.3.3 拓展案例——家庭智能托盘设计

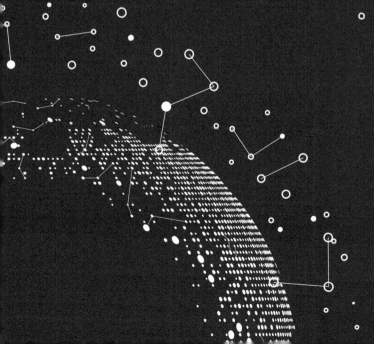

传统人机交互通过屏幕、鼠标、按键完成，信息获取与呈现的方式复杂，忽略了老年人群对信息的感知和认知能力。老年人对于科技产品的熟悉程度不高，导致老年人对于科技产品的接受度也相对较低。目前，科技已成为日常生活的一部分，如智能家电（洗碗机、洗衣机）、娱乐技术设备（电视、音箱）、通信设备（智能手机、平板电脑）等智能产品，促进了老年人的生活独立、个人健康和幸福晚年。然而，目前大量的服务程序为追求应用效率，不断"追赶"用户提升操作速度；为追求功能全面，纷纷"争夺"用户有限的注意力，造成信息超载的同时让老年人感到科技恐惧。尽管科技已深入日常生活中，也可以帮助老年人提升生活品质，但仍只有少数老年人接受科技产品。由此可见，虽然老年人群体对信息接收与交流的意愿是强烈的，但是他们往往对技术感到害怕和焦虑。

数字乡村建设背景下，乡村老年人知识背景更弱，科技熟悉度更低，智能产品应用率显著低于城市老年人。此时，社会对老年人的"信息供给"与老年用户的"信息需求"之间存在巨大的数字鸿沟。在第 2 章，提出了老年人科技接受度较低的问题；在第 3 章中，随着设计方法的进步，发现采用"宁静/慢技术"的设计方法可以帮助解决这一问题。在智能物联网构成的日常环境中，交互系统应如何潜移默化地延伸到乡村老年人群体的生活空间环境；如何减少乡村老年人在智能交互环境中的认知负担或注意力，都是待研究的重要问题。对这些问题的深入研究不仅能推动宁静/慢交互系统在老年人群体中的应用，还能为智能物联网环境下的交互设计提供更具实践价值的理论指导。本章将从科技接受模型谈起，并从老年人的大脑结构开展分析，结合宁静/慢技术中基于日常例程的设计策略，邀请乡村老年人用户参与，开展真实的设计案例研究，帮助乡村老年人更好地适应接受科技产品。

相关理论基础

研究表明，高龄群体与年轻人之间在科技使用上的差异并非源自实际计算机知识的差异，而更多来自对科技使用能力的信心和对自身能力的评估。这种差异主要在人进入老年阶段后逐渐显现，因为远离科技产品的接触和使用，仅依赖过去的经验和感受来评估新产品，会因产生困难焦虑而降低学习动机。由于这些障碍的存在，老年人面临与科技互动的难度增加，进而影响他们对科技产品的信心，造成恶性循环。然而相关理论表明，老年人并非无法接受科技产品，比如科技接受模型表明，当老年人对数字产品具有感知有用性与易用性时，便会接受科技产品。同时，根据晶质智力理论，老年人也具备根据过去的经验来操作智能产品的能力。

5.1.1 技术接受模型

近年来，众多学者针对用户对新技术的接受程度进行了深入研究。尤其是在工作场所环境中，技术接受模型（TAM）被广泛采用。TAM的核心思想是感知有用性，即用户对于新技术能带来多大实际效益的主观认知。针对家庭应用环境时，易用性和情感感知体验成为决定性的作用。数字易用性指的是用户在使用数字产品或服务时所面临的难易程度，情感感知体验涉及用户在使用过程中获得的情感反馈。因此，针对乡村老年人用户的角色、价值，使用新工具融入个人的方式必须非常重视。智能产品的技术易用性（即具备使用该技术的外部支持）和感知有用性（即用户内在的动机）以及情感支持等因素均会影响乡村老年用户。

5.1.2 晶质智力成长

美国心理学家雷蒙德·卡特尔把人的智力构成分为流质智力和晶质智力两大类。流质智力是一种以生理为基础的认知能力，如知觉、记忆、运算速度、推理能力等，是一种个体在处理新问题、解决新情境时所依赖的非经验性智力。晶质智力是指以习得的经验为基础的认知能力，如人类学会的技能、语言文字能力、判断力、联想力等，重点就是经验积累。老年人晶质智力的大脑结构与其以往获得的知识、经验和技能相关，它在智力发展中起到重要的作用。研究表明，尽管老年人的流质智力会随着年龄的增长而下降，但晶质智力却有可能继续成长。如图5.1所示，从婴儿期到老年期，晶质智力这种在实践中以习得经验为基础的认知能力，一直处于上升的趋势。只是从中年期开始，增速放缓。相比年轻人，老年人可能会更擅长已有经验知识的梳理与应用。通俗而言，老年人学习新知识的能力下降，但是整合运用过去知识的能力并不差。相反在细心、耐心程度上可能还超过年轻人，可以更好地通过已有、熟悉的知识去推断、理解各种概念。如果新知识与旧知识在一定程度上具有较强相关度，则可以很好提升老年学习者的自信心。

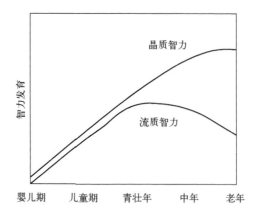

图 5.1 晶质智力成长

虽然晶质智力的大脑结构受到多种因素的影响，但主要与神经网络的可塑性、前额叶皮层的活动和海马体的功能等几方面相关，如图 5.2 所示。首先，尽管老年人的大脑功能可能出现一定程度的结构退化，但仍存在一定的神经可塑性，大脑神经仍可以通过学习和改变来适应晶质智力。同时老年人大脑活动中负责认知、语意理解和推理的前额叶皮层仍然可以发挥重要作用。另外，日常生活中，负责记忆功能的海马体也可以通过训练和学习得到积极改善。

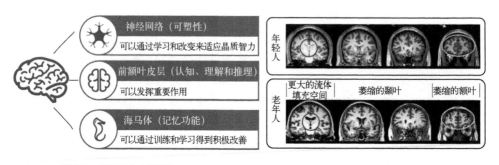

图 5.2 晶质智力大脑结构

5.1.3 日常例程设计

近年来，由于小型化计算和网络设备的迅猛发展，推动了大量对日常产品设计的深入研究。这些智能日常产品存在的环境通常包括办公室、家庭、社区等，尤其是这些智能产品为老年人的家庭环境生活和社会联系提供支持。技术和人之间存在着一种相互适应的过程，一方面，技术通过设计来适应人们的价值观和生活场所；另一方面，人们通过学习新的技能来重塑他们的实践，重新设计周边物品以适应这些技术。对于智能产品设计，"日常例程"的概念非常重要，它强调的是深入研究人们的生活方式、日常习惯，观察人们的行为模式及与周围环境、产品的互动方式。被习惯的物品也可以作为"日常例程"的一部分，经过深思熟虑的技术改进，被扩展到日常产品设计中。

"日常例程"的特点主要包括以下三个方面。①一定的个体特殊性，需要一定的可理解性。例如，王奶奶在下午3点去敲邻居家的门，有可能不会受到热情的招待。因为主人李奶奶很可能正在午休，王奶奶就需要理解到"李奶奶午休"这个特殊情况，避免负面情绪的产生。然而，如果同样的行为发生在下午7点，王奶奶如果没有被热情接待，可能会对此感到非常不满。因此，日常例程的特殊性需要人们在交往中磨合。②一定规律与可预测性，且是在长期生活中形成的。例如，张阿姨的闹钟每天都在相同的时间响起，以帮助她安排日常生活和孩子们的作息时间。这种规律性是在长时间的实践和经验中形成的。另外，李爷爷能够准确地预测张爷爷下午4点左右会出现在小广场的棋牌室，这也是他们在长期彼此观察和交往中形成的例程。这种可预测性和规律性可以节省人们的时间与精力，提高对生活的把控感。③容错性较低。这是因为日常例程往往是在特定的时间和地点进行的，一旦偏离这些预设的情境，就可能引发不必要的误解和冲突。例如，如果张阿姨的闹钟没有按时响起，或者李爷爷找张爷爷时，恰好他没有去棋牌室，这些小错误可能会引发不必要误解。因此，人们在日常生活中需要尽量维护和遵循这些例程，以便于人们协调日常生活和提高生活质量。

日常产品可以唤起人们丰富的情感，塑造特定环境与社会互动。研究者发现情感的意义往往被归因于物体，因为它们能够为用户提供独立、舒适的感受，并可以培养创造力。研究者进一步观察到，许多这样的日常产品还常被用于社交，并且可以支持日常联系和独立生活。同时，研究者也强调老年人对这些日常产品的情感依恋，这也就代表着在老年设计中需要非常小心地对待日常物品，日常产品还可划分为功能物品（用于日常活动）、符号物品（具有纪念或重建作用）和休闲物品（用于娱乐）等。国外针对"日常例程"的代表设计案例如下。

(1)消息传递水壶

在这个全球化的时代,家庭分离的现象越来越普遍,就业市场的竞争也日益激烈,许多家庭成员为了维持生计而不得不远离家乡。随着新技术的不断涌现,老年人越来越关注如何利用这些技术来保持与亲属的联系,尤其是与孙辈一起学习计算机或移动电话的使用。然而,现有的信息传递技术,包括手机、社交媒体、视频会议等,应用难度都较大。消息传递水壶(图5.3)旨在通过增强传统水壶的消息传递和网络功能,以实现家庭成员之间的远程沟通。它允许不同地区家庭成员之间展开长时间沟通,同时保留一些传统特征,如聚在一起喝茶和分享家庭事务。这种沟通可以是异步的,允许家庭成员在时区差异较大的情况下分别留言,后期开展交流。功能实现方面,消息传递水壶内置温度传感器,可以推断水温,并支持语音输入/输出。智能茶盒是具有触摸笔输入功能的专用平板电脑,用于创建文本及互联网连接。消息传递水壶代表了一个创新的设计案例,将家庭成员现有的"日常例程"引入新的功能。

图5.3 消息传递水壶(图片来源:A. Soro 等)

（2）Marker Clock（标记时钟）

若老年人数量骤增，照顾老年人就会成为社会面临的重大挑战。由于缺乏训练有素的照护人员，现有常见的照护方法是通过集体监控老年人，目的是更方便照护，但不是直接对老年人提供情感支持。在这里，研究者提出了另一种选择，也就是"同伴照护"（PeerCare）。同伴照护不同于集体照护方式，它更加在意老年人的情感需求与照护节奏。彼此结为"照护体"的老年人需要了解到彼此的生活节奏和习惯并保持联系。基于这种理念，研究者 Y. Riche 提出 Marker Clock（图5.4），该设备用于家庭的日常环境。它并不是一种全新的技术应用，而是增强无处不在且熟悉的对象——时钟，并通过展示不同的数据信息了解人的活动。每个 Marker Clock 的信息展示的是不同的家庭活动，并持续连接到同一个标记频道。使用者利用时钟收集不同的活动信息，并聚合提炼成一个简单、抽象的符号用于展示。目标是实现保护参与者隐私与提供足够的信息之间的平衡，以此来支持不同的家庭共享彼此的节奏和惯例，更好地实现同伴照护。技术上，时钟使用运动监测算法得到指定时间的用户运动值，范围从1（未监测到运动）～5（监测到最大运动量）。该值显示在时钟上，颜色从浅依次变深指示不同的运动量。Marker Clock 显示当前值以及过去12h的历史记录，表现为彩色环，展示出监测到的运动的变化水平。若参与同伴照护的家庭均安装此时钟，便可轻松了解到对方此时的运动情况，若时钟长时间显示对方没有运动，则可以开展沟通，问询原因。

(a) Marker Clock 被放置在参与者的客厅里　　(b) 设备连接两用户（分别用一个同心圆表示）

图5.4　Marker Clock（图片来源：Y. Riche 等）

5.1.4　家庭成员设计师

将家庭成员视为日常设计师，从家庭生活的角度出发，通过对不同生活情境和物理环境的理解,可以从适用性和使用习惯对现有产品做出创造性的改变,从而产生新的使用场景,或者新的产品交互系统。一项专注于家庭环境中的调查发现,日常产品可以出现在任何环境下,功能丰富到可能与原始用途无关。日常产品创新主要包含三种方式,如图5.5所示:①临时发现而改变或增加产品其他功能,例如夹克衫挂在椅子上(椅子把手变为衣撑)、草坪椅扶手上放置茶杯、座位上放着报纸、玩具和电话;②改变日常产品固有的功能,并为其设计新的功能,比如将吃完的饼干盒子用于放置纸巾;③整体大于部分之和,在原有基础上增加所需功能,并实现很好的兼容,例如废弃的泡沫箱可以整体用来种花草。

图5.5 家庭成员设计师

将家庭成员视为日常设计师,致力于深度理解并强化人们当前居住环境中的既有习俗与关系。这个设计方法明确表示,技术并非只是人们用来解决问题的工具,而是已深深融入人们的生活与实践。当新技术被引入时,实际上是进入了一个复杂的关系网络。此时,设计不仅仅关注产品的初始设定,而是侧重于使用者如何逐步发掘、调整并优化技术的使用,从而满足用户的需求与习惯。同时,用户习惯也在不断塑造技术的发展方向。以上的研究视角为普适计算背景下的交互设计思维发展提供了新的洞见,"基于日常例程的设计""家庭设计师"等实践以更新颖的交互方式为认知负荷的有效降低提供了新的可能。

5.2
融合宁静/慢技术的交互设计方法探索

由于老年人群体文化程度、科技熟悉度较低，心智模型与年轻人也存在巨大差异，容易造成对智能产品的恐惧感。在特定的社会环境下，老年人与数字产品之间存在的数字鸿沟具有复杂性与可变性特点。结合用户体验层次理论，如图5.6所示，本书梳理得出老年人与智能产品交互之间存在四个层次差异，自顶向下包括形式层、交互层、认知层和技术层。本书将宁静技术和慢技术融合应用于交互设计，试图将计算交互技术"隐藏"在环境中，将交互过程放在注意力的焦点之外，以更自然的方式融入到日常生活中去，搭建宁静-慢设计桥模型，从理论上跨越老年人与数字产品之间的鸿沟。

5.2.1 宁静-慢设计桥模型搭建

① 形式层——老年端"喜欢怀旧，不喜欢实时更新"；智能产品端"多为数字屏幕，更新换代快"；宁静-慢桥：通过慢技术强化产品物质载体理念。相比智能屏幕，具有材质肌理的触感的实体产品更容易让老年人感到亲切，提高使用意愿。

② 交互层——老年端"喜欢慢慢品味，反复琢磨思考"；智能产品端"追求瞬时交互的刺激感，速度尽可能快"；宁静-慢桥：通过慢技术拓宽产品交互的生命周期，使信息传达形式多样化，信息持续交互的时间更为持久，带给老年人更多的交互过程体验。

③ 认知层——老年端"专注力思维较弱，注意力难以集中"；智能产品端"操作难度高，需要用户耗费全部中心注意力"；宁静-慢桥：强化宁静技术的外围注意力交互理念，要求设计师以更谦卑的态度去收集日常生活中不起眼的用户"惯例"行为，然后进行创新性的功能叠加或者改变，让用户注意力可自由地在中心和外围注意力之间来回切换，降低老年人认知难度和恐惧心态。

④ 技术层——老年端"学习能力差，技术操作难度大"；智能产品端

"注重界面、文字、键盘等交互方式,学习成本高";宁静-慢桥:通过利用视、听、触等多通道自然交互技术,实现无界面自然化。

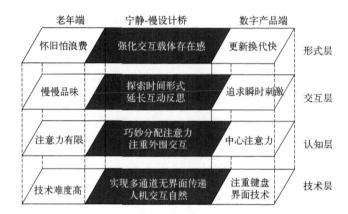

图 5.6 宁静–慢设计桥模型

5.2.2 融合宁静/慢技术的交互设计方法

理论上,宁静-慢设计桥模型可以帮助老年人跨越与智能产品交互之间存在的主要鸿沟。路径上,结合学者 Saskia 和 William Odom 发展的设计思维,以传统交互设计方法为基础,遵循问题的导向,提出融合宁静/慢技术的交互设计路径与方法,过程如图 5.7 所示。

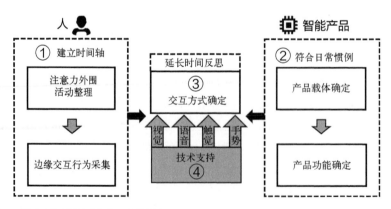

图 5.7 融合宁静/慢技术的交互设计方法

（1）步骤①：采集用户外围行为，建立时间轴

基于人种志研究，进行用户惯例采集。通过参与式观察，采用录像、互动访谈等方式，分析情境中人与物、人与人的触点，建立用户影像日志（photo-diary）。后期，结合用户访谈和视频影像，与用户共同回忆、解释其中典型活动。并由设计师创建一个惯例时间轴，描述用户在特定时期内所采取行动的顺序性与重要性。特别关注用户在某一活动中同时做的其他外围活动（例如在切蔬菜时总是洗手或者在早餐时思考计划等），为后期确定产品交互载体提供行为依据。

（2）步骤②：确定产品交互主体，符合日常惯例

产品载体是交互行为和共享记忆的触发器。宁静-慢设计方法重点在于选择用户日常惯例中的产品作为载体，在不改变主体结构、功能的前提下进行微创新。通过对已有家居产品的应用情境、个人使用习惯等做出判断，将信息的呈现从屏幕等新技术转移到人们生活周遭的熟悉物品上。这种载体不是新创造的，而是历久经年伴随用户的产品，以一种不打扰的、学习成本更低的方式，让使用者可以轻松与其互动。

（3）步骤③：明确交互方式，延长时间反思

宁静-慢设计关注较长的时间尺度，在一个连续、缓慢的循环交互中完成体验，支持随着时间的推移对数字信息的反复回忆、反思和探索。具体实现方式包括减缓交互信息显示速度、拉长时间节奏、提高时间积累；延长交互信息传达路径，使用户可在路径中与未来进行互动，实现异步信息回应。在交互过程中，用户无须急迫回复，不用担心无法及时回应带来的沟通困惑，交互容错性更高、时间压力更小。

（4）步骤④：实现多通道传递，技术支持

在充分考虑和利用外围交互的基础上，将普适计算融入设计中，综合使用多种输入通道和输出通道，对典型场景和交互过程中的人、机和环境进行整合服务。结合问题、产品、行为，运用合理自然的交互技术，包括视觉、语音、触觉、味觉、手势、眼神、表情等。建立技术与交互关联机制，解决多模态海量信息与用户有限注意资源之间的矛盾，使"人机交互"像"人人交互"一样自然、方便。

5.3 设计实践案例

5.3.1 用户图形界面优化设计

5.3.1.1 被试与试验设计

招募试验被试 15 名,年龄 60～75 岁,标准差(SD)为 6.08。视力或矫正视力正常,均为右利手。通过主观问卷测量老年科技熟悉度,具体见附录 4,被试根据智能产品的使用频率(每天、数周、数月等)进行选择,同时提供产品的使用方式(查看说明书、自己摸索等)来获取相应的 TF 得分,更频繁、主动地使用智能产品将会产生更高的熟悉度 TF 得分。最高分数为 100 分,最低分数为 0 分,采用分值 55 作为临界值,将用户科技熟悉度分为"高水平组"与"低水平组"。15 名被试中高科技熟悉者 7 名,低熟悉者 8 名,达到被试熟悉度均衡。

5.3.1.2 试验装置、材料和流程

(1)试验装置

试验采用电饭煲与洗衣机各一台。采用两台数码相机分别拍摄用户交互行为姿态与产品界面,将试验数据保存进行后续处理。

① 电饭煲。试验选择某品牌某型号微电脑式电饭煲,容量为 4L,如图 5.8 所示,界面由 8 个触摸式按键构成,两个主按键代表"开始"与"取消",其他按键分别为各个功能键。

a. 按照功能属性,菜单分组可以分为 5 个群集。

第一个群集内有:保温/取消、开始,此群集代表【开关】的功能。

第二个群集内有:丝苗米、珍珠米、什锦米,此群集代表【米类】的功能。

第三个群集内有:标准、偏软、偏硬,此群集代表【口感】的功能。

第四个群集内有:小时、分钟、预约,此群集代表【时间相关】的功能。

第五个群集内有:精煮、蒸煮、汤/粥、稀饭、再加热,这个群集代表【煮饭】的功能。

b. 功能菜单分级结果显示各群集间的层次递进关联,若用户可将群集

间层属关系进行正确主次关联，正确划分一组层级即可认定其完成菜单分级任务，如 2→3 即功能＞精煮＞米类＞珍珠米/丝苗米/什锦米。

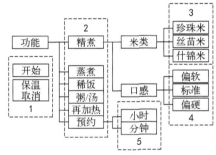

图 5.8　该电饭煲界面/功能集群

② 洗衣机。试验选择某品牌某型号微电脑式波轮洗衣机，容量为 7kg，界面由 6 个触摸式按键构成，两个主按键代表"电源"与"启动/暂停"，其他按键分别为各个功能键。该洗衣机界面/功能集群如图 5.9 所示。

a. 功能菜单分组结果显示，洗衣机的功能可以分为 5 个群集。

第一个群集内有：程序、过程、预约，此群集代表【主菜单】的功能。

第二个群集内有：标准、常用、大物、快洗、留水、风干，此群集代表【程序】的功能。

第三个群集内有：浸泡、洗涤、漂洗、脱水，此群集代表【过程】的功能。

第四个群集内有：水位 1～8，这个群集代表【水位】的功能。

第五个群集内有：电源、启动/暂停，此群集代表【开关】的功能。

b. 功能菜单分级结果显示各群集间的层次递进关联，若用户可将群集间层属关系进行正确主次关联，正确划分一组层级即可认定其完成菜单分级任务，如 1～4 即程序＞标准＞水位。

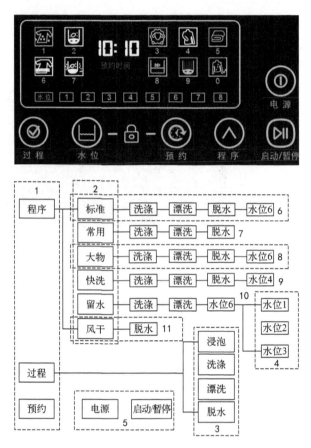

图 5.9 该洗衣机界面/功能集群

（2）试验流程

本书采用卡片分类法结合任务观察法收集心智模型数据，对卡片进行条列（listing）与分类（sorting）。首先，让被试对产品模拟原型进行熟悉操作，通过受测者的出声思考与观察访谈，获得口语报告。当被试完成熟悉操作后，发给其写有相应菜单功能的洗衣机16张/电饭煲19张功能卡。被试按照个人理解对卡片进行相应处理。具体步骤如下。

第一步：功能熟悉。提供受访者模拟原型，由快速原型设计工具Axure在计算机上模拟，让受访者进行摸索尝试操作，熟悉两个产品的使用方法以及图标含义。

第二步：功能分组（级）。如图5.10所示，利用卡片分类法（visual card sorting technique）和顺序树状分类法（ordered tree technique），发给被试写有产品功能的黄色便利贴纸，请受访者以卡片排列出理解认知中的产品功能分组与层属架构。功能分组要求被试将概念池（concept pool）中类似的单元概念功能进行群组归类（菜单功能分组/绿色便利贴标记）；随后再将初步归类的群组进行进一步架构关联，细分出类别间层属关系（菜单功能分级/蓝色便利贴标记），将任务按主从次进行划分。

图 5.10　老年人被试试验示例

第三步：功能补充。发给被试红色空白便利贴纸，请被试写下其认为该产品应该具有，但现有贴纸上缺乏的功能，对整个功能数量进行补充。表 5.1 为卡片色彩区别说明。

第四步：试验员针对每一部分进行询问，采用出声思维法（think aloud），通过被试回想、访谈，将受访者心目中的智能电饭煲和洗衣机功能层进行建构。试验员利用蓝色贴纸对用户层级细节进行补充说明，了解使用者如何组织与处理信息。此阶段侧重于了解被试在使用产品界面时的心理预期、操作感受等情况，通过观察记录与阶梯访谈法，收集口语报告。按照被试菜单分组/分级结果，将余裕能力转折值 E 和适配能力转折值 A 进行评估，总结被试认知能力余裕范围 ER 和能力适配范围 AR。

表 5.1　卡片色彩区别说明

颜色	含义	颜色	含义
黄	试验员准备功能	蓝	用户分级
绿	用户分组	红	用户补充功能

（3）描述项统计结果

① 菜单分组。如表 5.2 所示，洗衣机正确划分 1 组的被试数量为 5 人，正确划分 4 组和 5 组的被试数量为 0；电饭煲正确划分 1 组的被试数量为 5 人，正确划分 5 组的被试数量为 0。电饭煲/洗衣机的菜单分组不具有显著

性差异（$P > 0.05$），被试中有 77%（$N=23$）的比例正确划分出了 1~3 组。多数用户无法正确划分 4 组和 5 组，因此 4 组和 5 组被认定为老年用户的"能力不足"。此结果显示了该产品老年人被试的心智功能分组，低于产品标准配置分组，正确划分 1 组的人比正确划分 2 组和 3 组的人数多 30%。结合用户访谈，用户普遍认为分组在 3 组以内完全可以接受，因此，研究将分组 1 组认定为"余裕与适配"的转折点 E，将分组 3 组认定为"适配与不足"的转折点 A。

表 5.2 产品与心智模型（菜单分组数量）交叉

产品	分组正确数量/人						被试数量（N）/人
	0	1	2	3	4	5	
洗衣机	3	5	5	2	0	0	15
电饭煲	1	5	2	4	3	0	15
总计	4	10	7	6	3	0	30

② 菜单分级。如表 5.3 所示，洗衣机正确划分 0 级（无法正确划分菜单分级）的被试数量是 10 人，正确划分 1 级的被试数量是 5 人，正确划分 2 级和 3 级的被试数量是 0；电饭煲正确划分 0 级的被试数量是 6 人，正确划分 1 级的被试数量是 7 人，正确划分 3 级的被试数量为 0。两个产品功能项分级差异不具有显著性差异（$P > 0.05$）。53%（$N=16$）被试无法对功能进行分级；40%（$N=12$）被试可以正确划分 1 个分级。结合用户访谈，老年人被试普遍无法将菜单分级超过 1 级，2 级和 3 级正确率只有 15%，但是当菜单分级为 1 级时，用户愿意接受。因此，将菜单分级 0 级作为用户"余裕与适配"的转折点 E；1 级作为"适配与不足"的转折点 A。由于 0 级与 1 级之间没有其他分级，0 级可直接作为余裕范围；1 级直接作为适配范围。

表 5.3 产品与心智模型（菜单分级数量）交叉

产品	分级数量/人				被试数量（N）/人
	0	1	2	3	
洗衣机	10	5	0	0	15
电饭煲	6	7	2	0	15
总计	16	12	2	0	30

③ 功能选择数量。如表 5.4 所示，洗衣机与电饭煲功能数量选择数据结果具有显著性差异（$P < 0.05$），两者无关联。例如，洗衣机选择 6 个功

能的被试数量仅为 1 人，而电饭煲选择 6 个功能的被试数量为 6 人。由此可见，功能选择数量不具备稳定性，产品特性的差异会造成用户对功能的需求差异特别显著，因此无法得出具有普适性的功能数量。

表 5.4　产品与心智模型（功能选择数量）交叉

产品	功能选择数量/人							被试数量（N）/人
	5	6	7	8	9	10	11	
洗衣机	0	1	5	4	2	2	1	15
电饭煲	4	6	2	2	1	0	0	15
总计	4	7	7	6	3	2	1	30

5.3.1.3　智能电饭煲 GUI 优化

通过对该品牌电饭煲界面优化，对层次设计模型的有效性进行验证，整个优化策略以机体需求作为出发点，分析原有设计的不足，重点对设计编码层进行功能架构的优化与改进，使其对特殊用户机能衰退进行适当弥补与平衡。并以此为基础，添加智能信息技术，意图在于优化界面的安全性、便利性和先进性，如图 5.11 所示。设计流程分为两个步骤：①感知觉 GUI 优化；②认知觉 GUI 优化。

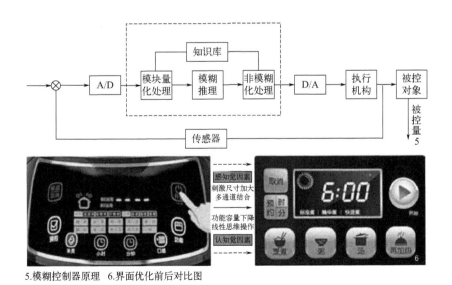

5.模糊控制器原理　6.界面优化前后对比图

图 5.11　智能电饭煲 GUI 优化

（1）感知觉 GUI 优化

① 整体布局优化。该品牌电饭煲原有界面采用功能按键叠加的方式，按键布局平均，间距小且重点模糊，容易引起操作失误。优化过程首先针对老年人群进行 Tobbi demo 眼动测试，要求被试佩戴眼动仪观测整个界面，测试材料为现有电饭煲的常见布局（"左右"与"上下"对称）。测试结果表明：被试视觉"注意"中心点通常出现于中心线左侧偏上方，与人类惯常视觉吸引力区域相同。改变现有电饭煲界面"对称平均"的布局，使界面按键更加主次分明，用户更易寻找与操作。同时，工效学方面，按键与按键之间的距离控制在一个手指宽度，界面与按键之间的分割比匀称，更易点击。

② 颜色、文字对比度加强。由于老年人群视神经衰退，逐渐出现视觉障碍，信息感知不完整，该品牌电饭煲原有界面子功能按键多且字体小，启动键"开始/取消"为深红色搭配黑色背景，亮度差异低从而导致识别性较差。设计建议：a.按键配色宜采用互补色系的配比方式，优化策略中将橙色、宝蓝色和银色作为对比色，在黑色背景下可产生更强的认知性。b."开始键"采用国际通用标识代替原有纯文字标识，按键尺寸增大并伴有色彩背光 CMF 效果，层次凸显，具有较强的视觉感。辅助按键配色采用灰黑对比亮黄，文字显示大而清晰。

③ 多通道反馈拓展。该品牌电饭煲原有界面仅包括声音反馈，听力障碍用户体验较差。优化策略需增加多通道提醒功能，包括警示灯闪烁、机体震动提示与语音报警设计，以便用户及时修正，提高操作的安全性；针对触觉障碍用户，引入虚拟无障碍触觉引导系统，其算法以位置背离的计算为基础，提高触觉的灵敏与精确度，用户可以在语音说明和触觉引导的辅助下显著提高感知力。

（2）认知觉 GUI 优化

① 心智模型优化。该品牌电饭煲原有界面功能分类复杂，"酸奶、蛋糕、煲仔饭"等功能使用率极低；同时利用"功能"按键来选择三级菜单难度过大，用户返回主菜单困难。a.减少功能内存容量，展示核心功能。优化过程按照用户实际深入访谈结果，保留"预约、烹煮（米饭）、粥、汤、再加热"关键功能，减少冗余选择，降低认知负荷。b.加大线性思维比重，菜单分级减少，减弱产品所需空间思考能力。在优化菜单中去除"功能""口感"和"米类"键，消除二、三级菜单，点击相应快捷键均可直接选择子功能。c.预约时间采用单片机控制，实现 24h 正计时"一键"预

约,"预约时间 = 烹饪完成时间",无须计算,更易于使用。

② 记忆负荷简化。特殊人群通常对智能产品具有排斥感,常表示出对自身能力不足的焦虑感,更易产生消极情绪。简化记忆负荷,可帮助其降低操作难度,增强操作信心。优化策略针对烹饪流程,采用米量推算和加热功率的一维模糊控制器。通过定时模块电路实现控制器的输入,更加直观显示时间、定时和温度控制等功能,为"烹煮/粥/汤"功能提供固定挡位——"标准煮、精华煮、快速煮"选择,减轻用户记忆负荷,无须时刻观测烹饪细节;同时减少多组任务难度,增设多项提醒功能。

5.3.2 数字产品宁静-慢设计实践

当下,乡村外出务工的年轻人群比重逐年增高,乡村老年人面临前所未有的"自养压力"。但现有数字产品绝大多数存在"重少轻老""重城市轻乡村"问题,导致多数乡村老年人困守信息孤岛,精神空虚孤独问题严重。本书基于前期提出的宁静-慢交互设计路径,借助前期收集到的注意力外围行为,展开智能家居产品——语音茶盘设计。首先,通过采集乡村老年人日常生活惯例,总结相应外围交互行为,确定家居产品载体;其次,创新交互方式,延长时间体验与反思(弥合交互沟);通过技术支持,建立"端杯喝水"这一自然交互行为;最终,通过用户可用性测试,证明产品可以解决乡村老年人与子女之间较为薄弱的情感交流问题,提高老年人群体与社会的关联程度。

5.3.2.1 采集外围交互行为

运用用户观察法、出行日志(photo-diary)、互动访谈等方式,招募乡村老年人参与者10名,年龄65~80岁(SD=4.7),针对乡村老年人参与者开展生理行为和心理调研,建立用户影像日志。采用人种志研究方法,与参与者发展熟悉关系,让老年人放松心态正常生活。调查员使用录像装置在每户家庭进行连续跟踪1周。从用户的角度开展观察、访谈,深入接触老人日常生活。观察结束后,整合1周用户惯例,根据每日活动基本轨迹,建立用户"影像日志"。同时,通过回放录像,与用户共同回顾每日惯例,开展深入访谈,重点收集老年人注意力外围活动。例如,观察用户家里做中心交互活动时,探寻其同时在做什么与活动无关的事情。如图5.12(a)所示为参与者"影像日志"示例。

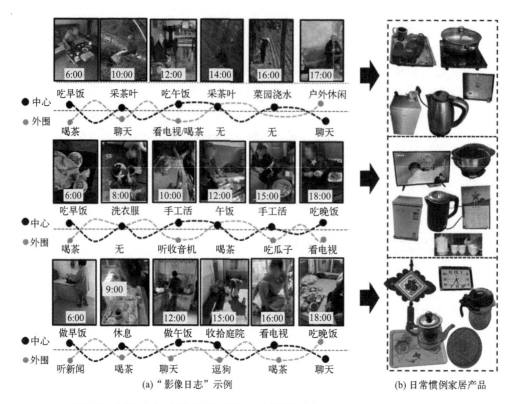

图 5.12 乡村老年人 "影像日志" 示例和日常惯例家居产品

① 王某贵（77 岁）：a. 6：00【中心活动：吃早饭】/【外围：喝茶】→ b. 10：00【中心活动：采茶叶】/【外围：聊天】→ c. 12：00【中心活动：吃午饭】/【外围：看电视】→ d. 14：00【中心活动：采茶叶】/【外围：无】→ e. 16：00【中心：菜园浇水】/【外围：无】→ f. 17：00【中心：休闲】/【外围：聊天】。

② 李某香（68 岁）：a. 6：00【中心活动：吃早饭】/【外围：喝茶】→ b. 8：00【中心活动：洗衣服】/【外围：无】→ c. 10：00【中心活动：手工活】/【外围：听收音机】→ d. 12：00【中心活动：吃午饭】/【外围：喝茶】→ e. 15：00【中心活动：手工活】/【外围：吃瓜子】→ f. 18：00【中心活动：吃晚饭】/【外围：看电视】。

③ 赵某方（70 岁）/刘某丽夫妇（69 岁）：a. 6：00【中心活动：吃早饭】/【外围：听新闻】→ b. 9：00【中心活动：休息】/【外围：喝茶】→ c. 12：00【中心活动：做午饭】/【外围：聊天】→ d. 15：00【中心活动：收拾庭院】/【外围：逗狗】→ e. 16：00【中心活动：看电视】/【外围：喝茶】→ f. 18：00【中心活动：吃晚饭】/【外围：聊天】。

5.3.2.2 符合日常惯例确定交互主体

本案例中,通过乡村老年人日常惯例"影像日志"整理,发现参与者中心交互行为通常包括【做饭、做农活、洗衣服、手工活】等。外围行为通常包括【喝茶、聊天、吃瓜子、听收音机、看电视、逗狗】等,这些行为较少需要用户集中注意力,仅在注意力外围便可轻松完成。同时,通过整理乡村老年人常用惯例物品。如图 5.12(b)所示,发现"茶盘、茶壶"是每家的必备产品,进行休闲娱乐或身体疲惫时,老年人习惯拿出茶具,泡一壶茶,慢慢享受时光。因此,本案例选择茶盘和茶杯作为设计主体,茶具是历久经年伴随用户的产品,将智能家居设计与周围熟悉载体结合,以一种不打扰的、学习成本更低的方式,让使用者可以轻松与其互动。

5.3.2.3 明确交互方式延长时间反思

语音茶盘案例中,老人端的产品主体为茶盘茶杯,亲朋子女端的产品主体为 APP 软件。子女通过语音茶盘为老人分享语音信息、定制音乐、定制戏曲、奇闻轶事和当下时事热点等(图 5.13)。

图 5.13 智能语音茶盘"宁静 / 慢"交互方式展示

(1)"宁静"交互方式体现

当老年人发现茶盘上的灯光亮起时,提示有新消息,带有亮光的茶盘不会发出任何声音,可以作为一件装饰存在于环境背景中。同时,不同类型的灯光代表不同类型的信息(如消息、音乐、新闻等)。等老年人有空时,再慢慢泡上一壶茶,享受每一条子女带来的关怀信息。在日常惯例行为方面,产品开关方式不同于传统信息界面。只要老人"端起杯子",即触发产品,既减少用户的记忆负担,又可以不影响其他中心任务的完成。

(2)"慢"交互方式体现

语音茶盘不追求提高信息传达的效率和速度，而更在意随着时间的推移对数字信息的反复回忆、反思和探索。即使当下用户在忙碌无法及时响应也没有影响，用户可以在吃饭或做家务的同时慢慢品味语音信息，反复聆听、回忆和反思。老年人可实现异步信息回应，年轻人在空闲时回应即可，容错性更高、时间压力更小。

5.3.2.4 多通道交互技术支持

自然交互是人与机通过多通道输入、多模态输出完成信息交换。自然的信息交换过程需要以人的信息加工能力为约束，研究自然交互模态的信道特征与交互语义，以及输入和输出融合机理。输入模态包含视、听、触在内的人体主要特征；输出通道基于人体运动控制行为构建，包括全身肢体动作、手势、精细肌肉控制、压力、眼动、语音等多种输出通道。然而不同通道与不同模态在适合表达的数据类型以及信息传递速率上有差异，需要探索多通道、多模态人机信息交换的本质，建立交互语义自然性和高效性的统一表示。该产品通过子女 APP 向老年人发送语音信息，老年人接收音频信息，此交互过程通过语音识别技术、灯光提示以及压力传感器设备实现子女与老年人交流的自然交互过程。此外，茶盘有存储功能，可以实现慢交互，通过灯光提示实现平静交互。在子女发送信息到老年人收到信息的过程中，通过一种自然的交互方式实现远距离的交流。此过程将音频信号转化为数字信号，信号传输到语音茶盘端时，需要将数字信号存储起来，并且判断信息的类型以确定所需亮的灯光颜色。老年人注意到信息提示，通过颜色判断信息的类型，并拿起茶杯触发压力传感器，播放对应的音频信息。产品主要技术功能包括：数字音频无线传输、远程同步灯光反应、音频开关控制。

多通道自然交互技术开发如表 5.5 所示，主要包括①互联网技术；②无线传输技术；③射频技术；④压力传感器技术等。在认知上体现为接口界面与注意记忆决策的相容性，包括加工多模态界面信息的注意选择和分配机制，在充分考虑和利用外围交互的基础上，将普适计算融入设计中，综合使用多种输入通道和输出通道，对典型场景和交互过程中的人、机和环境进行整合服务。结合问题、产品、行为，运用合理自然的交互技术，包括视觉、语音、触觉、味觉、手势、眼神、表情等，建立技术与交互关联机制，解决多模态海量信息与用户有限注意资源之间的矛盾，使"人机交互"像"人人交互"一样自然、方便。

表 5.5 多通道自然交互技术开发

项目	说明		
功能	数字音频无线传输（子女点播音频）	远程同步灯光反应（灯光展示差异化信息）	音频开关控制（茶杯拿起触发开关）
图示	音频信号→数字信号→无线传输→音频信号→产品处理器	灯效一／灯效二	数字信号→音响→音频 ／ 压力传感器
技术	互联网技术；无线传输技术	无线传输技术；压力传感技术	压力传感技术；声音控制技术
原理	APP 手机端将音频信息转换成数字信号，通过无线网络发送，将其转换为音频信号，传输给音响设备，完成无线传输	将控制信号传输给处理器，驱动启动电路，使灯光控制单元开始工作。灯光控制单元通过程序编写，实现不同灯光差异化展示	音频输出与灯光控制系统同时受压力传感器的控制。监测到茶杯拿起，将控制信号传输给处理器。驱动音频输出控制系统
自然交互技术	发送的语音信息存储到内部存储设备中，使得智能杯具可以保存、处理和管理用户的信息	茶盘通过收到不同类型的信息来改变灯光颜色，利用了环境中的视觉信息对用户进行反馈	利用拿起茶杯这个自然动作，通过压力传感器触发开关播放音频的交互响应

5.3.2.5 智能语音分享茶盘可用性测试

完成产品开发后，针对 10 名乡村老年人被试（平均年龄 =75.3 岁）开展可用性测试，测试场景如图 5.14 所示。将智能语音分享茶盘部署在老年人参与者家中，要求每一位参与者使用茶盘完成"远程语音的接收"任务。定量测试采用 10 个问题标准化可用性问卷；定性测试包括 3 个问题的半结构化深度访谈，分别为 Q1 产品有用与否，Q2 产品是否容易操作，Q3 是否愿意将产品推荐给他人。

（1）定量测试结果

如图 5.15 所示，用户根据自身对描述的认可程度对 10 个问题从 1～5 分打分（1 分为非常不同意，5 分为非常同意）。其中，针对产品的积极评价问题包括 Q1/Q3/Q5/Q7/Q9，5 个问题平均得分均在 4 分以上，其中"Q7 大多数人都能很快学会"平均得分高达 4.75 分；针对产品的消极评价问题包括 Q2/Q4/Q6/Q8/Q10，5 个问题平均得分均在 2 分以下，"Q8 这个产品使用起来很麻烦"平均得分为 1.38 分；"Q10 使用产品之前需要学习很多"平均得分 1.2 分。通过 8 名用户的问卷得分表明，参与者普遍对老年人智能语音分享茶盘具有较为积极的评价，认为该产品操作简单、方便，可用性高。

图 5.14　可用性测试场景

（2）定性测试结果

半结构化深度访谈可对前期定量测试结果做出相应解释。访谈结果整体显示，该智能语音茶盘可以与子女开展一定的信息交流，对亲情关系具有帮助。比如针对"Q1 产品有用与否"，用户 3 回答："感觉挺好的，既能当个茶盘子喝茶，又能放着歌，听着戏。"用户 5 回答："你们年轻人不是经常听些自己爱听的歌嘛，我老了，不会弄，也不爱总去麻烦孩子，离这么远，孩子也忙。这挺好，不麻烦，我也能听听歌。"用户 6 回答："闲着没事儿的时候，我们这些人一块喝个茶水也能一块听听戏！"针对"Q2 产品是否容易操作"，用户 6 回答："这也没什么难的，不就是拿起杯子来就放音乐，放下杯子就不响了；而且这些颜色不一样的环，里面内容也不一样。"用户 7 回答："也没什么难学的，而且这个若是点错了也不要紧。"针对"Q3 是否愿意将产品推荐给其他人"，用户 2 回答："愿意！怎么会不愿意，孩子们不在家，俺整天在街上坐着，有这么个东西也挺好的，方便跟孩子交流。"

通过以上智能语音分享茶盘可用性测试，其中定量测试获取用户对智能语音分享茶盘的满意度；定性测试获得用户的主观意见反馈；测试结果同时对宁静/慢技术的交互设计方法的有效性进行了验证。

第5章
接受沟——科技感与老年人心理接受度之间的鸿沟

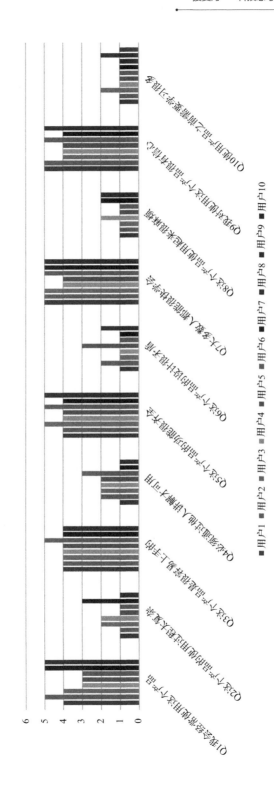

图 5.15 定量数据结果

5.3.3 拓展案例——家庭智能托盘设计

老年人的日常生活常常因为缺少子女的陪伴而感到孤独，同时也会因为生活中的琐事而感到无助。为了解决这些问题，应用普适计算、宁静技术、慢技术提出了一种家庭智能托盘设计。该设计旨在通过智能托盘和挂钩的结合，建立以加强亲情联系为中心的交互方式，将产品用于远程同步或异步否同，以增进老年人与子女之间的交流和联系。

首先，收集了老年人回家后通常会将钥匙放置在固定位置上的日常例程，并将该例程与家人之间的情感互动进行联结发散。其次，进行树枝与托盘的结合设计，使其结构合理，色彩搭配舒适，符合用户的多方面需求，如图 5.16 所示。所有呈现的设计都利用了有形的互动，当老年人回家将钥匙放置在自家托盘上时，对方挂钩的小灯就会被点亮，老年人可以利用外围注意力得知子女安全到家的信息，从而加强家庭成员之间的紧密联系。同时，老年人与子女之间还可利用托盘屏幕进行简单的"留言"关心与交流，正如以往的纸质便利贴一样好用。

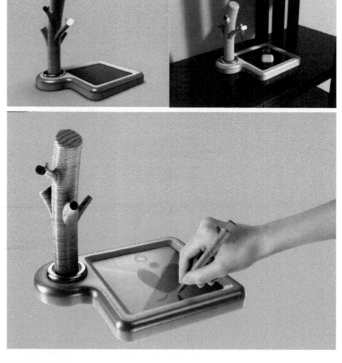

图 5.16 家庭智能托盘设计

整个交互方式不会给老年人带来任何认知负担和学习成本，考虑老年人的身体状况和使用能力进行设计。在设计过程中，采用了自然交互方式，仅需要用户的边缘注意力便可独立完成，老年人不需要进行任何复杂操作，只需要将钥匙放置在托盘上即可。同时，不会给年轻人额外增加任何交流负担，在自然而然中完成与父母的行为连接。本案例协调了"人-钥匙托盘-生活场景"之间的关系，建立围绕加强亲情联系为中心的交互方式，增进老年人与子女之间的交流和联系。

本章小结

尽管很多智能产品技术为老年人的美好生活提供有益帮助，但乡村老年人对它们的接纳程度并不高，有些时候甚至会出现积极的抵制现象，这表明了设计师在概念或设计上存在的局限性。事实上，尽管老年人用户的需求和目标被社会逐步重视，但他们仍然经常感到孤独、病弱和被社会孤立。老年人的日常生活中几乎没有技术的使用和参与。因此，从相反的角度来看，设计策略更应该适应老年人的晶质智力成长。然而，老年学习者在面对这些产品时可能会遇到一些困难，例如对新技术和界面的不熟悉，以及与产品所依赖的流质智力要求的不匹配。本章将老年人的晶质智力与智能产品结合起来，将宁静技术和慢技术进行融合，探索一种创新的交互设计方法。这种创新的交互设计方法是将智能信息产品设计与周围熟悉的载体结合起来，巧妙地呈现信息，以便揭示、扩大和激发老年人的能力。因此，在设计中更加注重于家庭中的普适计算，通过家庭日常生活中的"例程"，即利用反复大量不起眼、无意识行为完成的日常活动进行设计创新。

实践层面，本章研究按照宁静-慢的交互设计路径，通过跟踪10名乡村老年人开展田野调查，收集注意力的外围日常活动，完成一款面向乡村老年人的智能语音茶盘设计，将智能信息的呈现载体从传统的电子屏幕转移到家居茶具。设计首先对茶盘日常交互方式、应用情境进行借鉴；其次加入"宁静、慢"交互元素，将喝茶行为与信息、情感交流相融合。交互两端分别为【乡村老年人】和【子女或亲朋】。研究表明，与"惯例"相关的有形载体交互更加符合老年人的日常习惯，让使用者可以自然、轻松地与其互动，缓解情感孤独。本书通过搭建宁静-慢设计桥模型，提出宁静/慢技术交互设计方法，为老年人跨越数字鸿沟提出新的思路；同时为人机交互领域的进一步研究和设计工作奠定了基础，未来可更好地应用于老年家居设计实践。

参考文献

[1] 高芙蓉.信息技术接受模型研究的新进展[J].情报杂志，2010，29（6）：7.

[2] 霍丽娟，郑志伟，李瑾，等.老年人的脑可塑性：来自认知训练的证据[J].心理科学进展，2018，26（5）：13.

[3] Mark Weiser. The Computer for the 21st Century. Scientifc American, 1991, 265 (3): 94-104.

[4] Soro A, Brereton M, Roe P. Towards an analysis framework of technology habituation by older users[C]. Proceedings of the ACM Conference on Designing Interactive Systems, 2016.

[5] Riche Y , Mackay W .PeerCare: Supporting Awareness of Rhythms and Routines for Better Aging in Place [J]. Computer supported cooperative work, 2010, 19 (1): 73-104.

[6] Brereton M .Habituated objects : everyday tangibles that foster the independent living of an elderly woman [J]. Interactions, 2013, 20 (4): 308-312.

[7] Bakker S S , Niemantsverdriet K K .The Interaction-Attention Continuum: Considering Various Levels of Human Attention in Interaction Design [J]. National Taiwan University of Science and Technology, 2016,10 (2) :1-14.

[8] Odom W , Stolterman E , Chen A Y S .Extending a Theory of Slow Technology for Design through Artifact Analysis [J]. Human-Computer Interaction, 2021 (92): 1-30.

Chapter 6

第 6 章
传播沟——"信息供给"与"接收比例较低"之间的鸿沟

6.1 相关研究基础
6.1.1 圆周生活理论
6.1.2 三种信息交流过程模式
6.1.3 差序格局之下的主体间信任传递关系
6.1.4 当代年轻人的尽孝方式转变
6.2 融合扎根理论与技术探针的设计方法探索
6.3 乡村老年人"一图一文"设计案例
6.3.1 研究对象
6.3.2 数据收集与分析
6.3.3 乡村老年人群需求模型构建
6.3.4 "一图一文"装置设计
6.3.5 参与者与数据收集方法
6.3.6 数据分析
6.3.7 "一图一文"设计启示

信息爆炸、资讯便捷是当今网络世界的最大特点。然而信息时代也引发了社会中信息贫弱人群的存在，包括低收入者、老年人、少数民族、单亲父母和残疾人等。这一现象被学术界广泛称为"信息分化"，而与主流社会相比，这些人群被归类为"信息穷人"。相对于城市，乡村地区基础设施较差，乡村内部信息更依赖于"口口相传"，交流和信息传递渠道更加有限。狭窄的社会规范也对乡村老年人信息分化起到影响，对新信息和新思想产生抵制和排斥。这使得乡村老年人更难接触到多元化的信息和观点，加剧信息分化。久而久之，老年人对科技产品的熟悉度非常低，"不熟悉"引起"不敢用"，最终导致"不信任"。由于乡村老年人对信息源的信任度不高以及信道噪声的干扰，智能产品的信息传递面临着一些挑战。本章对乡村老年人圆周生活和信息交流过程的概念进行界定，分析其对乡村老年人智能产品信息传递的影响。在此基础上，提出融合扎根理论与技术探针的设计方法。首先，从传播源角度，通过细致的用户调研，挖掘并拓展老年人的信息渠道，试图打破老年人的信息壁垒和茧房；其次，从传播路径角度，尽可能减少一切影响信息传播的噪声，包括降低信息难度、优化信息传播路径；然后，从信息接收角度，让信息更好地适配老年人的固有心智模型。在此方法指导下，本书通过"一图一文"（OPOW）跨代交流设备的探索设计，尽量满足老年人个性化需求，不仅加强了老年人现有的社交圈关系，而且拓展了乡村老年人信息边界，加强了信息传播的有效性。

相关研究基础

6.1.1 圆周生活理论

美国研究者查特曼通过借鉴"小世界""社会规范""世界观"和"社会类型"4个概念，概念化了圆周生活中的小世界情境。"小世界"概念被定义为一个共享意见和规范的社群，其成员之间具有强烈的认同感，提供了对事物的规范性、正确性和可接受性的共同感知，形成一个相对固定的社会群体。科学研究中，乡村社会也形成了一个独有的小世界，每个村落内部都构建了特有的社会规范作为行为准则，为小世界内部成员提供秩序感和方向感，决定小世界成员对信息需求的感知、信息渠道的选择及信息价值的判断。乡村小世界内部也会有局内人和局外人的界限划分，使得局内人很少主动地对外部世界分享和寻求信息，导致不同程度的信息闭塞。一些研究者对圆周生活理论进行了应用，发现小世界情境下的文化背景和社会规范会不同程度地制约小世界成员日常信息实践的选择；也有研究指出，小世界成员还会主动采取不同程度的保护行为来阻断外部信息进入内部。在小世界情境中，个人的世界观起着重要的作用，成员们往往会因为共同的社会规范而形成相似的世界观。当今背景下，我国乡村老年人也形成了一种圆周生活世界，如图6.1可见老年人生活半径，圆周由内向外分别为"自己→家人→邻居朋友→乡村干部→外部世界"。对于老年人而言，圆周半径越小，对其的影响力越大；反之，圆周半径越大，信息进入老年人生活的难度也越大。

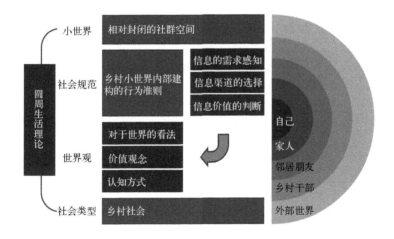

图6.1 乡村老年人圆周生活半径分布

为了突破老年人的生活和信息半径，很多研究者都进行了相应努力。其中具有代表性的是学者李存提出的"互动画廊"（Interactive Gallery）设计概念，并应用在荷兰当地的敬老院中。互动画廊装置是一个由一组特别设计的相机套件和一个类似画廊的互动装置组成的系统，采用画廊和明信片的隐喻方式，旨在使老年人感觉与外部环境更紧密相连，刺激他们回忆往事，并进一步促进他们与当地社区的居民和市民分享故事。"互动画廊"概念设计如图6.2所示。①风景采集员由居民组成，他们可以将风景采集器带到乡村和城市内任意感兴趣的地方进行拍摄；②风景采集器是一块像砖头一样的装置，可用于实时拍摄，并将照片发送回养老院；③在养老院设置一处互动画廊，为老年人提供交流与讨论的场所和素材；④若看到喜欢的照片，允许老年人随时打印为明信片，用于自己收藏或赠送朋友；⑤通过随机风景采集员的出现，可以保证风景素材的多样性，引发老年人交流的无限可能性。同时，采集到的周围乡村和城市的风景照片可以作为引发老年人回忆的触发器。整体而言，互动画廊由两部分组成，分别是风景采集器和互动画廊。前者分发给居民用于分享外面的风景，后者放在养老院供老年人使用。

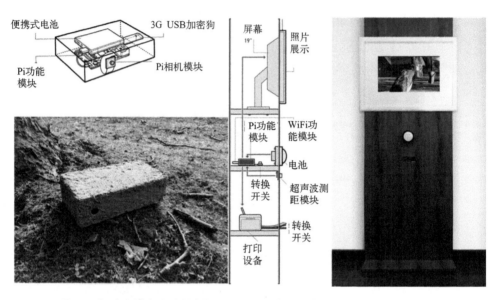

图 6.2 "互动画廊"概念设计（图片来源：李存等）

"互动画廊"设计存在的最大意义有三点：方便老年人拓展生活和信息半径，将只有"自我和同辈"朋友组成的生活圈扩展为"朋友、居民和社会"；另一方面，促进老年人的经验分享，有助于乡村和城市文化遗产的保存及老年人个人价值的增强；更重要的是，互动画廊项目的顺利完成，必须依赖年轻人和全社会的力量，这增强了社会对老年人的关心和年轻人的责任感。根据访谈，李存团队还发现，因为自信心的提高，老年人有了更多与家庭成员联系的强烈愿望。

6.1.2 三种信息交流过程模式

1948 年，美国学者 H. 拉斯韦尔首次提出构成信息传达的"五 W 模式"，如图 6.3 所示，即谁（who）、说了什么（say what）、通过什么渠道（in which channel）、向谁说（to whom）、有什么效果（with what effect）。1949年学者Shannon和Weaver提出了香农-韦弗传播数学模型，该模型包括5个要素——信源、传达者、信道、接受者和信宿，基本可以对应"五W模式"。信源产生的信息、知识，通过可视化传播符号，经过信息通道传达给接受者，最终产生接受效应。

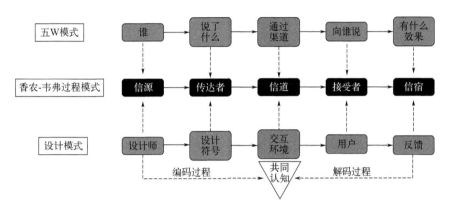

图6.3 三种信息交流过程模式

编码过程中，编码者（设计师）和解码者（用户）经常出现无法对接的情况，即信息不对等。编码过程中，设计师必须与用户匹配共同的经验背景、生活阅历，用户才能成功解码设计师选择的隐喻、换喻、提喻、讽喻等编码方式，整个过程是一个符号化和符号化解读的过程。一方面，编码难度要符合用户水平；另一方面，编码背景要匹配用户经验。视觉呈现是对信息的诠释，随着功能与目标的不同，视觉呈现的方式也会产生变化。用户在面对视觉呈现时，往往有一个意会认知过程。针对这一现象，德弗勒对香农模型进行了扩充，得到德弗勒互动过程模式，如图6.4所示。其中，最关键的是增加了"噪源"概念，是指信息传递过程中可能发生的一切妨碍因素。信息传达过程的完成需要传达者与接受者之间的"线路"接通，必须要求信息移动过程中不能出现任何信息噪声，否则信息将会受到损害。噪声产生的原因非常多，其中最主要的问题有两个：①信源/传达者（设计师创造的设计元素）与接受者（用户）之间的信息出现错误解码，如设计师认为红灯意味着危险，但是用户刚好是红绿色盲，则无法顺利完成交互；②信道（交互环境）无法畅通，如设计师认为红灯意味着危险，但用户的背景知识使他不认为红灯具有警示作用，则同样无法顺利解码。

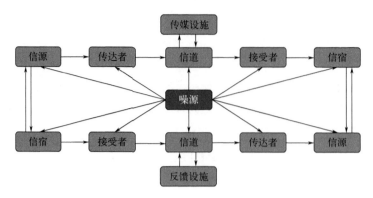

图 6.4 德弗勒互动过程模式

信息传达的成功还需要确保发送者和接收者之间的通信线路畅通无阻，以确保信息不受损。然而，部分智能产品上所呈现的信息可能存在噪声问题。编码过程中，编码者（设计师）将产品设计出来，供解码者（用户）进行产品的应用（解码过程）。此过程中出现无法解码的原因很多，其中最综合的表述即信息传达者（产品各方面要素）与信息接收者（用户的感知/认知）之间的信息不对等。从产品设计角度出发，较为通俗的表达即为产品与用户之间的信息传递关系出现"噪声"。噪声在信息传递过程中起到了破坏性的作用，它可以扭曲、干扰或削弱原始信息的内容和质量。总之，噪声的存在会导致信息的不完整、不准确或不一致，从而降低信息传递的效果和可靠性。内部噪源是指由信息传达的主体或传递者引起的干扰因素，例如信息解码错误。外部噪源是指来自信道或交互环境的干扰，例如信道阻塞或用户背景知识的不同。在信息传播过程中，智能产品媒介（即信道）产生的噪声对乡村老年人的信息接收和交流造成困扰，限制了智能产品在乡村老年人中的推广和应用。

6.1.3 差序格局之下的主体间信任传递关系

乡村老年人可能面临来自不同渠道，如电视、手机、报纸、邻里亲朋等的信息，但由于缺乏对信息源的了解和判断能力，他们容易对信息的真实性产生怀疑。信息是数字时代的重要经济产品和核心社会资源。我国老年人虽对信息资源需求总量巨大，但仍然是信息获取的弱势群体。学者李理选取罗尔事件作为样本，运用扎根理论研究方法，通过阐释生成机理构建了信任传递社会网络模型。将信息来源"不确定性"这一核心因素影响可进一步划分为"不确定性消除""不确定性意识""不确定性诉求",它们分别作用于信任传递的三种位移信任地带:放心地带、质疑地带、担保地带。该模型主要基于血亲关系的牢不可破的亲疏程度,即所谓的"差序格局"。"差序格局"由费孝通先生提出,通过血亲关系的远近来衡量信任的程度。这种情境主义依赖的文化观念认为,信任的建立和维系是受到社会背景和文化价值观念影响的。中国传统文化中的"差序格局"侧重于血缘关系的亲疏程度,血亲关系被视为信任的核心指标,如图6.5所示。这与现代社会中更强调经验积累、交往互动的观念有所不同。在强关系的乡村熟人社会中,人们之间的相互依赖性更为紧密,彼此之间的信任也更加稳固。这是因为他们长期在紧密的社交网络中生活,彼此之间的血亲关系和互助关系更加牢固。相对于弱关系的城市社会,乡村熟人社会中的信任更加持久、稳定,并且更容易建立和维系。

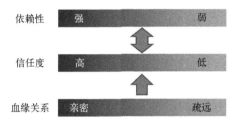

图 6.5　主体间信任传递关系

6.1.4　当代年轻人的尽孝方式转变

中国早期社会,年轻人的尽孝方式主要体现为通过给老年人提供米、面、食物等来帮助解决温饱需求,这种方式强调了物质支持的重要性,以确保老年人得到基本的生活保障。由于居住距离较近,年轻人可以经常面对面探望老年人。20世纪以来,随着信息技术和社会的发展,年轻人工作忙碌,开始为老年人购买手机、平板或电视,希望给老年人提供更多的信息和娱乐,并丰富家人之间的沟通方式。近年来,随着社会节奏和人口结构的变化,年轻人的工作生活压力骤增,用于工作时长增加,用于娱乐消遣的时间反而被压缩。很多年轻人为了工作机会走入城市生活,离家距离更远,也改变了探望父母和老年人的方式。因此,年轻人的尽孝方式也逐渐演变为电话或视频沟通。根据中国青年网调查得出,在异乡生活时,

80.3% 的受访年轻人每周至少联系家人一次，其中 11.2% 的受访年轻人几乎每天联系，36.6% 的受访年轻人一周联系家人两次。此外，16.6% 的受访年轻人一个月联系家人一两次，3.1% 的受访年轻人很少联系家人。但是，每周 1～2 次的电话沟通远远无法满足老年人对年轻人的情感寄托与需求。

目前，老年人对年轻人的情感需求远远超过了简单的礼物或物质赠予，他们更需要年轻人长久的陪伴与承诺。但是，社会压力变大的今天，表达孝道的方式也不应该成为年轻人的一种负担。尽孝更应该是自然的、亲密的、表达了某些承诺的关怀。让年轻人走进老年人的生活与内心，在这个过程中拓展老年人的"信息边界"与"情感寄托"。这种尽孝方式的演变不仅包含了物质关注，更体现出年轻人对老年人更深层次的尊重和关怀，类似一种轻松服务的维度。基于以上现状，研究者有必要针对日常无法进行实时交流的家庭成员开展探索，尤其是在存在沟通时间差异的情况下。通常，人们可以使用一系列同步通信工具，如视频聊天和电话，以及异步系统，如即时消息。但是，老年人与年轻人目前的沟通仍然具有挑战性，比如当使用同步系统时，很难找到两个人都有空的时间。甚至有时家人们的时间表还因地理位置遥远存在时区差异（例如白天与夜间）。虽然异步通信系统通常可以灵活地使用和克服其中的一些挑战，但是共享的内容和交换可能不如同步交换丰富。

出于这些原因，研究者 Yasamin Heshmat 探索了通过音频讲故事来丰富异步通信的方法。"声音"在过去已被证明可以让人们用来回忆某个时刻的情感，并激发人们的情感想象。同时，音频也可以在任何地方和任何时间使用，也已被证明感觉不那么"做作"，当它们被回放时能产生感伤的感觉。比如，人们经常会在自己家中听到特定的声音，如环境声、亲人说话声和日常生活中的声音，即使身在外地听到家人声音也会感到非常亲切。学者 Yasamin Heshmat 旨在探索和了解更多由异步音频讲故事的系统，期待该系统能够支持亲人之间的更多交流和反思。"家庭故事"由三个名为 SPARK（火花）、KINETIC（共享运动）和 TIMEKNOT（共享时刻）的设计原型探针组成，如图 6.6 所示。每个探针都被设计成允许家庭成员异步共享音频故事，来完成远距离连接。

Spark 这个设备就像一个"火花"，是一个生命周期很短的对话启动器：家人们彼此分享的故事在一周后自动删除，不管它们是否被接听过，它利用环境音通知以增加信息的短暂感。对于 Spark 来说，当有新故事时，白光会跳动,类似于心跳的频率,表明每条消息都有自己的生命。当信息接近被删除时,光的强度较低,脉动的频率较低,直到它停止跳动,信息被删除。

Kinetic 这个设备是为了激发亲人之间的"共享运动"感觉。例如,为模拟一次共享步行,如果一个人在"步行"运动时录制了一条消息,另一个家庭成员也必须同时进行相似的"步行"运动,该设备才会播放音频。探针内部通过加速度传感器监测运动,主要就是强化了一个创意,即如果一个人在录制一个故事时在移动,那么在接收端收听时也同样需要移动。Kinetic 的设计是为了让用户在听音频故事的同时可以分享散步、远足活动,并让亲人之间产生身体和情感的双重共享。

Timeknot 这个设备为了探索亲人之间"共享时刻"对交流的影响,只在一天的同一时间段为家庭成员播放消息。主要包括四个时间段,早上(6点到11点59分)、中午(12点到17点59分)、晚上(18点到23点59分)和深夜(0点到5点59分)。也就是说,早上发送的消息只能在早上播放,深夜发送的消息只能在深夜播放。同时,Yasamin Heshmat 利用"家庭故事"原型开展了一项探针部署研究,以了解远距离分享音频故事的潜在好处和挑战。他们招募了不同时区的家庭成员参与者,参加为期五周的系统实地研究。

招募参与者后,一名研究人员将进行家访并部署探针,并向参与者展示每个设备的工作原理。同时,参与者被要求在使用探针后,以在线文档或语音备忘录的形式完成在线日记。他们可以记录下与家人互动、交流的想法,系统也会自动记录他们的使用数据。研究表明,"家庭故事"很好地帮助了不同空间和时间背景下家人之间的交流,促进了人们之间的情感交流,营造了"在场感"。尤其是三种不同类型的音频交流方式,全方位地给家人带来了差异化的情感体验。

图 6.6 "家庭故事"概念设计模型(图片来源:Yasamin Heshmat)

6.2 融合扎根理论与技术探针的设计方法探索

为了应对乡村老年人信息传播沟问题,从传播源角度来说,需要通过细致的用户调研,不断挖掘并拓展老年人的信息渠道,试图打破老年人的信息壁垒和茧房;从传播路径角度来说,尽可能减少一切影响信息传播的噪声,包括降低信息难度、不断优化信息传播路径;从信息接收端来说,反复循环迭代,让信息更好地适配老年人的固有心智模型。扎根理论与技术探针设计相结合流程如图 6.7 所示。

第一步,采用扎根理论,理解田野调查背后的原因。利用定量、定性数据,整理用户需求的初始语句、主轴式编码、选择型编码,形成老年需求的概念范畴,并建立老年人需求模型。通过扎根理论结果,拓展老年人群的用户需求,理清传播源。

第二步,制作探针原型,用于探索用户每一步解决问题的过程和思考。无论是低保真或高保真原型均有意义。例如,探针可以是简易的 APP 原型或纸质开放性的玩具。帮助设计师深入了解用户的期望和目标需求,以及试用过程中发现的问题,思考解决问题的方法。

第三步,部署与观察数据。关注实际用户可能想要做什么,理解什么。收集用户每一步操作产生的数据,将数据进行定性、定量分析,确定用户操作模型。

第四部,迭代与优化。根据前期得到的反馈,对原型进行改进,更好地满足老年人的操作,适配老年人固有心智模型,减少信息传播噪声。

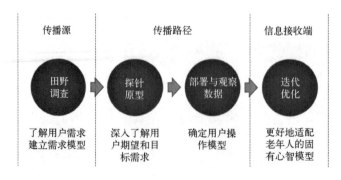

图 6.7 扎根理论与技术探针设计相结合流程

6.3 乡村老年人"一图一文"设计案例

针对乡村老年人智慧产品设计需求，采用扎根理论对老年用户进行深入调研，不预先提出假设，而是在调研资料中进行思考、找到观点。依次针对乡村老年人群的智慧产品应用需求进行问题选择 - 收集资料 - 分析资料 - 建立理论 - 检验理论饱和度 - 形成结论，其分析资料来源于访谈对象的原始语句。

6.3.1 研究对象

智慧产品应用需求的影响因素具有家庭性与社会性。家庭性即为内因，社会性即为外因。为此，需要考虑目标用户群体的家庭与社会交际情境带来的主次影响。本书遵循的原则是：优先考虑访谈对象所属家庭结构和年龄层次，同时兼顾访谈对象的生活习惯。如表 6.1 所示，最终选择 30 位泰安乡村老年人作为访谈对象。

表 6.1　30 位山东乡村老年人访谈对象

平均年龄：70.47岁
中位数年龄：68.50岁

6.3.2 数据收集与分析

本书通过访谈获取原始资料。每次选择研究样本中的 1 名受访者，在消除受访者戒备心理、乐于和访谈人员友好沟通的前提下，获得年龄、受教育程度、家庭构成、是否熟练使用手机等基本信息；再与受访者进行面对面、一对一的深度交谈。访谈时间一般为 20~40min。在征得受访者同意后，访谈过程进行了录音。

半开放式访谈提纲见表 6.2。主要包括设计开放式访谈问题，选取访谈对象，通过多途径进行访谈，收集原始编码数据等。本书使用面对面访谈、电话访谈与网络访谈相结合的方式获取所需要的信息。为了鼓励受访者畅所欲言，避免记录、解释时出现误差，采用录音方式，而后逐字逐句进行整理。访谈生成大量录音资料，每次访谈结束后，尽快完成笔录，删除与谈话主题无关的内容，使访谈记录条理化。

表 6.2 半开放式访谈提纲

问题类型	访谈内容
宏观影响	1. 您觉得新媒体时代对您的日常生活影响大吗？近两年来，您的生活在哪些方面受智能化影响较大？ 2. 您在日常生活中使用的家用数字产品有哪些？没有的话，为什么不信赖？ 3. 您觉得数字产品对中老年人的影响已经超过报纸、广播、电视等传统媒体了吗？
技术熟悉度	是否熟练使用数字手机？常用软件（智能 APP）有哪些？（是否使用微信、拼多多）
功能体验	1. 使用的数字化软件中，使用过的功能有哪些？不足之处有哪些？ 2. 微信发红包/视频聊天是否使用？（文字聊天/视频和语音聊天/接受好友邀请/单条语音输入/群聊功能/发朋友圈/表情包/发红包或转账/扫码支付/订阅号/第三方小程序/健康码/购物/生活缴费/新闻/直播/视频号） 3. 您在点这些图标时（扫一扫、收付款、视频聊天），这些图标一般与其他的图标放在一起，会不会出现点错的情况？（容错体验行为） 4. 您使用过哪些娱乐软件？为什么喜欢这款娱乐软件？喜欢的原因是什么？不喜欢的娱乐软件有哪些？原因有哪些？不使用的话娱乐节目使用哪些形式？ 5. （电视机/收音机）看电视的话，看哪些节目？期待看什么节目或者媒体视频？
实用方式	1. 最近一年您的出行方式有哪些？您或您的子女有没有使用过数字软件打车？ 2. 有没有使用或听说过滴滴打车？如果使用过，感觉如何？ 3. 最近一年您的就医方式有哪些？有没有使用手机网上预约挂号？在村里目前有哪些智能化就医手段？在就医方面您有哪些需求？ 4. 您目前的常用支付方式是什么？日常生活缴费服务有哪些可以在线上完成？购物支付或家用水电费是否使用过手机支付？不使用的原因是什么？ 5. 最近一年，您的购物方式有哪些？有没有使用过手机网购？使用过的应用有哪些？（淘宝、拼多多）为什么使用？不使用的原因有哪些？
期望值	随着技术的发展，你觉得中老年人应该融入智能化时代吗？您认为信息化是否给生活带来了方便？您认为有哪些好处/坏处？您期望未来的媒体信息服务给您的哪些生活方面带来方便？

对资料进行编码译码，逐级提炼初始概念、规范概念、子范畴、主范畴和核心范畴。即通过 Nvivo11 质性分析软件对访谈中收集到的文本资料进行三级编码——开放式编码、主轴式编码和选择式编码，在研究过程中不断比较、提炼和修正概念，直至达到理论饱和。

（1）开放式编码

本书通过对原始资料的语句进行逐句编码，经过多次整理、归纳、条目化，将仅出现两次及两次以下的初始概念删除，同时剔除与本书无关的材料和概念，还有与受访者前后说法不一致，互相矛盾的概念，最后得到样本素材中乡村老年人互联网应用需求的115个初始概念和14个范畴类属，如表6.3所示。

表6.3 老年人社交媒体应用需求影响因素的初始语句

范畴类属	初始语句（概念）
宏观影响	A1 新媒体时代对日常生活影响非常大
宏观期许	A2 未来希望智能化更简单，别人好教，我们也好学
功能实用	A3 家用智能电饭煲更智能化了，使用的时候只要把水和米按比例加好，然后按下智能的按键，就不用管了，到时间米饭熟了，就自动断电保温，实用又方便（步骤简洁＋安全问题）
信息接收	A4 生活水平有所提升，出门方便多了；接收信息的途径变多了。交流方式很多
使用权度	A5 子女智能手机换新后，用上了子女替换下来的智能手机（产品的二次使用）
使用权度	A6 电饭煲、空气炸锅、智能手机、智能电视都在使用（直接使用）
使用权度	A7 智能电视、电磁炉、电饭煲、小爱同学都由子女购买（直接使用）
信息接收	A8 使用数字产品更多了，报纸、广播、电视等传统媒体渐渐被淘汰了
功能实用	A9 眼睛花了，报纸的字太小了，看不清，手机的字体可以调节大小，比电视上的娱乐节目多很多。更喜欢现在的智能电视，节目多（解决字体问题、节目单一问题） A10 不再看报纸了，之前听收音机需要调台，有点麻烦 以前喜欢听收音机，收藏了七八台设备；现在听的是智能版唱戏机（解决调台信号问题）
信息接收	A11 接受数字产品更多了，没有报纸看了，村里广播各项通知；播放红歌
信息接收	A12 现在的智能手机只要有网，就可以自己找喜欢的视频，而且推送得都很快
使用权度	A13 微信、淘宝、支付宝这几款比较常用（使用交互软件）
情感导向	A14 子女的智能手机不用了，我就拿来刷抖音小视频；看着年轻人玩手机，自己也想用 像微信视频聊天、远程通信如同见面，很亲切
操作用度	A15 子女发微信会接，但是自己不会发出去；能和亲戚、子女进行简单的视频聊天 其他功能子女不教的话目前不会用，不太敢自己操作
功能实用	A16 出去买东西用微信、支付宝支付，免去了带现金和找零钱的不方便
操作用度	A17 网购机会多了，东西也买得多了；看到抖音、快手直播间的衣服心动就想买，但是买回来不一定穿
安全指向	A18 某些购物网站有质量和购买套路问题，所以很少使用
功能实用	A19 在某些购物网站买东西用得很多，因为便宜且购买方便
情感导向	A20 抖音直播间链接分享给孩子，想让孩子也看看（和子女的分享欲，平时出门逛街少了）

续表

范畴类属	初始语句（概念）
功能实用	A21 智能手机通信很方便，之前需要背电话号码，年纪大了记不住，现在也不再需要手写电话簿了
	A22 只会最基本的打电话，微信会接听视频通话。智能手机通信很方便，在家里就能和子女、亲戚轻松聊天
	A23 智能手机内存大，能记忆好多电话，也有亲友号，更方便找到
	A24 工作通知在微信上更方便了，领导在群发布通知或开会，也节约了时间
情感导向	A25 打字太麻烦，我喜欢直接给孩子发语音；发语音还能听见真人的声音，更亲切
	A26 子女在身边不太使用微信，通信要求不高；与子女同居情况下，跟子女学习智能化产品的机会也多，学习发朋友圈、刷抖音；出去逛街喝茶的时候喜欢发个朋友圈，也喜欢这种年轻人的娱乐方式
	A27 与子女不是每天见面，通信联系随着技术的发展，从"听见音"到"见到面"
安全指向	A28 不会使用微信发红包，没敢绑定银行卡，怕丢钱
功能实用	A29 这两年我有了微信，村里购物也使用电子二维码了，纸质的用的时间长了发皱，看不清楚
	A30 现在交电费、保险费、医保费在网上交更轻松，自己不会操作，都是由子女完成
情感导向	A31 子女忙的话只能自己用现金，感觉跟社会脱节，越来越跟不上年轻人的步伐了
容错体验	A32 有时候晚上眼花容易点错，错了也没办法，再点几次（重复操作）。手机屏幕有些刺眼，自己不太会调，看太多了眼睛会感觉不舒服。阳光下，智能调节光亮度低的时候，更看不清（屏幕舒适度）
	A33 老花眼看不清楚，子女把字体调到最大（字体变大，改善）
	A34 智能手机的电量显示太小，看不清，不知道什么时候充电（电量显示小）
	A35 付钱的时候用指纹比较多，记不住密码，太简单又怕不安全（密码安全问题）
	A36 公共场合网络不好的时候需要扫码好几次（网络信号问题）
	A37 用的女儿不用的手机，长时间刷抖音就会很卡，关手机的时候还会响，不好用（流畅度）
	A38 年纪大了，玩手机的时候需要戴老花镜（花眼等用户自身老化）
	A39 手机锁屏打不开，所以不给老年人上锁，但是不上锁又容易误触，好几次给子女误打过去了电话（屏锁安全）。孩子每次听见没声音，先挂断，再回来，确保老年人安全
	A40 老年人为了省钱、省流量，在出门时把网络断开，但是使用起来没网的时候又很着急（网络信号问题）。
	A41 能使用微信转账，但是钱包零钱和零钱通的功能分不清，有时候钱不知道怎么存到零钱通，导致从钱包无法提现（功能不熟悉）
	A42 收款码和付款码分不清楚位置，会误触，打开错误
娱乐需求	A43 抖音、快手娱乐小视频类的软件使用得多
	A44 喜欢一些与生活有关的、娱乐性的短视频，手机上推送的内容就喜欢看
	A45 想看孩子工作和学习的时候发过来的动态
	A46 喜欢微信，年轻人、老年人都能用，很方便

续表

范畴类属	初始语句（概念）
娱乐需求	A47 喜欢一些国际的、军事类或者新闻短视频。看新闻或者革命片，喜欢重温老革命片
	A48 想看遍各个地方的传统戏曲，现在常看的就几个自己熟悉的，有些无聊
	A49 视频号的内容比电视节目新颖很多
	A50 不仅有娱乐搞笑视频，也有烹饪的食谱，听新闻也更加方便
	A51 喜欢抖音是看了挺开心的，看别人发的视频，喝茶消磨时间
安全指向	A52 搞笑视频看多了觉得比较耽误事，视频的真假不知情，感觉忽悠人
	A53 看一些关于女大学生被拐走的视频，告诉在外的子女（人身安全）
娱乐需求	A54 电视剧基本上都是三四十集，如果看上瘾了，比较耽误事，不如短视频能解闷，平常没有那么长的时间追剧
	A55 联网之后能看的电视节目更丰富了，孙女喜欢的动画片能随时观看
专业学习	A56 随着线上办公的兴起，中老年人因工作所迫需要学习一些表格处理，完成工作任务，只能向子女学习
	A57 子女示范在手机上做文件，慢慢也就学会了，对手机也熟练些
功能实用	A58 现在手机比电视的功能全面一些，自己的手机可以戴耳机
	A59 声音也能进行个人控制，晚上也不会影响到其他人
	A60 抖音、百度、快手这几款比较常用
	A61 用浏览器或者百度搜喜欢的电子书
	A62 年轻学生时期喜欢看书
	A63 现在书买得少了，手机上新书出得多，资源丰富，就是找起来费劲，但是看到喜欢的电子书很开心（读书兴趣的新方式）
情感导向	A64 期待看孙子、孙女的朋友圈，每天打开看看孩子们发没发动态，打电话的时候也爱问，最近去哪玩了吗？发个朋友圈让俺也看看
	A65 老了，去不了远的地方，从手机上看到孩子能去，心里也高兴
	A66 喜欢保存子女朋友圈的图片到自己的相册，留作念想
	A67 聊天的时候，想把保存的照片分享给邻居朋友，特别开心
容错体验	A68 老年人使用微信加好友和发朋友圈的操作，还是比较麻烦
	A69 微信不能一键转发朋友圈，感觉不顺手
娱乐需求	A70 刷抖音，也喜欢看电视；非常愿意看看戏剧，比如沂蒙小调
	A71 短视频时间短，能够解闷，喜欢新闻时政热点的头条视频。
	A72 喜欢看电视连续剧，军事题材的更好；因为喜欢、想念小孩子，所以也爱看一些少儿类节目
情感导向	A73 还想看孩子工作、学习的时候发过来的动态
娱乐需求	A74 看着年轻人玩手机，自己也想用智能手机打电话，在抖音上分享自己的生活
	A75 期待与民生政策有关的新闻，能及时了解
购物需求	A76 通过抖音、快手上的直播链接买点实惠好用的东西

续表

范畴类属	初始语句（概念）
出行需求	A77 一到过节人多的时候，子女开车出去不容易找地方停车，子女在手机上打车会比较方便
	A78 孩子出门经常使用高德地图，担心孩子安全，每次都嘱咐孩子不要晚上坐车
	A79 子女出门、上学时用打车软件较多，老年人在家不用，也不会用。子女若使用打车软件，老人也会持续关心安全
出行需求	A80 滴滴打车也挺方便的，基本上都到家门口来接，不用到路边等出租车
就医需求	A81 一般头疼发热去门诊、药店问医拿药
	A82 头疼脑热找村里的医生、去镇上的药店去买药
	A83 子女陪着去医院会提前挂号。大病就让子女带着去医院检查就医
	A84 需要查体的病症就让子女陪着去医院，子女比较熟悉，一般都提前挂号
	A85 去医院之后使用机器挂号，充钱去就医，年纪大了操作不熟练，自己去的话找护士帮忙
	A86 村里每年会有疾病排查的免费查体活动
支付需求	A87 微信或者支付宝绑定银行卡支付
	A88 平时使用现金，取养老金使用固定的存折
	A89 家里的水电费、保险费孩子在手机上交
	A90 家里的手机电话费、保险费这两年都是子女帮忙交
容错体验	A91 年纪大了，自己不敢操作，怕交错了，自己也找不到在手机的哪个地方
购物需求	A92 看着子女在网上买东西挺好的，快递速度也挺快
	A93 需要什么就麻烦子女买，一般是子女主动给买
	A94 淘宝、抖音、快手网购；抖音、快手有直播活动，没事的时候随意听听
	A95 不用出户也能买到想买的东西
	A96 镇上发达了，超市规模更大了。一般去超市购物，年轻人喜欢网购之后，超市去得少了
	A97 对于老年人来说，超市打折多了，商品看得见、摸得着
安全指向	A98 听说某购物平台上有的商品质量不好，所以很少在该购物平台上买（品质安全问题）；拼多多打开以后广告太多，怕被骗，所以很少点开拼多多（广告多）
	A99 使用拼多多、抖音购物比较多
	A100 某购物平台上的很多东西真便宜，但有的买回来是真没法用
容错体验	A101 老年人融入还是有点慢的，需要边使用，边学习
	A102 老年人融入还是有困难的，在自己手机只会一些基本的，步骤多了不会操作
安全指向	A103 虽然智能手机很方便，但还是有一些骗子，在网上发一些病毒链接，一旦点入就可能被盗取银行卡（防诈骗）
	A104 只会使用智能手机的基本功能，比如接打电话、接听微信视频，但是没有子女教过的操作，自己不放心去乱动
	A105 骗子多，容易上当受骗，自己有的不敢使用，还是熟悉的东西好用

续表

范畴类属	初始语句（概念）
安全指向	A106 怕出问题，丢了钱财（财产安全）
	A107 很多缴费的信息、社保卡号都在手机里面，没有安全保障我不敢用
	A108 娱乐软件上的广告提示下载一些理财软件，老人容易盲目跟着下载，很可怕
专业学习	A109 希望智能化更加健康，多分享养生知识或医疗小常识，给老年人单独推送
	A110 遇到专业性的知识，生活中不懂的，也能去语音搜一搜（教学视频）
宏观期许	A111 希望老年人的手机交互方式能够更简单
安全指向	A112 娱乐软件的诈骗视频也太多了，赚钱刷金币的方式五花八门
	A113 手机使用不当容易被骗取信息
专业学习	A114 老年人做饭可以搜菜谱，喜欢为了孩子学做美食
	A115 随着智能化发展，有的工作也给中老年带来了挑战，期望专业性的教学视频更加普及方便

（2）主轴式编码

主轴式编码是对开放式编码中形成的概念类属进一步合并、归纳，用于发现这些概念类属之间的关联。为了使范畴更严密，在主轴式编码的过程中要发现范畴之间的潜在逻辑联系，将各独立范畴联结起来，研究范畴的性质和层面，发展出主范畴。

（3）选择式编码

在选择式编码中，会进一步形成一个概念系统，系统中这些关联性概念的重要程度是不一样的，需要通过进一步合并、归纳、选择，得出一个或几个核心概念，因此选择式编码也被称作核心编码，如附录5所示。

（4）理论饱和度检验

扎根方法调查抽样遵循"理论饱和原则"，即当被试资料信息大量重复，对厘清概念、确定范畴、构建理论无意义时停止抽样。为了验证理论饱和度，本书将已形成的概念、范畴和逻辑关系做理论饱和度检验，研究中并未出现新范畴和类属关系，这表明已达到较好的理论饱和度。

6.3.3 乡村老年人群需求模型构建

本书模型构建经过三级编码的探析和原始资料的反复挖掘，每个范畴在乡村空巢老年人用网服务过程中都存在相互影响及因果关联逻辑。以扎根理论"条件-现象-行动-结果"这一典型模型为理论构建依据，以乡村空巢老人新的智慧产品需求为导向，纳入当下现实环境的内外因素，最终构建六大功能性需求导向下的乡村老年人互联网需求模型，如图6.8所示。

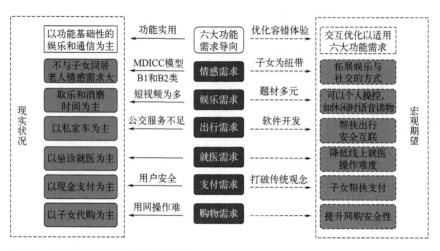

图6.8 乡村老年人智慧产品需求模型构建

本书发现乡村老年人智慧产品的使用以基础性娱乐和通信为主。一方面，在内外因环境影响下，子一代牵动着乡村空巢老年人走向智能应用；另一方面容错体验较差致使这类人群在现实中难以得到独立使用的满足感。因此，乡村空巢老年人的智慧产品需求主要以六大功能需求为导向，优化容错体验。六大主功能需求为情感需求、娱乐需求、出行需求、就医需求、支付需求、购物需求。

（1）情感需求

在乡村老年人群模型分析中，乡村空巢老年人群情感需求更大。根据扎根理论，本书以子女为纽带建立情感导向需求，认为在智能化操作上需要提升通信联系时心理容错率，拓展娱乐、社交的方式方法，激发乡村老年人使用智能媒介的热情。

（2）娱乐需求

乡村空巢老人使用智慧产品主要在基础性娱乐及通信社交方面，根据扎根理论，乡村空巢老人对生活、休闲娱乐短视频接纳为多，取乐和消磨时间为主；相比传统媒介可以自主控制设备，新的娱乐方式下期待题材多元的健康网络环境；且智能推送方式期望可以子女和个人操控，如休闲时语音读物等，提供可靠的娱乐模式。

（3）出行需求

现阶段乡村空巢老年人的出行以私家工具（自行车、摩托车、三轮车等）为主，相比于城市老年人来说，乡村公交服务问题主要存在于车次查询和候车服务不足，乡村老年人期望能独立完成线上车次查询及候车服务咨询问题。另外，随着滴滴打车等线上出行方式出现，乡村老年人对于子女及个人出行安全问题尚存心理顾虑。本书认为，完善子女对老年人的帮扶出行和安全互联问题，是乡村老年人重点出行需求。

（4）就医需求

随着医疗的快速发展，乡村就医服务逐渐提升，预防疾病往往比被动接受治疗更为有效。现阶段乡村空巢老年人的就医方式以传统的坐诊就医为主，与智慧就医相关的设备操作，大多靠子女辅助完成。本书发现，需要简化线上预约及诊断查询等交互方式，降低操作难度，让空巢老人也能完成线上医保卡的使用；同时增加中西医相关的养生常识，提供适合老年人的锻炼身体、饮食搭配等养生服务信息。

（5）支付需求

自2013年微信支付正式开通，它向用户提供了快捷、高效的支付服务。然而随着各大支付平台功能服务的拓宽，在支付环境、操作安全上仍存在用户安全的不确定性。对于乡村空巢老年人来说，更是如此。现阶段乡村空巢老年人仍然多以现金支付为主，子女代付为辅。他们对于支付操作及环境安全性认知低，心理抵触情绪强烈。我们期望未来打破老年人的传统认知观念，使他们更便捷地享受支付服务。

（6）购物需求

随着网购、直播带货等购物方式的兴起，购物需求在当下老年人身上也逐渐引发着过度消费现象。对乡村空巢老年人来说，对于用网操作难度大于购物需求，多以子女帮助网购为主，自身购物体验不足，方便、享受的线上购物环境尚存在开发前景。

6.3.4 "一图一文"装置设计

代际交流是可以跨越不同年龄和能力的交流，由具有较高技术素养的人群定制相应图文内容，提供给老年用户。满足个性化需求的便携式有形设备，旨在加强他们现有的社交圈（家庭成员）。这两个方向分别对应着它们的外围和亲密关系。对于这两个方向，除了设计形式的差异外，老年人的参与程度也存在差异。

"一图一文"（OPOW）是一个使用简单、成本低廉的设备。原型硬件系统仅包括一个安卓电子屏幕设备，信息提供方仅需要一部随身手机即可，系统会自动连接到 OPOW 服务器。该服务器为 OPOW 系统提供通信和配置，并托管基于 Web 的 OPOW 管理界面。子女端为一款 APP，包括登录界面和主界面，如图 6.9 所示。登录屏幕非常简单，用户登录后，会看到一个主屏幕。首先选择想要分享信息的老年人，点击老年人下端的"分享"

图 6.9　子女端图文分享 APP 界面

图 6.10　老年人端图文展示界面

按钮。其次，选择想要分享的图片，添加相应的文字信息，即可完成相应信息的分享。老年人端界面为一个主屏幕，供接收视觉图文信息，如图 6.10 所示。前期发来的图片，可以作为备选图片，在设备上不断滚动播放；老年人可以触摸屏幕，翻页浏览相应信息。

6.3.5 参与者与数据收集方法

笔者招募了一组乡村夫妻——81 岁的王爷爷和 78 岁的伍奶奶。他们虽然有一对子女，但是生活在县城里；另外还有一个孙女目前在一线城市就读研究生。在部署 OPOW 之前，第一阶段，笔者采访了王爷爷和伍奶奶，评估他们与子女的关系，通过半结构化采访了解他们目前与子女辈和孙辈的联系方式及频率。第二阶段，部署 OPOW，笔者会利用 1 周的时间来收集关于他们与 OPOW 的互动，观察他们与设备的关系或互动。还会收集一些家人之间交流手写的日记以及访谈录音。第三阶段，部署 3 周之后，再次进行访谈。老年人与子女分别开展问题访谈，询问老年人对 OPOW 设备的印象和使用意愿，如图 6.11 所示。笔者在整个部署过程中使用了采访、日记、观察和数据记录的方式来收集数据。

图 6.11 可用性测试场景

第一阶段：Baseline 研究。

对参与者家庭成员进行访谈和家访。在外地的子女采取电话或视频的方式，全程录音，获得原始数据方便定性研究。确定参与者家庭后进行家访，首先介绍研究目的，进行半结构式访谈，提出诸如以下问题。

　　平常孩子多久会回家一次？

　　孩子和家里联系的频率？

　　主要以什么样的方式和子女联系？（生活方式）

　　平日会使用什么样的电子设备？（技术接受程度）

　　对参与家庭的子女方也提出诸如以下问题。

　　什么情况下会和家里取得联系？

　　与父母是否有日常的生活交流？

　　是否能够熟练使用手机？（乡村外出务工者不排除无法熟练使用手机的情况）

　　访谈结束后，巡视参观参与者家庭状况。拍照（考虑探针部署情况），然后向参与者介绍"技术探针"。首先解释了探头的工作原理，然后演示了它。向老年人介绍并演示 OPOW 的父母端的功能（操作上并不困难，主要是浏览的目的，不必循序渐进地让其了解），设备选取合适的位置（不能太偏僻，可以经常看到）。指导参与家庭的子女方使用 APP 或者链接。

　　第二阶段：OPOW 部署和后续访谈。

　　要求参与者在第 1 周至少每天用 APP 向父母端发送一条信息。在这一阶段，笔者还给参与者发了日记，并要求他们记录在第 1 周的部署期间与 OPOW 的日常经历。日记包括以下提示："你今天收到 OPOW 的任何信息了吗？如果收到了，你的反应是什么？"以及"对系统有什么意见吗？"。

　　后续访谈的目的是了解参与者对 OPOW 的经历。笔者的采访协议包括这些问题。

　　"告诉我你对这个系统的三点赞赏。"

　　"告诉我三件你不喜欢这个系统的事情。"

　　"你什么时候收到的信息？你的反应是什么。"

　　"系统应该有哪些改变？"

　　"你如何看待使用 OPOW 后的未来生活？"

　　在这一阶段，笔者还参观了参与者的住所，要求他们展示他们还愿意在哪里使用 OPOW 探测器。

　　部署三周后，考虑到乡村老年人的文化程度，不建议采用鼓励其写日记的方式记录使用感受，但是此方法可以用在子女方。父母方可以采用定期访谈录音的方式，或者指导使用录音笔，主要目的是获取使用者真实的使用感受。此过程需要现金补偿。三周之后再次进行访谈。对老年人与子女分别开展问题访谈，内容如下。

对该系统有何评价？（使用感受）

是否愿意继续使用？

说出 OPOW 的优缺点？

你还喜欢哪些主题的内容？

OPOW 的改进建议？

此类情感关怀类的产品的意义何在？

6.3.6 数据分析

笔者进行了 3 轮评估，包含老年夫妇和子女用户。所有的成年参与者都对这个系统做出了积极的回应，认为他们与系统的简单互动是一个积极的因素。更重要的是，由此产生的结果与笔者的主题讨论是深远的，产生了大量的设计建议和个人启示，探索了关于参与者与亲密的家庭交流和技术的本质。三轮采访均有录音，本书的所有姓名和数据均已匿名。采访采用中文，扎根理论被用来分析数据，让主题以自下而上的方式出现。在最初的编码中，笔者保持开放的态度，从原始数据中发现任何范畴的可能性。

后期将数据中反复出现的"接受、意愿、隐私、威胁、网络、共享、分享、欲望、交流、加深、情感、话题、主动、分享、打破、固限、拉近、距离、建立、信任、现实、同步、产品、优势"等关键范畴进行梳理总结，探讨 OPOW 的优势以及作为探针的作用，如表 6.4 所示。同时，也为后期设计关于乡村老年情感交流产品提供依据。

表 6.4 依据扎根理论技术所形成的范畴

核心范畴	主范畴	范畴	范畴内涵
通过分享促进代际交流	宏观评价	接受意愿	希望 OPOW 能够真正投入生产与销售 非常愿意把它分享给我的好朋友
代际分享不等于网络共享；降低使用的安全隐患	安全隐私	隐私威胁网络共享	我倒没考虑这个问题，孩子（子女）考虑了 子女认为不能把隐私分享到网上去，分享给家人比较好
代际交流话题增加，整体子女主动性大于父母主动性；互动轻松无约束感	情感链接	分享欲望交流加深	会，我觉得更加会想着对方，期待了解对方；子女也想分享，看见分享图像是在面前一样。能了解子女的爱好、生活的一些细节、生活状态等。在这种分享中，彼此自然而然地就会产生分享欲，就会更想要去分享

续表

核心范畴	主范畴	范畴	范畴内涵
代际交流话题增加，整体子女主动性大于父母主动性；互动轻松无约束感	情感链接	情感话题主动分享打破固限	OPOW的使用感觉很大程度不同于微信聊天，主要体现在：微信聊天的时候，能谈到的更多的是对他的要求；OPOW是子女主动把近期生活分享给我，不需要问。比单纯使用微信的这种聊天要更全面；微信聊天话题已经比较固定，可能每一次都是聊如"吃、喝、身体怎么样"这些事
		拉近距离建立信任	子女分享图片后，首先会引起我的兴趣、好奇、欢喜等，接着就想问她，这些怎么样。而且这种分享更像子女就在身边面对面聊天，它可能不太需要拘束感。而且子女看到什么，觉得很轻松地就可以发过来了。无意间感觉到拉近彼此的距离，好像大家都在一个空间、一个房间里一样
交流范围辐射到生活的方方面面；使用后距离增进，彼此建立现实同步的分享欲	使用体验	现实同步产品优势	在生活当中的方方面面都能够沟通。从子女发过来的这些照片，比如说弹钢琴或者是找钢琴，这些类型的图片，能看到子女的爱好和生活状态；从图片中也能看到子女随时随地的状态。聊天话题更多了，对于子女的状态更了解了，可以轻松地感受到子女要表达的意思，甚至觉得原来父母和孩子之间真的有永远聊不完的话。通过分享，能够给我带来一种比较现实的感觉，就是好像和子女更同步了。特别关注子女的自我成长、自我学习方面，看到子女做一些与学习相关的事情时，会特别高兴，特别欣慰

6.3.7 "一图一文"设计启示

通过3周部署OPOW设备，笔者得出了其对乡村老年人与家庭的意义。

① 促进家庭代际交流与家庭协调。设备放置在家庭中的3周时间，受访者表示子女与老人联系的频率显著增加（当然这是研究本身要求的）。但这种子女对老人"承诺"的兑现让老年人的心情很好。王爷爷表示："是子女主动把近期生活分享给我，我不需要问他们。"OPOW设备也增加了老人与子女的亲密感。"孩子分享图片后，首先会引起我的兴趣、好奇、欢喜等，接着就想继续问她。而且这种分享，更像子女就在身边面对面地聊天，它不太需要拘束感。而且（子女）孩子看到什么她觉得很轻松地就可以发过来了。无意间感觉到拉近彼此的距离，大家好像在一个空间、一个房间里一样。"同时，子女也表示，会更加不自觉地想到老人，愿意自然而然地给老人分享自己的学习与生活。例如"孙女独立包了饺子，这种饺子正是奶奶爷爷教给她的"。这种互动不仅可以增加代际之间的交流话题，还可以加深彼此的了解和关系。奶奶、爷爷、母亲和父亲等家庭成员，他们可能想跟踪每个孩子的日常活动时间表。而孩子们可以通过向父母和老人汇报自己的行程及拍摄的照片，来满足家庭成员对他们的关注和期待。这种信

息交流方式与实时视频和语音通话等传统沟通方式有所不同。它可以作为一种相对更加轻松和个性化的方式,用于子女的日常学习和工作,从而不会对其生活和学习造成过多的干扰。

② 拓展乡村老年人信息边界。本书中,OPOW 分享可以促进代际交流话题的增加。通过分享,年轻一代可以向父母分享他们在学校、工作或生活中的经历和见解。例如孙女发来一张在弹钢琴的照片,爷爷便会询问弹钢琴的场景和孙女的见闻。有一次,孙女在一张照片上写上"小超市的哈根达斯冰激凌很好吃",老人便会去询问孙女什么是"哈根达斯",在一定程度上扩大了老人的信息边界。同时,还有一张照片,是孙女与爷爷最喜欢的明星"邓丽君(已经去世)"的合影,这是孙女用 AI 技术生成的照片。在后面的视频通话时,爷爷便询问了 AI 技术的问题,使乡村老年人能够跨越地理限制,解决了他们长期面临的信息贫困难题。

OPOW 分享带来的互动是轻松和无约束的。针对 OPOW 设备的未来改进,用户也给出了一定建议。他们希望 OPOW 设备可以随身携带,不再受到时间和空间的限制,彼此能够查看对方的时间线,并为彼此留言。另外,OPOW 后期会在外形上做出优化,从触摸通道改进家人之间的沟通。家人们交流的同时可以感受彼此的温度和触感。后期,笔者在 OPOW2.0 版本可以扩展此服务以支持通信、便携性和跟踪配备。

本章小结

与年轻人相比,老年人在信息检索、网络安全、在线交流等方面存在差距,无法充分利用互联网和数字化平台所提供的信息资源,老年人与智能产品信息之间存在"传播沟"。本章借助查特曼圆周生活理论框架中的"小世界"情境,认为文化差异导致弱势人群的小世界与外部世界之间经常存在信息交流屏障:小世界内的人很少自觉地从外部世界寻求信息,而外部世界的信息,由于它们从内容到形式都打着主流文化的烙印,也很难真正注入小世界的生活。即使主流信息以某种方式强行注入(如通过社会救济机构或社会工作者),也经常被视为无用信息,形成信息超载。这种"屏障"的存在是导致弱势人群小世界信息贫困的主要原因。本书提出利用扎根理论深入研究用户需求,同时将技术探针作为一种新方式,有效地收集关于用户生活、行为和态度的见解。通过与用户的紧密合作,技术探针能够使用户参与到设计过程中,并将他们的需求和期望融入技术的开发中。

实践层面,通过设计出符合差序格局下的主体间信任的产品"一图一文"(OPOW)设备,让年轻人为乡村老年人提供新型孝道,试图打破传统乡村智能产品的设计困境。在设计 OPOW 时,笔者想要一些足够开放和灵活的东西,让参与者以新颖和有趣的方式适当地使用,但它是无负担的,很容易在短时间内部署成为一个研究工具,需要很少的基础设施来实现。通过 3 周的用户实地部署,OPOW 在三个方面取得了成功。首先,有助于揭示老年人实际需求和年轻人孝道供给之间的均衡关系。其次,提供了现实生活中的使用场景,以激发老年人与年轻人之间的交流机会。最后,在分享的过程中,家人之间逐渐建立了现实同步的分享欲望,拓展了乡村老年人的信息边界,使得代际交流更加紧密和真实。通过设计案例证明了扎根理论与技术探针融合设计方法解决乡村老年人信息传播沟的有效性。

[1] 李菲,夏南强.艾尔弗瑞达·查特曼的情报学研究[J].情报资料工作,2014,000(006):35-38.

[2] Li C, Lin X, Kang K, et al. Interactive gallery: enhance social interaction for elders by story sharing[C]. Advances in Digital Cultural Heritage: International Workshop, 2017.

[3] 蒋学东."5W"传播模式下科技期刊传播的"变"与"应变"——基于媒体融合背景[J].出版科学,2018,26(3):78-81.

[4] 郭庆光.传播学教程[M],2版.北京:中国人民大学出版社,2011.

[5] 李理.基于扎根理论的网络事件信任传递机制研究:以罗尔事件为例[J].全球传媒学刊,2018,5(1):39-52.

[6] Heshmat Y, Neustaedter C, McCaffrey K, et al. Familystories: Asynchronous audio storytelling for family members across time zones[C]. Proceedings of Conference on Human Factors in Computing Systems, 2020.

[7] 费小冬.扎根理论研究方法论:要素,研究程序和评判标准[J].公共行政评论,2008,3(1):23-43.

Chapter 7

第 7 章
乡村智慧养老服务产业升级——从"重技术"到"推场景"

7.1 乡村养老服务现状
7.2 乡村智慧养老
7.2.1 智慧养老概念
7.2.2 智慧养老产业地图
7.2.3 现有乡村智慧养老服务模式案例
7.2.4 乡村智慧养老的发展阶段与政策推动
7.3 "重技术"到"推场景"服务协同
7.3.1 乡村智慧养老服务模式组成
7.3.2 智慧养老服务模式升级
7.4 构建乡村智慧养老综合服务平台
7.4.1 分场景子系统平台架构和核心功能
7.4.2 各类平台系统与 APP 展示

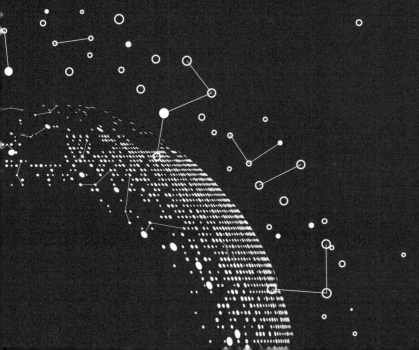

社会老龄化与乡村人口流失是我国面临的两个重大难题，在其影响下我国乡村养老服务需求迅速增长。目前，很多大城市正在开展的智慧养老服务可以提供便捷、高效的解决方案。但是，乡村地区无法照搬照抄，需要构建一种适合乡村养老的创新智慧养老模式来满足社会的需求。乡村智慧养老服务产业升级需要立足乡村，以乡村为出发点和落脚点考虑每个应用场景，在现有养老产业的基础上利用互联网、物联网、云计算、大数据等技术高质量提升老年人的生活体验。通过场景模式升级精准匹配乡村老年人群体需求，整合服务资源，提供精神情感交流机会。针对日常护理、家务服务、生活照料、健康医疗、文化娱乐、精神慰藉等场景，在确保老年人人身安全基础上，努力提供全方位、个性化的养老服务，创造一个让真正"老有所养、老有所依、老有所乐"的乡村社会。建立乡村老人智慧服务产业，宏观层面为构建和谐社会奠定坚实基础，有效推动老龄社会资源的合理配置和产业结构调整；微观层面体现并运用老龄化配套设计的创意内涵，提升乡村老年人服务的获得感。

7.1 乡村养老服务现状

就目前的社会总体水平，虽然智慧养老服务蓬勃发展，但在可用性、可获得性、可负担性及质量评价水平上仍有较大的提升空间。这主要是因为智慧康养服务无法满足低数字素养的老年人顺畅地享受服务，影响可用性；同时，很多服务平台资源未能及时有效地向乡村老年人倾斜，阻碍可获得性。另外，老年人的经济能力与消费习惯限制了产品的可负担性，同时专业服务队伍的缺乏、市场公信力不足及标准规范的不统一又影响了服务质量。基于现状，我国政府相关部门发布了《智慧健康养老产业发展行动计划（2021～2025年）》，提出要积极推广智慧养老服务，并极力推动新一代信息技术与智能设备在典型养老场景下（包括居家、社区及养老机构）的集成应用。该行动计划主要遵循四个原则：需求驱动与供给升级、创新驱动和科技赋能、政府引导及多方联动、统筹推进和示范引领。

在政策支持和推广下，我国的智慧养老产业在大城市有了初步的发展。本书第1章也介绍了我国乡村老年人养老模式现状，主要包括传统居家养老、机构社会养老和乡村互助养老模式。然而，智慧养老服务在乡村地区的服务平台建设较少，乡村的养老服务水平与城市地区存在明显差距。养老观念落后、熟人社会结构、年轻人进城务工、养老资源不足、可支配收入较少等诸多因素，均使得乡村地区的智慧养老服务面临巨大挑战，具体表现如下。首先，乡村老年人对于养老观念很大部分还是停留在"子女养老"阶段，其他养老模式认知较少。其次，由于封建小农经济的历史传统渊源，乡村多以宗族的方式划分群体，邻里关系也比城市亲密许多，形成一种"熟人信任"的关系。另外，资源方面，无论是自然资源还是人力资源，城乡的差别都很明显，虽然乡村居民基本都有自己的土地、房屋，自己种菜、养殖家畜等自然资源较为丰富，但是乡村居民的可支配收入较低，同时乡村的男性劳动力大多外出打工，而留守的中年妇女大多需要照顾老人或小孩，没有收入的妇女面临较大的家庭压力，养老人力资源严重不足。

将智慧养老服务引入乡村地区时，一方面应该大力推广普及智慧居家养老的概念和模式；另一方面应该利用乡村社会关系、自然资源、人力资源等，在智能化的基础上整合优势因素，构建以乡村空巢老人居家自理为主、居民互助养老为辅以及乡镇机构养老统筹相结合的服务体系。其目标是解决老年人在居家、出行、医疗、消费等日常生活中的问题，让他们能够更好地享受信息化发展的成果。完善协同老年人、产品、平台和服务关系的智慧养老服务模式，构建乡村智慧养老产业综合服务平台，开展"智慧助老"行动。

乡村智慧养老

7.2.1 智慧养老概念

20 世纪 90 年代，西方发达国家开始探索智慧养老模式，希望通过先进的信息技术和智能产品应对日益严重的老龄化社会。为了解决传统养老模式无法满足老年人需求的问题，针对老年人的身体健康及物质生活等方面，提出智能健康监测、远程医疗、家庭辅助等解决方案。通过这些方面的探索，利用高新技术提升老年人的生活质量。其中包括通过互联网技术实现家庭远程视频通话；医生通过视频远程诊断、护士与病人定期沟通交流等，从而提高老年人就医问诊的效率。当今社会，智慧养老已经发展成为一个新兴的行业领域，并得到了广泛的发展与关注。覆盖范围非常广泛，从智能健康监测、智能家居、智能助行到在线医疗、社交互动、文化娱乐以及生活服务各个方面。纵观全球，智慧养老产业发展需要经历以下几个阶段。

① 起步阶段（20世纪90年代至21世纪初）。主要集中在欧洲国家、美国及日本。这个阶段，主要关注应用信息和远程医疗技术来改善老年人的健康状况和提供远程医疗服务。

② 技术拓展阶段（21世纪初至2010年）。随着互联网和移动通信技术的迅速发展，智慧养老的应用领域开始不断拓展。智能健康监测、智能家居、社交互动等领域取得初步的进展。同时，一些公司和机构开始在智慧养老领域进行创新和试验。

③ 产业加速阶段（2010年至今）。这个阶段智慧养老产业取得了快速的发展。在全球范围内，智慧养老产业开始成为各国政府和企业关注的焦点。政府对智慧养老产业的政策支持力度不断加大，相关的标准和指导文件陆续出台。同时，智慧养老的创新企业也迅速崛起，投资和融资活动逐渐增加。

④ 技术应用创新阶段（未来）。随着AI、物联网、大数据、云计算等技术的不断发展，智慧养老产业将迎来更多新的技术和应用创新。未来的智慧养老将更加注重个性化服务、智慧化家庭环境、健康管理与监测、社交娱乐等方面。

7.2.2 智慧养老产业地图

智慧养老产业地图是由多方参与组建的，具备完整的产业链，包括提供资金的投资机构、提出扶持政策的政府、养老服务的上中下游的参与者等。对于乡村智慧养老产业，主要包括上游的软硬件制造、中游的服务运行组织以及下游的服务对象。上游的养老产品和服务开发制造商将以老年人为服务对象，结合乡村的特点，提供真正好用的产品和服务。位于中游的产品和服务通过乡村的养老服务中心与医护人员以及服务人员的合作，来实现为下游老年用户服务的目标。除了传统的销售渠道外，智慧养老产业也可以利用其社会和公益性质，通过乡村养老服务中心作为产品和服务的集成平台，将乡村内的资源整合起来，全方位地促进乡村智慧养老产业的建设。老年人群体可以从身体素质和家庭状况两个维度出发进行分类。在身体素质方面，老年人可以分为完全自理、半自理和不能自理三大类。在家庭状况方面，老年人可以分为无子女、有子女（不在身边）的空巢老人以及有子女（陪伴）老人。不同类型的老年人群体有着不同的需求，下游的需求反馈是推动智慧养老产业不断前进的原动力。

7.2.3 现有乡村智慧养老服务模式案例

案例1 浙江崇德"家庭养老床位"建设项目

由具备丰富适老化工程经验的"爱牵挂"团队部署，项目以数字化乡村政策为依托，结合实际应用场景，通过智能云平台与智能健康设备联动进行数据收集管理，能够扩大乡村的养老服务范围、降低就医成本与门槛。该项目基于云平台构建了四大核心专业模块，分别是适老化的智能硬件设备、智慧运营管理平台、移动端应用、专业化的养老服务。由这四大模块支撑的乡村服务中心可以为失能、失智、空巢、独居、贫困的乡村老年人提供诸如智能家庭终端入户改造、一键呼叫应急救援、24h全天候远程监护、夜间防范等专业服务。该团队的服务优势是拥有七大管理子系统，能够提供所有业务管理流程、云端部署、功能配置需求、软硬件集成等，其智能设备数据和警报通知可以传输到乡村的总控制中心，实现数据互通、资源共享，也方便应急救援。

案例2 广州新跨越居家养老项目

此案例是"社村通"为广州新跨越搭建的全面且多样化的商业服务平台，它支持集团化的连锁管理，以公司为数据控制核心，可以在控制台上操作与收集老年人群体的基础数据并集中进行档案管理。除了基础的数据收集外，它还对老年人提供个性化的服务，比如上门安装监测设备、家庭服务、医疗保健等，并且用户也可进行在线网络购物、查询政府补贴等操作。该平台在构成上包含：运营管理系统、服务中心系统、养老院系统、第三方服务系统、志愿者系统、用户自助管理系统、健康管理系统、政府监督系统、政府补贴管理系统、评估管理系统、日间照护管理系统、营销管理系统、长护险管理系统等，多元化系统相互联动，为老年人提供全方位服务。在实际运作中，利用社工为老年人提供优质服务，同时依托定位系统、呼叫中心系统、老人管理系统等技术支持，服务人员可以全天候响应老年人的服务需求，并确保老年人的安全与健康。再比如服务中心客服人员，他们通过服务中心系统，进行协同工作、统一管理。座席人员可以接听和记录老年人的需求，并根据老年人需求进行相应处理。该平台设计了完善的闭环服务工单系统，实现了统一服务热线受理、统一短信工单派发、统一处理服务、统一回访，确保每项服务的执行与完善。

案例3　上海崇明岛港西镇新乡村养老"共享家"项目

港西镇为了解决人口老龄化带来的家庭养老问题，在社区集体的领导下通过空间共享、资源共享以及智慧共享三大板块积极利用现有资源，活跃气氛，增加了社区的幸福感与安全感。下面是三大板块的详细阐述。

① 空间共享就是活用社区的空间资源建成"1+13+n"的养老服务设施网络并以此为老年人提供服务场地。具体是指通过"1"个镇级的综合养老服务中心与"13"个村级养老服务站，以及"n"个诸如社区活动点、老年活动室、餐饮服务点、公共澡堂等各式各样的养老娱乐设施为依托来为老年人提供诸如医疗服务、日间服务、康复运动、文化学习、娱乐活动、食品卫生等广泛的服务。

② 资源共享是指他们根据乡村环境，以制定养老服务问卷的方式为老年人提供个性化、多样化的养老服务。在全面了解每个老年人的基本情况后，针对如高龄者、独居者、寡居者等高风险的老年人群体设立"双色"标签，给予他们更多的关照。

③ 智慧共享是指该镇以整合了人口基础数据、老年人标签、老年人需求、养老设施、养老服务等大数据的智慧养老综合管理平台为基础，全面了解老年人群体在家庭养老上的需求，针对低保老年人家庭提供适老化改造，并为独居老人提供烟雾与燃气报警设备。此外，还为有需要的老年人提供紧急呼叫等智能设备，并配备24h在线监测设备，以最大限度提高老人在家的安全性及便利性。

案例4　浙江杭州市临安区天目山镇月亮桥村的未来养老中心项目

此案例把村落作为基础依托，是融合传统设施与新技术的未来养老中心项目。在月亮桥村不仅将浴室、食堂、医务室等传统空间进行智能化改造，而且还引进了5G云诊断等先进数字化设备。由于地处经济相对发达的杭州市，此项目开展比较顺利，极大地满足了村中老年人的需求，让其体会到科技带来的便利。为了解决老年人就医难问题，村里建立了"健康微诊室"开展自助健康检查，用户也可通过热线电话，与医生进行沟通。此外，由于云诊数据与食堂进行了结合，可以通过患病老年人的身体数据，为其提供定制化的健康饮食。为了解决老年人排队等候不方便等问题，将浴室、公厕等设施进行智能化改造，在家就可以通过手机查看是否需要排队，避免人多拥挤，浪费时间。同时，在公厕内还安装了警报装置和环境监测装置，防止老人在厕所内晕倒等紧急情况发生。养老中心还专门为 80 岁以上的老年人定制了特定手环，用来监测老年人的身体状况，为防止突发状况还安装有跌倒报警装置并设有定位追踪等功能。

案例 5　浙江永康市乡村智慧养老"无感"服务到家项目

该案例是浙江省永康市针对其辖区内老年人居住过度分散使得交通负担比较重带来的养老护理服务成本过高而提出的智慧康养系统。针对乡村的低保、失能失智以及高龄空巢和独居的老年人群体，该地区利用智慧养老床位将老年人的身体数据收集发送到智慧养老系统，并协调服务供应商尽快上门提供服务的方式，巧妙地化解了交通不便带来的问题。具体的实施情况是在配置智能家庭床时还安装了呼叫器、烟雾监测器、燃气报警器等装置，这些都连接在养老系统中，一旦发生状况可以进行快速响应。该系统平台是由民政局统一操控的，在这里可以看到老年人的健康状况、统一管理老年人的档案，当老年人需要服务时护理人员能够快速到达现场。根据当地官方回应，除了比较重要的需求要在 12h 之内处理外，其他的所有服务都能够保证 24h 之内处理完成。另外在此模式中产生的基本套餐费用是由集体经济承担的，这样可以减轻老年人的负担，降低乡村的养老成本，让他们也可以像城市老年人一样享受到便捷的服务。现有乡村养老服务模式见表 7.1。

表 7.1　现有乡村养老服务模式

服务模式	重点案例	服务特点
居家智能养老模式	浙江崇德"家庭养老床位"建设项目	通过使用爱牵挂智能健康设备和智慧运营管理平台进行联动，推动各地低成本且低门槛的服务实施，实现了智慧助老的新模式
机构自营"线上+线下"模式	广州新跨越居家养老项目	进行老年人档案的电子化管理，设置层级运营管理部门和分支服务机构，分配用户设置及权限，进行各种数据的动态管理和统计分析
社区组织+居家养老模式	上海崇明岛港西镇新乡村养老"共享家"项目	通过空间共享、资源共享以及智慧共享，增加了老年人的幸福感和安全感
"养老+医疗+生活"的智能化养老模式	浙江杭州市临安区天目山镇月亮桥村的未来养老中心	利用传统的基础设施，并积极融入了 5G 云诊等各类先进的数字化高科技设备，满足了村里老年人的日常需求
基于互联网平台的智慧健康养老综合服务模式	浙江永康市永康智慧养老系统	安装智慧家庭养老床位等智能末端设备，这些设备会收集和发送数据到永康智慧养老系统，以便及时为老年人提供上门服务

7.2.4 乡村智慧养老的发展阶段与政策推动

我国的乡村智慧养老开始较晚，可以基本划分为三个时期。2010年以前为初始时期，这时候乡村地区对于智慧养老的概念还处于初步认识阶段，国家主要是通过完善基础设施等传统养老服务来改善乡村老年人的生活质量。2010~2015年为发展时期，随着互联网信息技术的发展，我国的乡村地区开始引入创新的科学技术并加以应用，例如智能检测设备及少数出现的智能家居产品为老年人提供便捷的服务。2016年至今为深化时期，随着社会经济的发展，政府逐步加大乡村智慧养老的扶持力度，提出一系列政策与措施，乡村智慧养老服务的覆盖面积进一步扩大，智能化设备的普及和应用不断提升。

政策层面，我国政府连续出台了一系列支持乡村智慧养老发展的文件和政策，包括：2017年国务院印发《"十三五"国家老龄事业发展和养老体系建设规划》，提出了发展智慧养老的重要任务，鼓励开展智能化设备与技术研发，并推动智慧养老设施的建设。2021年，工业和信息化部、民政部、国家卫生健康委员会共同印发《智慧健康养老产业发展行动计划（2021~2025年）》，提出了进一步发展乡村智慧养老的措施和政策，促进全面覆盖、便利化、个性化的智慧老年人服务体系建设。地方政府也相继出台了一些地方性政策和支持措施，鼓励乡村智慧养老的发展，例如支持养老服务企业发展、提供创新资金支持等。

7.3 "重技术"到"推场景"服务协同

随着科技的发展，"万物互联"概念在全国范围内逐步推广。不少企业纷纷试图将移动互联网、物联网、人工智能以及大数据等前沿科技应用到养老领域。这个过程中，设计师和技术人员为了快速利用新科技，往往会忽视老年人用户的使用感受。因此，目前的适老化产品及平台存在着过度追求技术应用的情况。这虽是技术发展过程中的必经阶段，但也需要设计师及企业管理人员不断优化服务来解决它。在当代社会，解决老年人与产品数字化、定制化相关问题的接触"鸿沟"极为重要。同时，从城市开始普及的高新技术，往往无法及时、有效、简单地"搬运"到乡村地区，乡村老年人通常无法顺畅地享受到养老福利。在这种情况下，如何使城市智慧养老系统能够在乡村地区落地推广，并适应乡村的实际条件与需要，就成为一个需要解决的关键问题。

在传统与科技融合的同时，更应该重视如何将其精准地实施于乡村地区。考虑到城市与乡村的差异，并根据乡村特有场景设计具体的功能，这是从"重技术"转向"推场景"的关键一步。在此基础上构建产品、服务和平台有效协同的乡村智慧养老服务体系，此体系不只在于科技适老产品，更在于其背后的平台服务。通过全面整合社会资源、融合发展养老生态链以及打通康养、医疗、娱乐等养老要素的功能，推动"养老+产品""养老+平台""养老+服务"的模式，形成包括老年人、子女、养老中心、机构、医护人员、服务人员和政府在内共同参与的新型养老体系。

7.3.1 乡村智慧养老服务模式组成

通过对乡村地区深度调研及分析，明确智慧养老服务对象的需求，乡村智慧养老服务模式主要围绕以下几个场景构建：日常护理、家务服务、生活照料、健康医疗、文化娱乐、精神慰藉，如图 7.1 所示。日常护理场景下，主要采集老年人身体数据并共享到云端，可供各管理人员、家庭成员和互助养老村民调阅查看，以更好地监测老年人的日常活动；家务服务及生活照料场景下，主要是统筹协调乡村各人力资源，调动有利因素为老年人提供个性化服务；健康医疗场景下，主要是采用医养结合模式，打通养老与医疗机构的绿色通道，使老年人及时、方便地就医；文化娱乐及精神抚慰场景下，主要是联合家属为老年人送去温暖，使老年人的精神世界得到满足。

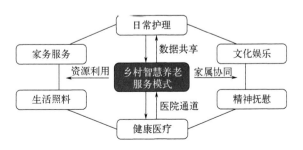

图 7.1 乡村智慧养老服务模式

涉及角色：系统运营商、养老服务中心、老人及其亲属、政府机构、服务商家/服务人员、护理人员、医生等，如表7.2所示。具体包括：①服务提供单位，主要是养老院、医疗机构以及家庭护理服务人员，通过智能设施与手段，提供广泛的服务，如智能健康监测、医疗保健及日常护理；②用户和消费者，这是智慧养老产业服务的最终对象，包括老年人、亲属以及社区等，他们通过使用智慧养老产品和服务享受到方便、舒适以及个性化的养老体验；③智能设备制造商、传感器技术供应商及信息技术公司等为智能养老行业提供硬件、传感器、软件及技术支持，从而奠定整个行业的基础；④创新型企业负责不断研发高新产品，提供符合行业需要的科技支持与服务，他们的作用是推动整合行业的技术发展；⑤国家政府各部门在养老产业发展中起着举足轻重的作用，为行业提供政策支持、财政扶持、制定标准等；⑥云平台负责综合分析和管理老年人用户的数据，为需要调取的部门提供支持。

表7.2　乡村智慧养老服务场景及角色

主要场景	服务模块	涉及角色
日常护理	养老中心管理系统、护工录入终端、硬件设备	养老服务中心、老人、护理人员
家务服务	养老中心管理系统、兼职平台APP	养老服务中心、老人、服务商家/服务人员
生活照料	养老中心管理系统	养老服务中心、老人、护理人员
健康医疗	养老中心管理系统、就医问诊系统	养老服务中心、老人、医生
文化娱乐	养老中心管理系统、家属APP、老人终端	养老服务中心、老人、家属
精神抚慰	养老中心管理系统、家属APP、老人终端	养老服务中心、老人、家属

7.3.2　智慧养老服务模式升级

传统的养老服务模式主要有两种："点对点"和"包对包"。"点对点"即个人对个人，条件较好的家庭可聘用专职人员为老年人提供照护服务，家庭条件一般的家庭可留守一人居家照顾老年人。"点对点"模式下，老年人有较强的幸福感，但是家庭支出成本较高，包括雇佣护工的费用或家庭留守劳动力的成本等。另一种服务模式是"包对包"，这种方式主要是指机构养老，即采用集体生活的养老院模式，由养老院统一安排护工为老年人提供集中服务。乡村环境下，此模式服务范围比较有限。通常更适合生活不能自理且无人照顾的老年人，而且集中服务难以满足老年人的个性化需求。乡村智慧养老服务模式需要升级，最主要就是要实现从"重技术"到"推场景"的转变，从以往的技术堆叠转变为根据老年人实际场景需求提供服务，如图 7.2 所示。

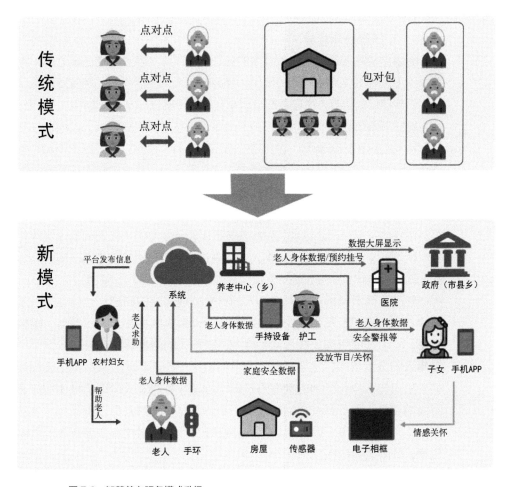

图 7.2　智慧养老服务模式升级

重点将目光聚焦在老年人需求上，根据老年人在乡村生活中的实际场景，包括具有共性的"改善点"和具有特性的"突破点"，将新科技与场景深入结合。重点依托老人居家养老，并以乡村互助养老为补充，着重解决老年人生活不便、就医难、精神空虚、娱乐少等问题，积极响应政策要求，持续探索各种科技在养老领域的创新应用和突破，服务养老行业发展。从整体上看，智慧养老服务模式吸收且融合了传统养老服务模式的优势，还克服了传统模式的服务单一和资源不足问题，显著提升了居家养老模式的效率。乡村智慧养老服务的对象通常是老年人或其家人，重点解决老年人群体孤单、娱乐方式单一、精神匮乏等问题，为老年人提供精神服务。

（1）健康监测场景

随着年龄的增加，老年人身体的各项机能下降。通过日常健康监护，能在源头上缓解甚至遏制疾病的发生，提高老年人的生活质量。现代技术利用感知层传感设备将老人生理数据监测并上传到云平台，方便养老中心、医生、家人随时获取老年人身体状况。由于现在设备技术水平的限制，该场景主要包括自我监测和护工监测。在使用技术监测之前，首先应该根据老年人的身体状况分类，然后征求家属意愿给老年人分级标色，确定老年人是否需要佩戴手环、是否需要精准定期监测以及精准监测的周期。自我监测是通过智能手环实时监测老年人的身体数据指标，包括体温、心率、血压、血氧、心电等基础身体指标，防止出现突发状况。护工监测是每隔一段时间通过各种测量仪精确监测老年人的身体数据，在实施过程中，通过护工终端一键扫码功能准确获取老年人信息，然后将数据通过护工终端上传到云平台。

健康监测服务模式针对老年人的日常护理与监护问题，包括老年人紧急求救、防走丢以及生活安全监护等；通过采集数据并共享数据到云端服务器，实现实时管理。在日常生活中，老年人的随身监护设备会持续监护老年人的身体状态，定期将一部分身体数据上传到系统云端；护工会根据情况对老年人身体反馈的数据进行集中护理，将老年人详细的身体指标通过终端设备上传到系统云端服务器。系统会对不同的人员设置相应的访问权限，政府、医院、养老院、家人有权限在需要的时候调取老年人的身体数据，如图7.3所示。

（2）生活照料场景

研究表明，欧美国家21%的65岁以上城市老年人与55%的85岁以上老年人在日常生活中经常遇到障碍。在我国，60岁以上老年人日常生活中能力有损害的比例为19.4%，完全无法自理的比例高达6.2%；其中三个因素被认定为影响独立生活能力的关键，分别为"维修家电""户外活动"和"科技能力"。因此，乡村老年人的日常生活照料，包括打扫房间、日常照料、维修家电等十分必要。该场景聚焦老年人日常生活起居，统筹

图 7.3 健康监测场景

社会和周围资源为老年人提供个性化服务。与此同时，根据乡村妇女调查报告显示，我国乡村留守妇女主体集中在 31~50 岁，其中 31~40 岁和 41~50 岁比例大致相当，她们的文化水平大多在高中及以下，留守原因主要是为了照顾老人和小孩。基于以上分析，在互联网场景下，利用乡村养老服务平台建立服务兼职 APP。生活照料服务者可以就近选择留守劳动力完成，老年人对于同村熟人也更加信任。通过网上接单的模式，让老年人可以接受更多熟人的服务，也能解决年轻人的经济问题。在具体的操作上，老年人可以通过点击智能手环的求助按钮，在养老服务中心的帮助下发布求助信息，服务人员会根据老年人所在位置、村落，优先推荐近处的兼职人员或者将消息发布在兼职 APP 平台上，服务提供者也会根据就近原则选择老年人对象。

　　生活照料服务模式是由老年人主动提出服务需求，养老服务平台根据老年人的需求，将消息发布到云端。在养老服务系统注册的服务商或者家庭服务人员，查阅需求信息，选择适合自己的服务接单，为老年人提供专业服务。养老服务平台也可以根据老年人的需要在服务人员同意的情况下，指定服务人员，满足老年人的定制需求。另外，养老服务平台还要负责监督服务人员或服务商的服务质量，及时回访老年人，如图 7.4 所示。

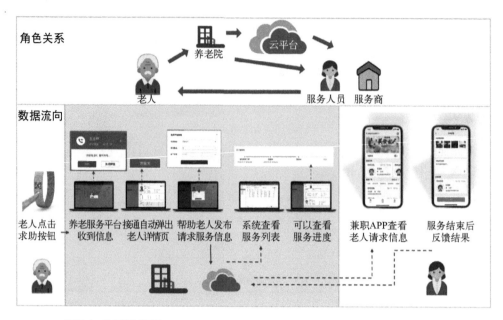

图 7.4　生活照料场景

（3）就医服务场景

就医服务场景主要是针对老年人对网上预约挂号操作不熟悉，并且问诊路程遥远且排队时间长，通过养老服务平台打通绿色就医通道，提供一种便捷的路径，实现老年人快速挂号就医。养老服务中心与乡卫生所医生、县医院有意向的医生签约，使用就医问诊系统可以直接调取老年人身体记录。将养老服务中心与医院的绿色通道打开，医院可以通过云服务器，调取老人的详细身体数据，节省老年人就医成本。政府负责监督管理此过程，并且在遇到沟通问题时，及时出面调解，如图 7.5 所示。触发此场景主要包括主动和被动模式，一种模式是老年人感觉身体不适，通过智能手环的求助按钮，一键请求帮助，养老服务中心人员快速做出反应，系统自动识别并弹出老年人详情页面，服务人员帮助老年人在绿色就医通道挂号；另一种模式是通过检测设备检查出老年人身体异常，服务人员联合驻院医生向家属确认情况后，帮助老年人在绿色就医通道挂号。

（4）精神抚慰场景

2021 年，第四次中国城乡老年人生活状况抽样调查显示，我国空巢老人的数量已经超过了 1 亿人。过去 10 年中，乡村空巢老人的现象日渐严重，几乎一半的乡村家庭中，老年人并没有与中青年家庭成员共同生活。

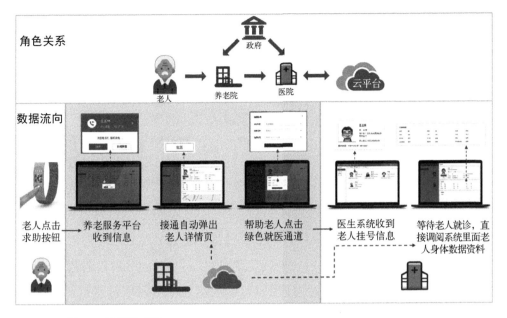

图 7.5 就医服务场景

《中国老龄化与健康国家评估报告》，关于我国老年人精神健康方面的数据显示出一系列令人担忧的趋势。其中，抑郁症等精神健康问题随着年龄的增长而呈现逐渐上升的趋势。对于空巢老人来说，情感的关怀是至关重要的。精神抚慰服务场景，针对乡村老年人群体孤单、娱乐方式单一、精神匮乏等问题，为老年人提供精神服务。

精神抚慰模式中，通过养老服务平台系统定期给家人提醒，为老年人发送祝福、生活近况、即时思考、电视节目、新闻广播等各类精神文化食粮，从而丰富老人的精神世界，为老年人的生活投下一缕光芒。平台可以为老年人提供一个电子屏幕接收终端，此设备可以挂在墙上或者摆放在合适位置。在特殊节日来临时，系统会提醒工作人员和家属为老年人送上祝福，如图 7.6 所示。当今时代，年轻人与老年人之间的情感表达远超过了简单的礼物或物质赠予，而更应该涵盖承诺与服务。社会压力变大的今天，表达孝道的方式不应该成为年轻人的一种负担，更应该是自然的、亲密的、表达了某些承诺的关怀。让老年人走进年轻人的生活与内心，在这个过程中拓展老年人的"信息边界"与"情感寄托"。这种尽孝方式的演变不仅包含了物质关注，更体现出年轻人对老年人深层次的尊重和关怀。

综上所述，智慧养老服务模式升级的关键是挖掘更详细贴切的应用场景，服务商或服务人员就能明确了解"用户需要什么"，从而推动服务提供者

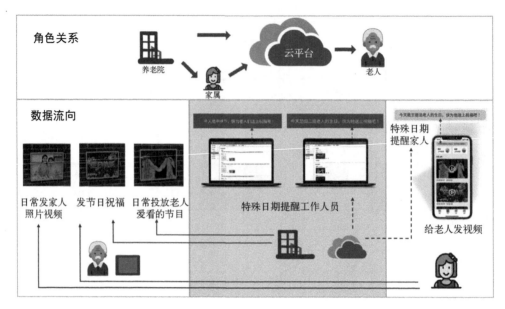

图 7.6　精神抚慰场景

提供及时、快速、高效、快捷的服务来切实满足场景需求，真正解决问题。同时，利用老年人的"熟人信任"心理和乡村群落的分布特点，让更多的需求能够更快速地得到响应，让他们更放心地接受服务，进而将其需求精准定位到生活的各个方面。在实现精准服务的基础上，让老年人获得物质上的帮助，同时也满足精神需求。通过养老服务需求侧聚类和供应侧模组提炼，结合乡村老年人的实际身体状况、经济能力和社会状况等，利用互联网，整合场景端、供应端和用户端的资源，优化匹配机制，让供应和需求的对接更为精确、平衡和合理。

7.4 构建乡村智慧养老综合服务平台

　　以数字赋能乡村养老产业为基础，统筹多方资源，打造以老年人服务为中心的乡村智慧养老综合服务平台。数字赋能需要有精确的信息数据，因此需要在地方政府收集的多样化分类养老信息基础上，利用大数据和云计算技术梳理数据，为打造智慧养老平台奠定基础。除了传统的日常护理、家庭服务、生活照料、健康医疗外，文化娱乐与精神慰藉也是本服务平台重点关注的场景。在整体运作方面，平台以养老服务中心为核心，整合政府机构、社会组织、乡村人口和服务提供者等资源，利用乡镇养老服务中心的呼叫运作机制响应用户的养老需求，并将其集成优化后发布到云平台上供服务方选择接单，为老年人提供精准服务。

7.4.1 分场景子系统平台架构和核心功能

此养老服务平台覆盖养老产业的全地图，从产业链上游的软件及硬件开发商，到下游的老年人，提供了针对性的操作系统。平台由软件及硬件开发商负责开发和维护，开发商开发出软硬件产品后，向购买方提供出售、培训、软件维护、设备维修等服务，开发商通过管理系统进行日常运营。中游为乡级养老服务中心、签约医生及兼职人员，养老中心购买产品后，统一配置、分发售卖给下游的老年人及其家人，在以养老中心管理系统为中心的基础上，为老年人提供医疗、护理、生活帮助等服务。下游的老年人及其家人可以通过家属移动终端 APP 交流情感及查看老年人的身体健康指数和生活环境安全情况，也可以通过手环等设备反馈信息给中游。平台组成包括开发商管理系统、养老中心管理系统、就医问诊系统、政府显示大屏、家属移动终端 APP、兼职平台 APP、护工录入终端等。

如图 7.7 所示，智慧养老系统平台自底向上包含感知层、业务运营与管理支撑层、接口层和应用层。

① 感知层，养老中心可以向老年人提供多种传感器组合选择，家庭根据需要进行购买安装。健康监测类传感器包括老年人健康手环、血压计、血糖监测、体温监测等；安防类传感器包括门窗报警传感器、防爆气体传感器、水浸传感器、红外线传感器、烟雾传感器、温度传感器等设备。设备一旦监测到异常报警，就会及时提醒老年人、家属以及养老中心，养老中心立刻做出反应，利用一切资源及时处理紧急状况，尽最大可能为老年人提供帮助。

② 业务运营与管理支撑层，包括开发商基础数据管理系统和养老中心管理系统。开发商基础数据管理系统包括财务管理、老人档案管理、健康数据管理、工作人员管理和设备管理等；养老中心管理系统包括健康管理、生活服务、安全守护和日间照料等。

③ 接口层，为基础数据和上层应用做好技术接口服务，包括云平台、GPS 接口、短信/微信接口、物联设备接口等。

④ 应用层，直接面向开发商、养老中心管理者、医生、政府和各类服务人员的交互系统或各类移动 APP。

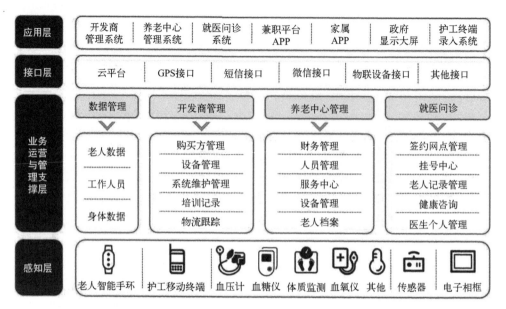

图 7.7　乡村智慧养老综合服务平台

7.4.2　各类平台系统与 APP 展示

智慧养老系统平台是一套完整服务于养老产业生态链的软硬件设施。产业链上游包括开发商管理系统，产业链中游包括养老中心管理系统、医生使用就医问诊系统、服务兼职平台 APP，产业链下游包括移动端家属 APP 及相应的物联网设备等。下面介绍各系统及 APP。

（1）产业链上游——开发商管理系统

开发商管理系统是开发商自用的系统，用于统计管理需要服务的中游客户，即设备、系统购买方。产业链上游的开发商将 SaaS 平台及配套设备开发出来后，将产品全部或部分功能卖给中游的养老中心，并且提供维护、培训等服务，如图 7.8 所示。该系统主要包括以下几个子功能：①购买方管理，根据购买方的需求及订购的套餐，为其开通对应的功能权限，购买方主要是养老服务中心；②设备管理，用于统计公司的已开发设备、在厂设备、在租设备、需要维护的设备等；③系统维护管理，记录系统维护次数以及存在的问题反馈等；④培训记录，主要用于与管理培训相关的数据记录；⑤物流跟踪，打通物流接口，跟踪为用户发货的设备物流状况等。

图 7.8 开发商管理系统架构

（2）产业链中游——养老中心管理系统

养老中心管理系统是整个养老生态系统运行的核心，是乡村养老中心使用的系统。位于产业链中游的养老服务中心，通过运用此系统可以联合协调中游的服务人员、医护人员，统筹整合资源，为产业链下游的老人及家属提供服务，如图 7.9 所示。

图 7.9 养老中心管理系统架构

该系统主要包括以下几个子功能。

① 财务管理，用于统计养老中心的财务收支。

② 人员管理，用于统计和管理提供服务的人员，主要包括管理人员、医生、护理人员、兼职人员。为了提高可靠性，将医生划分为养老院驻院医生、卫生院医生、县医院签约医生，并且对每个医生的专长、职务、电话等信息登记在册。管理员可以对每个人员的权限进行管理。兼职人员在 APP 端注册用户后，即可自动生成数据并传输到系统后台，统计在册，如果其状态为下线或忙碌中，在安排接单任务中就不可选取，如图 7.10 所示。

图 7.10　医生管理页面

③ 服务中心，主要解决日常生活场景中老年人的服务问题，包括服务工单列表、节日关怀话术设置、视频投放设置。在服务人员帮助老年人下单后，生成一条工单，在工单列表中可以查看服务工单的状态、详细进度等信息，并且服务人员要根据状况及时回访，如图 7.11 所示。在节日关怀话术设置上，可以利用人工智能将节日关怀话术及图片自动生成视频投放到老年人的电子相框终端；也可以通过视频投放设置，为老年人投放日常生活中的节目、新闻或政策学习；还可以为特定的老年人投放生日祝福等，如

图 7.12 所示。通过视频投放功能，可以为老年人投放学习视频，帮助老年人学习使用智能手机，为数字家庭提供一个轻松、恰当、有益的情景课程，如图 7.13 所示。

图 7.11　工单列表页面

图 7.12　节日关怀页面

图 7.13 视频投放页面

④ 设备管理,主要用于统计和管理养老中心所属的设备。

⑤ 老年人档案,主要用于统计和管理老年人的信息,是老年人一切数据的集中显示窗口,如图 7.14 所示。系统会对老年人的身体状况进行分类评级,并将老年人的身体数据进行评分反馈给家属 APP。如果出现异常,将会报警,并且提供合理建议。此外,在老年人详情页还可以查看佩戴手环老年人的位置信息,以及进行更多定位操作,如图 7.15 所示。

(3)产业链中游——医生使用就医问诊系统

就医问诊系统是医院签约医生使用的系统,该系统打通了养老中心与医院的绿色通道,使老年人可以快速挂号问诊,医生可以方便地查看老年人身体各方面的指标,减少了中间烦琐的流程,节约了双方的时间以及老年人的花费,如图 7.16 所示。该系统主要包括以下几个子功能。

① 签约网点管理,医生可以通过此功能模块与养老中心签约,另外还可以设置自己的可预约时间,也可以同时签约多家养老中心。

② 挂号中心,显示每个时段的挂号病人,医生可以点击查看老年人的信息,以及身体数据,如图 7.17 所示。在老年人就诊后,医生可以直接在

图 7.14　老年人档案页面

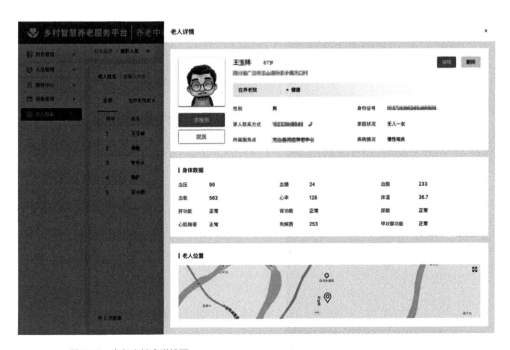

图 7.15　老年人档案详情页

图 7.16 就医问诊系统架构

图 7.17 挂号中心页面

详情页开医嘱、写病历、开药方。系统会将这些重要信息发送给家属 APP、养老中心管理平台，养老中心服务人员可以在老年人的详情页查看并及时回访，如图 7.18 所示。

图 7.18 挂号中心详情页

③ 老年人记录管理,可以查询以往老年人挂号问诊的记录。

④ 健康咨询的主要目的是通过网上咨询药物使用情况,消除老年人的疑虑,并允许远程治疗。老年人在家里有健康问题,只需点击手环就可以得到帮助。护理中心了解他们的需求后,还可以帮助他们远程看病、联系医生并保存记录。

⑤ 用于管理医生个人数据的个人信息与养老中心管理系统同步。

(4)产业链中游——服务兼职平台 APP

兼职平台 APP 的主要功能是帮助老人解决生活中遇到的困难。结合乡村老年人"信任熟人"以及乡村留守妇女人数相对较多的特点,利用互联网平台便捷的优势整合资源,为乡村振兴战略助力。养老服务产业升级可以改变这种对资源不能充分利用的现状,将钱花在"刀刃"上:平台根据老年人的需求,进行上门服务,如果老年人没有需求,则不会产生花销。这种"包对点"的模式,即以乡为单位将一切资源整合,每个老年人都是对应的"点",以人为中心,调节周边资源,为每个需要的老年人提供个性化的服务,可以提高服务质量和成效。平台 APP 共分为三大板块,分别是首页的接单广场板块、接单记录板块、个人中心板块，如图 7.19 所示。每个操作板块区间明显，一目了然，操作按钮布局在常用并且显眼的位置，即使是不常使用智能手机的人也可以轻松上手。

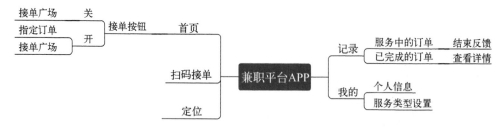

图 7.19　兼职平台 APP 主要功能

(a)　　　　　　　　　　　　(b)

图 7.20　兼职平台主要页面

此平台主要供兼职人员接单使用，老年人在养老中心服务人员的帮助下发布服务。服务会出现在兼职 APP 的首页接单广场内，优先显示距离较近的老年人。如果老年人对于以往服务人员满意度较高，可以指定服务人员，但是需要服务人员在线且空闲才能指定，并且给指定人员强提醒，如图 7.20（a）所示。接单人员如果开启接单状态，必须授权定位功能，系统会根据老年人及接单人员的距离推算时间，如果不能及时到达，将会提醒养老中心催促接单人员。接单人员在到达现场后，扫码识别老年人的手环二维码，系统根据信息确认一致后变更订单状态。接单人员在完成订单后，需要进行反馈，如果老年人与接单人员达成一致，可以进行免费服务，如图 7.20（b）所示。这样一来既可以缓和同村人的关系，也可以达到利用资源换取服务的目的。

（5）产业链下游——移动端家属 APP

移动端家属 APP 应用具有供家属实时查看老年人的身体数据、监测老年人的身体指标是否超标、接收家庭的监测传感器发出的信息、与老年人进行情感沟通等功能。其功能框架可以分为四大板块，分别是数据中心、视频发布板块、消息提醒、个人中心，如图 7.21 所示。

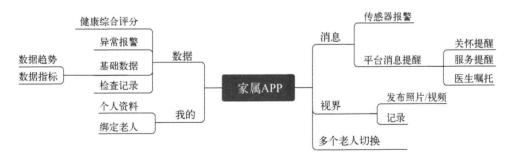

图 7.21　家属 APP 的主要功能

在首页，亲人一方面可以查看老年人的健康指数综合评分，点击进入可查看详细指标，如果老年人的身体出现异常，系统会发出警报，提示异常项目；另一方面可以在下方的检查记录中查看护工检测记录，如图 7.22（a）所示。老年人的安全状况属于紧急情况，系统会发出强提醒，提示家人及时关注老年人的人身安全，如图 7.22（b）所示。通过平台的提示，在主要节日鼓励家人给予老年人关怀。除了发送节日祝福和日常片段外，家庭还可以分享有趣和有意义的视频，让老年人了解他们的乐趣和学习，如图7.22（c）所示。消息页面会接收关于老年人的健康异常信息、传感器监测信息、服务订单信息、就医问诊的医嘱、节日关怀等数据。APP可以绑定多个老年人信息，点击切换按钮，查看不同老年人的身体状态，系统也会将老年人的安全、生活信息发送过来。同一个老年人可以绑定多个账号，甚至有些老年人可以自己使用手机查看身体状况。

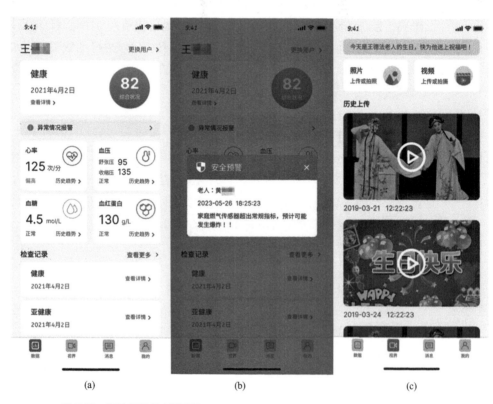

图7.22 家属APP的主要页面

（6）政府综合显示大屏

政府综合显示大屏是将云端的数据显示在乡、县、市的政府机构的系统显示界面上，它将云端的数据整合计算，根据不同层级政府权限显示其下属机构的数据分布。大屏可以显示本级政府下属的物联设备、老年人数量及分类、医护人员的数量、服务工单统计、危险报警统计等功能。对于下属有多个养老机构的政府部门，可以点击地图板块上的某一个养老服务中心的位置，查看该养老机构的详细情况，如图7.23所示。

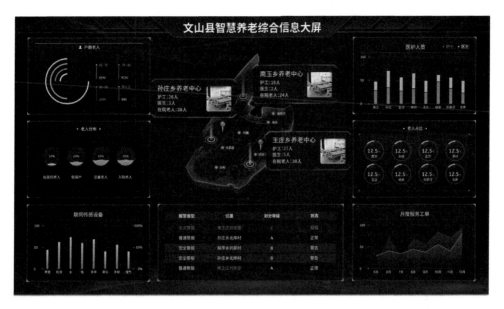

图 7.23 政府综合显示大屏

  随着社会发展，人们的经济水平得到了提升，技术手段也更新换代。乡村智慧养老服务模式需要升级，最主要就是要实现从"重技术"到"推场景"的转变，从以往的技术堆叠转变为根据老年人实际场景需求提供服务。智慧养老不仅只是针对老年人的身体健康和物质生活，而是包括老年人生活的方方面面：从家庭的智能家居到老年人的出行服务，从老年人的生活服务到老年人的娱乐社交。依托传感器、人工智能及大数据等智能技术在养老产业的应用，老年人的生活质量得到提升，同时也可获得更加精准的服务。养老模式不断演进，创新养老服务模式优势突出。为了改变传统居家养老模式24h贴身服务带来的经济、时间的高成本问题，以及传统养老院模式将老年人集中统一服务带来的个性化需求不满足问题，乡村智慧养老服务产业需要进行产业升级服务优化。将新科技与场景深入结合，通过借助物联网、大数据、人工智能等技术手段实现智能化管理和监控，对老年人的身体状态与居家环境等进行实时监测、提供预警并及时处理，保障老年人的安全和健康。重点依托老年人居家养老，并以乡村互助养老为补充，着重解决老年人生活不便、就医难、精神空虚、娱乐少等问题，积极响应政策要求，持续探索各种科技在养老领域的创新应用和突破，服务养老行业发展。从整体上看，智慧养老服务模式吸收且融合了传统养老服务模式的优势，克服了传统模式的服务单一和资源不足问题，显著提升了居家养老模式的效率。

后　　记

　　随着数字化技术不断被应用到各领域，数字技术与民生服务、乡村振兴、养老产业等领域不断融合创新，为乡村老年人提供更加精准先进的养老服务。未来的养老服务模式也必然会向科技赋能模式发展。随着我国老年人口基数不断增长，乡村老年人的购买能力与老龄消费需求不断增长。智能产品在一定程度上可以缓解居家养老的监测问题和社区、机构养老的成本问题。由于大多数老年人较难接受复杂的智能产品，未来老年人对易操作的智能养老产品需求将逐渐扩大。笔者在本书写作时，梳理出本书的几个核心问题。

1. 长寿时代需要怎样的乡村数字产品？

　　当前环境下，智能产品的学习与训练对于老年人来说往往需要花费大量的精力。老年人的注意力资源更为有限，难以长时间、高强度地投入精力。本书在保证乡村老年人服务可持续性的基础上，将"设计为人人"作为核心理念，重视我国乡村老年人的特征，填补老年人与数字产品之间的操作沟、传播沟、接受沟。因此，利用自然交互技术赋能产品设计，采用更为"克制"的设计理念。老年人与数字产品的交互行为必须是简易的、直觉的，并符合他们日常行为的习惯。这样的设计可以避免过度消耗老年人的认知资源，使他们更容易使用智能产品。

2. 后期产品适老化改造是正确的吗？

　　从 2010 年开始，我国不断出台相应的产品适老化政策。银行、医院、交通 APP 也都出现各类"助老"版本，这样的做法看上去是正确的。但是，后期"适老"，即意味着改造，也就是在设计之初，设计师并没有针对能力不足或被边缘化、受到社会排斥的老年人开展设计（比如失能老人、认知症老人、乡村留守老人、高龄独居老人、低收入的底层老人）。很多公司在产品设计之初，并没有深刻理解老年人群体的需求与痛点。笔者在此倡导，希望"设计为人人"理念在未来可以纳入科技公司的设计基本原则，共同强调所有人参与社会、经济、文化、娱乐活动的平等性，否定现有"95%一般用户"的设计标准，将设计对象设定为"所有的人"，包括不同的年龄、性别、能力和文化背景，甚至未来的几代人。

3. 从"点对点"管理转向跨部门"场景化"服务

乡村老龄化的问题已经波及我国社会的各个层级，传统"点对点""公对公"的服务模式难以满足老年人日益增长的信息文化需求。笔者认为乡村养老服务的功能应当是跨学科、跨领域的，需要与不同社会子系统的资源形成合力。构建乡村智慧养老产业的综合服务平台就是要以数字赋能乡村养老产业为基础，统筹各方面的资源。服务平台提供的不应只是传统意义上的医疗、护理、家政等基础服务，更应关注乡村老人的精神状态。服务重点也从"重技术"发展到"重场景"，因此，除了传统的日常护理、家庭服务、生活照料、健康医疗外，文化娱乐和精神慰藉是整体性服务平台重点关注的场景。一些城市社区推行的诸如"时间银行""老伙伴计划""服务券""爱心呼唤铃"等，都正在尝试通过构建综合性数字平台和线上线下融合服务来补齐传统养老服务中的"轻场景"短板。在未来，应加强数字技术与乡村养老服务的融合，深入挖掘更多需求场景，包括支持紧急救援、在线咨询、远程医疗、互联网医院等领域的数字化应用，加强技术与需求的匹配度，推动乡村智慧养老场景的实施。

4. 解决数字鸿沟，血缘关系的重要性比想象中更大

面对乡村熟人社会里的差序格局，我国家庭的很多养老资源是通过血缘关系转化的，通过家庭获得情感和心理上的满足更是任何专业的社会服务都无法取代的，再便捷有效的智能媒体技术也无法替代子女、家人对老年人的关怀。家人的情感支持无疑是帮助乡村老年人克服消极情绪、重新建立信心的强大助推力量。老年智能产品的应用主体绝不仅仅是老年人，而更应该围绕家人展开设计。让年轻人更便捷、自然地为老年人实现服务与承诺，而非沉重的尽孝压力。特别是在当今社会人口少子化、生活区域化、节奏加速化、工作高压化的趋势下，更需要明确家庭的主体责任，扩展并延续亲情的功能。政府、市场、社区等应为家庭各方成员提供整体性服务。面对由于工作忙碌而无法远距离尽孝的年轻人，应尽可能降低尽孝成本，为其更多元创造"低时间成本"服务，使他们"无负担"地利用碎片时间便可为老年人服务。

5. 更好地利用 AI 技术服务于老年群体

在未来，视觉交互、语音交互到虚拟 VR/AR/MR 交互，甚至脑机交互方式不断发展，AI 与 AIGC 等各类技术也可以服务于老年人，对于乡村老年人生理和心理健康都起到至关重要的作用。目前，笔者看到新技术在各个行业的发展，比如汽车、教育、医疗、电商等，社会应该更多地思考如何更好地让新技术服务于老年人群体，比如 AI 机器人利用情感识别算法，陪伴老年人进行日常交流和开展休闲活动等，为他们提供温暖的陪伴。